U0120093

華志文化

華志文化

# Humor

# 用幽默
# 化解沉默

# 前　言

## 人際溝通中的成功法則

　　幽默是一種智慧，是一種機敏。幽默的人大都具備一種超人的洞察力，可以用一種獨特的視角和心境「擺平」自己，從而泰然自若地走向坦途。

　　生活中不能缺少幽默，而幽默人生則是生活的一種極致。尤其在現代社會中，無人不喜歡幽默、嚮往和追求幽默。

　　在南部非洲發展共同體的領袖會議上，南非前總統曼德拉獲得了「卡馬勳章」。在獲獎感言的開場白中，他幽默地說：「這個講台是為總統們設立的，我這個退休老人今天上台講話，搶了總統的鏡頭，我們的總統一定很不高興。」話音剛落，笑聲四起。

　　笑聲過後，曼德拉正式發言。當講到一半時，他發現講稿的頁碼亂了，不得不停下來整理。這本來是件尷尬的事情，但他卻一邊整理一邊脫口而出：「我把講稿的次序弄亂了，你們要原諒一個老人。不過，我知道在座的一位總統也曾在一次演講的時候把講稿的次序弄亂了，但他卻不知道，照樣往下念。」整個會場哄堂大笑。

　　面對尷尬和窘迫，曼德拉以如此機智、風趣的方式自我解嘲。這種風趣便是我們常說的幽默。在我們的生活中，幽默能使人放鬆，放鬆能讓人從容，從容才可能做出正確的選擇。

　　據說，歐美的女子選擇伴侶，條件可能多種多樣，但不變的一條就是具有幽默感。不管怎麼說，和一個幽默的人生活在一起，那就意味著無與倫比的幸福。有人說，幽默是一種才華、一種力量、一種高度文明的象徵；還有人說，幽默是一種引發喜悅和快樂的源

泉，是人們獲得精神滿足的一種行為方式；又有人說，幽默是人生智慧和技巧的一種最高表現，是自我協調和處理社會關係的靈丹妙藥；也有人說，幽默是一種人生的藝術，它能夠使你笑口常開、青春永駐。幽默更是一種高級的人生境界，能把自己和他人從尷尬境遇中解救出來。

現實的人生不僅會經歷多種艱難、多種坎坷和多種冒險，而且會遇到各種各樣的尷尬。尷尬會使你進退兩難，會使你失掉機會，會使你優雅不起來，會使你活得不舒服、不自在、不瀟灑，而只有幽默才能把你解救出來。

幽默不單單是引人大笑，而且能帶給人們輕鬆和快慰。幽默是對他人過失的原諒，是對周圍環境的喜劇式調侃，也是對自我困境的自嘲和解脫。幽默絕對是善意的，絕不夾雜半點惡意，相反地，它是對惡意的一種消解和抹平。

幽默，對現代社會具有一定文化修養的人們來說，已經不是一種可有可無的性格品質，而是成為一種共同追求的風度與素養。在現代人的社交圈子內，幽默已被公認為是一種瀟灑、一種優雅、一種高度。

幽默是滑稽，又不完全是滑稽，它比滑稽有著更多的內涵、更高的層次。幽默像是嘲諷，又不完全是嘲諷。幽默總是含蓄的，具有分寸的，適可而止的。幽默是一種睿智，在生活中，每一句幽默的語言都是一個可貴的心智結晶。幽默是一種愛，能使這個充滿矛盾的世界變得輕鬆，使人們變得快活。

本書以趣味橫生的案例、鞭辟入裡的分析，在給人一定的警醒作用的同時，也能在潛移默化中教你掌握幽默的本領。對每個人來說，不一定要成為幽默家，但至少要懂得欣賞幽默。讓幽默融入生活，讓每個人都更快樂。

## 第九章　處世幽默，把智慧融入幽默

## 第十章　幽默心態，絕不為小事計較

# 第一章

# 懂得幽默，
# 生活才不寂寞

為了應付人生大大小小的挑戰，你需要力量——不論你是為人父母還是為人子女，是教師還是學生，是售貨員還是消費者，是老闆還是職員……幽默都能賦予你戰勝困難、化解困境的力量。懂得幽默，生活不會寂寞，日子會更輕鬆。

## 幽默是一種文明和藝術

在人們的觀念裡，幽默總是與一些非正式場合相聯繫，與嚴肅、緊張無關。其實，這是對幽默的一種曲解。現實生活中，很多人都能用語言或動作逗人大笑、使人放鬆，因此幽默並非只是演員、藝術家、滑稽表演者的專利。事實上，幽默在生活中是無處不在、無時不有的。

那麼，什麼是幽默呢？《現代漢語詞典》中的解釋為：「幽默──有趣或可笑而意味深長。」有趣或可笑，是因為意味深長，沒有意味深長，只能是滑稽。可以看出，幽默是個褒義詞。

「幽默」是英文的音譯。1932年，林語堂創辦《論語》雜誌，並以它為陣地開始提倡幽默。林語堂在《論幽默》一文中曾說：「人之智慧已啟，除對付各種問題之外，尚有餘力，從容出之，遂有幽默。」他論述了創造出幽默的必要條件就是要擁有智慧。

幽默是智慧的閃光，一切幽默可以說都源於人的智慧。有智慧的人，思考問題就會與眾不同，在生活中就有可能創造出幽默。

高爾基說：「幽默是生活中的一把鹽。」這個比喻傳神地說明了幽默的美學價值。離開了鹽的美味佳餚，其「美」則大打折扣；沒有幽默的生活，其「美」則大為遜色。

幽默是一種美，可以點綴生活。幽默可以最大限度地展現語言的審美價值，是語言表達中最積極、最有生命力的一項。難怪有人這樣概括幽默的作用：幽默是風姿綽約的智慧之花，令人賞心悅目；幽默是自然純正的精神味素，讓人覺得饒有滋味；幽默是快樂的添加劑，讓人笑口常開。

美國的韋地博士曾從9萬多名學生的調查中得出結論：學生最喜歡具有幽默感的老師。學生們也往往有這樣的體會，和具有幽默感的老師在一起，聆聽老師幽默風趣的教導，真是如沐春風；而對於

語言單調呆板、讓人味同嚼蠟的老師，學生們往往敬而遠之。幽默如此受青睞，就在於它具有迷人的魅力。

歌德有一次出門旅行，走進一家飯館，要了一杯酒。他先啜了一小口酒，然後往裡面摻了點水。旁邊一張桌子坐著幾個貴族大學生也在喝酒，他們個個興致勃勃，吵吵鬧鬧，玩得不可開交。當他們看到鄰座的歌德喝酒摻水，不禁哄然大笑。

其中一個問道：「親愛的先生，請問你為什麼要把這麼好的酒摻水呢？」

歌德回答說：「光喝水使人變啞，池塘裡的魚兒就是明證；光喝酒使人變傻，在座的先生們就是明證。我不願做這兩者，所以把酒摻水喝。」

幽默在生活中無處不在。認識幽默，學習幽默，努力使自己成為一個具有幽默感的人，不僅是做人的需要，也是時代的需要。

幽默是語言的藝術，是個人智慧的表現。有人說：「人們有一顆快樂的心，勝於任何靈丹妙藥，可以治療心理上的百病。」

機智和幽默如果運用適當，不僅可以給人們帶來歡樂，還能在危急的時刻化險為夷。幽默是以機智為基礎的。憑著機智可以把通常不相關的事情巧妙地聯繫在一起，從而產生幽默的效果。幽默和機智又是不同的。機智的話語也能妙語連珠，但不一定會使人大笑。

語言的幽默與機智，也可以引起別人的興趣，從而在交際中顯示出聰明才智，並可以緩和緊張的氣氛，使大家快樂。機智若運用得當，可以使一個敵對的人啞口無言，也許還可以化解尷尬的局面，贏得別人的鼓掌與喝采。

下面就是一個大家都很熟悉的語言機智的故事。

一次，晏子出使到楚國，楚國國王知道晏子的個子很矮，就想捉弄他。楚王命人在城牆的大門旁邊開了個小門，請晏子從小門進去。晏子知道楚王戲弄他，就說：「到了狗國，才走狗洞，我現在

是出使楚國，不應該走狗門。」接待晏子的官員只好請晏子從大門進入。

晏子進去拜見楚王。楚王故意問：「是因為齊國再沒有別人，才派你來的嗎？」

晏子回答說：「齊國的人多極了，僅都城就有上百條街道，人們把衣袖舉起來，可以遮住太陽；人們甩掉汗水，就像下雨一樣。大街上人們肩靠肩，很擁擠，怎麼能說齊國沒人呢？」

楚王接著問：「既然如此，那麼為什麼要派你出訪呢？」晏子不慌不忙地回答說：「我們齊國派使節出訪很講究，對那些精明能幹的人，就派遣他們出使那些道德高尚的國家；對那些愚蠢無能的使臣，就派他們出使那些不成器的國家。我是使臣中最愚蠢、最無能的人，所以就派我出使楚國。」晏子的話使本打算要戲弄他的楚國君臣們面面相覷，半天說不出話來。

晏子憑著自己的智慧，在談笑之間挫敗了楚國企圖污辱齊國國格和晏子人格的陰謀。這是個反諷的名人趣聞，以其人之道還治其人之身，巧妙地利用了對方言語的漏洞反擊，並表現得彬彬有禮，實在難能可貴，從中不難看出語言機智的重要性。

幽默是有區別的，有些是文雅的，有些則暗藏殺機；有些是高尚的，而有些則是庸俗的。庸俗的幽默如同譏笑，往往一句普通的譏諷話語便會使人當場丟臉，反目不悅。而為了更好地利用幽默，應該明白幽默是一項高尚而且文明的藝術。這樣才能既達到目的，又不顯得粗俗無禮。


## 幽默讓生活樂趣多多

在不盡如人意的生活中，幽默能幫助你排解愁苦，紓解生活壓力。用幽默的態度對待生活，你將不會總是憤世嫉俗，牢騷滿腹。

在我們的生活中，善用幽默的好處有很多，美國的一位心理學

教授曾經列舉了幽默的幾大好處：

第一，幽默可以化解尷尬。處在尷尬的場合時，幽默的語言只要輕輕掃過，就會立即使氣氛活絡起來，一掃彼此之間的難堪。

第二，幽默有利於家庭生活的和諧。幽默走進家庭，能使家人之間更加愉快、融洽。例如，容易發生口角的夫婦，當妻子在盛怒之際，丈夫並不正面與她對抗，而是適時地給她來點幽默，這種爭執也許在頃刻間化為烏有，妻子也會破涕為笑。

第三，幽默能打破人際關係的隔閡。以輕鬆而活潑的幽默語言與人們接觸容易引起話題，並使兩者很快建立起友善的關係。

最後，幽默能協助解決問題。以幽默的態度來解決問題，常會得到意想不到的效果，能使對方的不愉快和憤怒情緒一掃而光，甚至能使對方原諒你小小的不足之處。

一個幽默的人必然是一個有知識的人，廣博的見聞使得幽默的運用能夠得心應手，左右逢源。幽默感不是天生的，它是隨著人們的閱歷和知識的不斷豐富以及對生活的不斷認識而形成的。

幽默作為一種能力，它像其他技巧一樣，可以透過後天的努力而獲得。自信、寬容、豁達、樂觀的心理素質能使你的生活永遠充滿情趣和生機。因為具有這種特質的人能正視現實，笑對人生，勇於戰勝困難，從而取得成功。或者也可以說，幽默永遠屬於積極向上的人，屬於生活的強者。

有人曾問蕭伯納，如何區分樂觀主義者和悲觀主義者。蕭伯納說：「看到玫瑰，樂觀者說『刺裡有花』，悲觀者說『花裡有刺』。」我們不難發現，生活中只有樂觀主義者才有幽默感。

當富蘭克林‧羅斯福第四次連任美國總統時，某知名報社的一位記者來採訪他，就他連任總統之事發表感想。羅斯福笑而不答，請記者吃一片三明治。記者覺得這是殊榮，很快就吃下去了。羅斯福又請他吃第二片，記者受寵若驚。後來羅斯福又接著請他吃第三片，此時，記者雖然肚子已經飽了，但還是硬著頭皮吃下去。這

時，羅斯福微笑著說：「現在已經不用回答您的提問了，因為您已經有了親身的感受。」

豐富的知識、廣博的見聞是幽默的沃土。換句話說，幽默是知識的產物。若想成為一位幽默家，不僅要對古今中外、天南地北、歷史典故、風土人情有所了解，還必須對天文地理、聲光電化、文史哲經、名人軼事、影星趣聞都有所關注。「世事洞明皆學問，人情練達即文章。」只有多讀書，多累積知識，擴大知識面，懂得並能熟練地按技巧操作，才能登堂入室，修成正果。

蘇聯詩人馬雅可夫斯基在一次演講結束後，一位不懷好意者對他進行詰難：「馬雅可夫斯基，你的詩不能使人沸騰，不能使人燃燒，不能感染人。」詩人回敬道：「我的詩不是大海，不是火爐，不是鼠疫。」眾人聽罷掌聲如雷，而詰難者則瞠目結舌。

在日常生活中，一對總是吵鬧不休的夫妻應該冷靜下來，彼此以寬厚的幽默態度相處；一個情緒低落的人也應該試著拋開諸多煩惱，努力去想一些令人開心的事情。人們常常會有這樣的感覺：當你處在千絲萬縷的糾纏中而感到束手無策時，噗哧的一笑就可以使你獲得解脫。其實，幽默並非只為某些人所獨有，幽默可以走入任何一個人的生活。因為它是一種技能，這種技能是可以透過勤學苦練獲得的。

看看下面故事中的主人翁是怎麼用幽默對待生活的。

丈夫對妻子說：「從明天開始，我決定重新做人，再也不喝酒了。」第二天晚上，他依然喝得醉醺醺。妻子說：「我以為你要重新做人，就再也不喝酒了。」丈夫答道：「唉！沒想到我重做的這個人還是這麼愛杯中之物。」雖然有點言而無信，但這種幽默的態度終於讓妻子不再心有芥蒂。

幽默是智慧的展現，許多聰明人苦於缺少幽默感，歸根結柢是他們缺少幽默的智慧，缺少智慧的技巧。美國著名心理學家哈威·閔德斯在《笑與解放》一書中指出：「人人都可以成為笑的創造

**16**

者，都可以把幽默感當做一種主動、有效的才能，應用在生活的各個方面。」

　　如果你處於一個與你的性格、志趣格格不入的環境中，就很容易用你的感情邏輯來對待環境，而環境的回饋又加深了你心理的重負。如果你這時用本能的、非邏輯的感情去對待環境，那麼原先使你壓抑的周圍環境就會變得鬆散而生動，看上去也就不再那麼格格不入了。也就是說，幽默的力量會使你發現環境的另一面，會發現你的性格、志趣的合理性的一面。而承認雙方的合理性，調適便有可能實現，從而使心理上的壓抑自然減輕或消失。

　　當你試圖表達對某個人的不滿又不願意激化矛盾時，幽默是最好的武器。

　　有一家住戶的水管漏得厲害，院子裡已經積滿了水。修理工答應馬上就來，結果等了半天才見到他的身影。來了之後，他懶洋洋地問住戶：「太太，現在情況怎麼樣啦？」

　　女主人說：「還好，在等你的時候，孩子們已經學會游泳了。」

　　這位女主人的說法不失誇張，但幽默的巧妙運用淡化了她對修理工的不滿。

　　如果你想發揮幽默的力量幫助你平息人生中的風暴，與他人建立和諧的關係，最終實現人生目標，那麼就趕緊將這種力量付諸實行吧。

　　幽默是深淵裡的一根繩索。幽默的力量展現在溝通上，就像我們打開電燈開關，電力便沿著電線輸送到機器上一樣，只要按下幽默的按鈕，也就能促使一股特別的力量源源而來。我們可以把這股幽默的力量導向他人，並與他人直接溝通。有了幽默，我們可以學會以微笑來代替苦惱；藉著幽默的力量，我們就能使自己和他人擺脫痛苦。

　　總之，如果把人生比作一道精美可口的菜餚，幽默就是這道菜

的調味料。我們在日常生活中，要時刻預備這味調味料，讓生活有滋有味。

## 幽默讓個人魅力倍增

幽默的語言作為特殊的資訊傳遞工具，既有別於笑話調味，又相異於「戲謔調笑」，是高雅內容和完美形式的有機組合，最能展現說話人的語言技巧和內在修養。因此，許多年輕人把具有幽默感作為社會交往的一種資本，它能讓人魅力倍增，從而獲得他人的好感和欣賞。

比如說，在男女青年的戀愛中，幽默雖不能令對方一見鍾情，但它同樣能使你的魅力倍增，增加你在戀愛天平上的砝碼。幽默就像一把鑰匙，會打開人們心中的鎖。巧妙地運用它，不僅會打開彼此心中的結，同時還會增強彼此間的感情。

戀愛中的男女，每當遇到涉及對方的不足之處或是自己要對對方的不足做出評價時，往往會不知所措，生怕說得不合適傷害了對方。這時，幽默的語言會幫你走出困境，化解彼此間的尷尬。

有位年輕人和一位美貌的小姐，他們互相愛慕。年輕人認真、好學，很有上進心，美中不足的是個子較矮。在這一點上，年輕人有點自卑。他問小姐：「妳認為男人身材高大才有魅力，是嗎？」

「是的。」小姐點頭稱是。

於是，年輕人就對小姐避而不見，兩人終於分手了。

男人身材高大固然好看，這是毫無疑問的，但總是少數。其實，這位小姐完全可以這樣幽默地回答說：「男人高大是有魅力，但是男人最大的魅力還是在於他的聰明才智。矮人足智多謀，做大事業的往往是矮子多。你沒聽人說『濃縮的才是精華』嘛！」如果這樣委婉地說出，也許愛情就不至於無疾而終了。

戀愛中的情侶，兩情相悅，一般來說都已經接納了對方的缺點

或不足，但彼此心中又難免有顧慮。就像上面的例子中，年輕人儘管心中明白小姐是愛自己的，但還是希望小姐能親口說出來。如果小姐看透了年輕人的心思，巧用幽默，就可以打消年輕人的顧慮，為以後的相處掃除障礙。

　　表達愛情的方式有多種多樣，本無定式。如直言式、含蓄式、幽默式等，各有各的妙處，各有各的價值，可根據不同的人物、時間、地點來選擇最為合適的方法。

　　老舍先生是我國現代著名的幽默大師，他寫給妻子的情書，坦率直言了對她的愛慕之情，同時也很有幽默的色彩。

　　老舍在33歲時已是文壇巨匠，但還未成婚。當時，朋友們見他與胡絜青的性格和愛好比較接近，就輪流請他們吃飯。赴宴三次後，兩人都心領神會了。終於，老舍寫了第一封信給胡絜青：「我們不能光靠吃人家飯的辦法會面說話，妳和我手中都有一枝筆，為什麼不能利用它——這完全屬於自己的小東西，把心裡想說的話都寫出來。」信寫得誠懇坦率，打開了兩人情感的閘門。此後，他們相約每天都給對方寫一封信，如果哪天老舍沒有收到胡絜青的信，他就會坐立不安。後來兩人的婚姻也成就了一段文壇佳話。

　　幽默是一種高雅的語言藝術，需要一定的文化內涵和一定的學識累積，倘若沒有水準，卻偏要生硬地去模仿，到頭來只能給後人留下笑柄。

　　這裡有一則《廚師的情書》的幽默小故事。

　　年輕的廚師給女友寫情書：「親愛的，無論在煮湯或炒菜的時候我都想念妳！妳簡直像味精那樣缺少不得。看見蘑菇，我想起妳的圓眼睛；看見豬肺，我想起妳的腰身。妳猶如我的圍裙，我不能沒有妳。答應嫁給我吧，我會像伺候熊掌般伺候妳。」女友見信後很是生氣，馬上寫了回信：「我也常常想起你那像鵝掌的眉毛，像綠豆芽的眼睛，像蘑菇的鼻子，像味精的嘴巴，還想起你那像雌鯉魚的身材。我像蘆筍那麼嫩，不夠火候，出嫁還早哩！順便告訴

**19**

你，我不打算要個伺候熊掌的丈夫。其實，我和你就像蒸魚放薑那樣。相信你明白我的意思。」年輕的廚師本想以自己的職業為題，在女友面前顯示一下自己的「幽默」才華，沒想到運用不當，適得其反。

我們不得不承認，一個善於運用幽默的人是魅力十足的。一位心理學家告訴我們：「如果你能使一個人對你有好感，那麼，也就可能使你周圍的每一個人甚至是全世界的人都對你有好感。只要你不是到處和人握手，而是以你的友善、機智、風趣去傳播你的資訊，那麼空間距離就會消失。」

其實，不僅是愛情，如果能夠把幽默運用到社交生活中，讓人感到愉快和大笑，同樣會取得令人歎為觀止的效果。

我們從下面這個例子中就能體會到幽默社交的功效。

一次，美國總統雷根在白宮鋼琴演奏會上致詞時，夫人南茜不小心連人帶椅跌落在台下的地毯上。正在致詞的雷根看到夫人並沒有受傷，便插入一句說道：「親愛的，我告訴過妳只有在我沒有獲得掌聲的時候，妳才能這樣表演。」話音剛落，台下響起了一片熱烈的掌聲。

本來是一件令雷根很尷尬的事情，在這時如果埋怨或者置之不理都會令人不快，不僅是台下的人不快，台上的人也不會開心。而雷根在尷尬之時，運用幽默化險為夷，出奇致勝地獲得了極佳的效果，顯露出了他的機智、豁達，也同樣拉近了和觀眾的距離。

誠然，幽默不是代替實際解決問題的科學方法，它不能讓你變胖或變瘦，也不能讓你長高，更不能幫你考高分，但它能幫助你改善人際關係。在人生紛杳而來的困惑中，它會幫你化被動為主動，以輕鬆的微笑代替沉重的歎息。

女喜劇演員卡洛‧柏妮有一次在餐廳用午餐。這時，一位刁鑽古怪的老婦人走向她的餐桌，在大庭廣眾下用手摸卡洛的臉龐。她的手指滑過卡洛的五官，然後帶著歉意說：「對不起，我摸不出妳

有多好看。」

「是啊！」卡洛說，「我看起來也沒有多好看。」

老婦人又仔細看看卡洛的五官，說：「不錯，是沒有多好看。」

這時卡洛笑起來，說：「又摸又看的，好看的也變成不好看的了。」

在場的人不由得全笑了。

聰明的人不一定善於幽默，但幽默的人一定非常聰明。幽默是一種能力，這種能力也許有的人天生就具有，但是也需靠後天來培養。只要我們堅持不懈，對自己的天賦進行不斷地磨練、教化和再造，並透過知識面的不斷開拓、才智的不斷訓練等，幽默感就會降臨到我們的頭上，我們就會成為幽默的創造者和傳播者，同時也會成為一個魅力十足的人。

## 幽默讓智慧展現

幽默不是老老實實的文字，它是運用智慧、聰明與諸多搞笑的技巧，使人讀了大笑、驚異或啼笑皆非，並從中受到啟發。幽默不僅是智慧的迸發，善良的表達，它更是一種胸懷、一種境界。正如一位名作家所說：「幽默是一種成人的智慧，具有穿透力，一兩句就把那畸形的、諱莫如深的東西端了出來。既包含著無可奈何，更包含著健康的希冀。」

一個男人告訴太太，說他買了10萬美元的壽險，所以一旦他遭遇不測，她和孩子們就不怕生計無著落。

「好極了，親愛的，」太太說，「今後我們家庭可以節省一筆開銷了！」

「什麼開銷？」

「醫藥費。」

「為什麼？」

「你要是生病的話，可以不必去找醫生了。」

幽默不是油腔滑調，也不是嘲笑或諷刺。浮躁難以幽默，裝腔作勢難以幽默，鑽牛角尖難以幽默，捉襟見肘難以幽默，遲鈍笨拙難以幽默，只有從容、平等待人、超脫、游刃有餘、聰明透徹才能幽默。

著名作家林語堂說：「幽默愈幽愈默而愈妙。」

在錢鍾書的《圍城》裡，描述過這樣一個場景：「甲板上只看得見兩個中國女人，一個算不得人的小孩子——至少船公司沒當她是人，沒有讓她父母為她補買船票。」

在描寫這個場景的時候，錢鍾書先生違背了人們正常的思維模式，造成了「人們心理期待的撲空」。「算不得人的小孩子」，人們期待的是從年齡上說明，而作者卻從船公司沒讓她補票的角度揭示，這種揭示出人意料卻又合情合理，幽默的意味溢於言表。

幽默是智慧的產物。如果把幽默比成一個美人，那麼她應該是內涵豐富、豔若桃花、氣質如蘭，她應當能給人帶來愉悅的享受。她比滑稽更有氣質，也更加耐人尋味。

司馬遷在《史記》中曾經把「滑稽」解釋為「能亂同異」。即透過巧妙地聯想，把客觀事物之間的「三分之一或四分之一相似轉變為全部相等」。這種「化異亂同」或者偷換概念就能造成一種「機智的幽默」。

一位少婦對她的丈夫說：「親愛的，住在我們們家對面的那個男人，總是早上出門前吻他的妻子，晚上回家一進門也是先吻她。難道你就不會這樣做嗎？」

丈夫回答道：「當然可以，不過我跟她還不是太熟。」

這個聰明的丈夫巧妙地把自己的妻子換成對門的少婦，偷換的念頭，在不經意間顯露出幽默。

違反人們正常的思維規律，對事物進行巧妙地解釋，或者說出

人們意想不到的大實話，都會成功地達到風趣的幽默效果。

一位顧客在一家餐廳吃飯，飯中的沙子很多，顧客把它們一一挑出來放在桌子上。服務員見此情景很抱歉地說：「都是沙子吧。」顧客搖搖頭，說：「不，也有飯。」

顧客的巧妙回答表現了一個違反常人的思維模式，輕鬆自然地造成了幽默和諷刺的效果。

一個衣衫襤褸的人蹲在積水只有五公分深的水坑前釣魚，所有經過的人都認為他是個傻瓜。其中一位路過的人不禁動了憐憫之心，他和藹地對釣魚的人說：「喂，你願意和我喝一杯嗎？」釣魚的人高興地接受了他的邀請。他們喝了幾杯飲料之後，這個人問釣魚的人：「你在釣魚，是嗎？」

「是的。」

「那你今天上午釣了幾條魚？」

「算上你，已經有八條了。」

看似愚蠢的行為卻隱含著戲謔的動機，一旦真相大白之後，自然令人捧腹。

有一次，英國國王喬治三世到鄉下打獵，中午時肚子餓了，就到附近的一家小飯店點了兩顆雞蛋暫時充饑。吃完雞蛋，店主拿出帳單。

喬治三世看了一眼僕役接過來的帳單，憤怒地說：「兩顆雞蛋要兩英鎊！雞蛋在你們這裡一定是非常稀有的吧！」

店主畢恭畢敬地回答：「不，陛下，雞蛋在這裡並不稀有，國王才稀有。雞蛋的價格必然要和您的身分相稱才行。」

喬治三世聽完不由哈哈大笑，讓僕役付了賬離去。

機智的幽默含蓄而又婉轉，犀利而又忠厚，讓人覺得尖銳而又不鮮血淋漓，熱辣而又不致灼傷。機智的幽默不是譁眾取寵，而是一種樂觀的人生態度，它使人在逆境中也能樂觀面對現實，在順境中感到憂思。這便是幽默的智慧，沒有簡單的搞笑和滑稽，卻包含

著人生智慧的語言和動作的藝術創造。

　　美國德克薩斯州有一位千萬富翁，他的左眼壞了，裝了一隻假的，跟真的差不多，他非常得意，逢人便誇耀。

　　有一次，他碰到馬克‧吐溫，就問道：「你猜得出來我哪隻眼睛是假的嗎？」馬克‧吐溫指著他的左眼說：「這隻。」百萬富翁萬分驚奇，說：「你怎麼知道的？」馬克‧吐溫回答說：「因為我看你這隻眼睛裡還有一點點慈悲。」

　　有幽默感的人，有時候為了需要，常拿自己開開玩笑。著名律師迪特就是一位善於拿自己開玩笑的人。

　　有一次，哥倫比亞大學校長在他登台演說時，先將迪特介紹給聽眾：「他算得上是我國第一位公民！」迪特也許會立刻抓住這個難得的機會，大模大樣地開著玩笑說：「諸位靜聽，第一位公民要開始演講了。」但他如果真那樣做，便不會引起人們的狂熱興趣。

　　那他該如何說呢？他不僅要利用這個介紹詞幽默一下，並且還要從中獲得聽眾的好感。他說：「剛才校長先生說的一個名詞，我起初有些聽不懂。第一位『公民』指的是什麼呢？現在我才想到，他可能是指莎士比亞戲劇中常常提到的『公民』。校長先生一定是研究莎氏戲劇頗有心得的人，他介紹我時，一定又想到他的莎翁的戲劇。諸位聽眾一定知道莎士比亞常常把許多公民穿插在他的戲劇中，這些配角每人所說的話大都只有一兩句，而且多半是毫無口才、沒有高明見識的人。但他們差不多都是好人，即使是第一第二的位置交換下，也根本不會有什麼不同。」

　　話未說完，台下便響起潮水般的掌聲。

　　其實，生活中如果能夠多運用幽默智慧的語言，就能夠使你的身心健康、人際順暢，也會讓你成為他人眼中一個有智慧、有見識的人。

## 幽默能幫你避開和他人的衝突

幽默是一種非常有力的武器。在語言中恰當地使用幽默，不僅可以展示你的才華和迷人的性格，還能讓你避開與他人的衝突，減少不愉快的發生。

幽默的話語，可使人反敗為勝，擺脫困境，贏得他人的尊重。

有一位叫阿芳的小姐，雖然沒有出眾的容貌和迷人的身材，但性情開朗、正直、幽默。許多人在和她交往之後，往往就被她的幽默所吸引，不知不覺地感受到她的魅力。

有一次，阿芳參加同學聚會，和同學們回憶著大學時代的美好生活，不料服務員在招呼客人時，一不小心將一盆水打翻，全灑在阿芳的腳上，把她那雙新皮鞋潑濕了。服務員不知所措，顯得十分尷尬，旁邊的同學都為這服務員捏了把汗。阿芳卻不慌不忙地說：「一般正常情況是洗腳之前先脫鞋的。」

一句話，使滿屋的人都笑了起來，不快也一掃而空，大家更加佩服她了。

幽默總會令人忍俊不禁，啟齒而笑。當你與別人發生衝突後，幽默無疑是化解衝突最好的潤滑劑。

有一對老夫妻吵架後，彼此互不理會。過了幾天，先生忘記了吵嘴的不愉快，想和太太說話，但太太就是不理他。

後來，先生在所有的抽屜、衣櫥裡到處亂翻，弄得太太忍無可忍，她問道：「你到底在找什麼呀？」

「謝天謝地，」老先生說，「我總算找到妳的聲音了。」

老先生這一番舉動著實令人佩服。他藉由這種巧妙的方式，達到了重新和好的目的，而在這種情況下，用一般說理的辦法是很難奏效的。

蕭伯納的脊椎骨有病，去醫院檢查。醫生對蕭伯納說：「有一

個辦法，可以從你身上其他部位取下一塊骨頭來代替那塊壞了的脊椎骨。」接著又說，「這手術很難，我們從來沒有做過。」

蕭伯納聽了醫生的介紹後，淡淡地一笑說：「好呀！不過請告訴我，你們打算付給我多少手術試驗費？」

很明顯，醫生的意思是這次手術所要收取的費用不同一般。如果蕭伯納在這樣的場合與醫生爭論或表示不滿、失望，將會和醫生處於對立的局面。而對立的結果會給雙方帶來難堪，也會影響雙方合作和治療的效果。但一個很棘手的問題，被蕭伯納運用幽默的手法處理得極其巧妙，避免了不愉快的爭執。

在社交場合，說話帶些風趣和幽默更能展現出一個人的修養和禮儀，也表現出一個人的人格魅力。在生活中，依靠幽默化解不愉快的情況也非常多。

某大學一位姓嚴的中文系教師學識淵博，治學嚴謹，教學時嚴格訓練、嚴格要求。一天，他走進課堂，見黑板上赫然寫著「嚴可畏」三字。嚴老師不慍不怒，只見他停下來，對學生朗聲說道：「真正可畏的是你們。」

學生們一時不知所指。嚴老師接著說：「不是嗎？後生可畏嘛。為了讓你們這些後生真的可畏，超過我們這些老朽，我這嚴老師怎可名不副實呢？」由「嚴可畏」三字，嚴老師準確地捕捉到學生們因嚴格訓練、嚴格要求而生發的積怨與不滿，先是冷靜地予以寬容，進而曲解「可畏」二字，並且一語雙關，含蓄幽默地表達出必須嚴格的道理以及要繼續嚴格下去的決心，既寬容有度又嚴格適中。

幽默不僅能夠化解自己所面臨的尷尬，避免與別人出現衝突，還能有效地化解別人的指責。

一個冬天的早晨，從郊區開來的火車晚點了25分鐘。一位常遇見這種情形的旅客問列車長，這次又是什麼緣故。列車長說道：「碰到下雪，火車總難免誤點。」

「可是今天並沒有下雪啊！」旅客說。

「不錯，」列車長說道，「可是，天氣預報說今天下雪。」

雖然列車長並未回答旅客的問題，相信聽了列車長的話，旅客一定生不起氣來了。這就是幽默的力量之一。

在很多場合，幽默也是矛盾的緩衝劑，如能巧妙運用，就能夠讓彼此的矛盾消失於無形之中。記得一位幽默大師曾說過這樣一句話：「懂得幽默，能說幽默話語的人是最佳的人，長得醜一些也是無所謂的。」

幽默是一個人內在氣質的表現。一個人內在氣質的美，勝過外表的美。無論是誰，只要能充分運用自己的睿智，隨機應變，用幽默的言辭緩和矛盾，這就是一種成功。它能化衝突為喜悅，變危機為幸運，即使在充滿火藥味的場合，也可以成為最佳的緩和劑，幫助你擺脫困境。

## 幽默能讓你和對方都愉快

笑是一種愉悅舒暢、輕鬆自在和讓人感到滿意的外顯性情緒；笑是一種運動，一種快樂的運動，也就是說，笑容所傳遞的情感資訊使人開心愉悅、滿意、友好和自信，而這些都與幽默有著密不可分的關係。牛津字典就把「幽默」詮釋為「一種能抓住可笑或詼諧想像的能力」，也有人乾脆就把「幽默」稱之為具有「會意性」的「笑的藝術」。如果在恰當的時候，你也能夠講一個像下面這樣的幽默笑話，相信也能給大家帶來快樂。

有個愚人穿錯了靴子，一隻腳底厚，一隻腳底薄，走起路來一腳高，一腳低。他很詫異：「我的腿今天為什麼一長一短呢？想來是道路不平的緣故。」

有人告訴他：「是你穿錯了靴子。」於是他急忙命僕人回家去取。僕人去了很久，空手而回，對主人說：「不必換了，家裡那兩

隻也是一厚一薄。」

歷史上的一些成功人士大都具有超乎常人的幽默感。這種幽默天分常常能在一些緊張的場合獲得奇異的效果，既緩解了緊張的氛圍，也能給他人和自己帶來快樂和笑聲。

有一次美國麻薩諸塞州議會開會，一個議員發表一篇很長的演說，另一位議員覺得他的演說已經使台下的聽眾感到頭痛，就低聲通知他把演說縮短，免得聽眾不快。誰知那位正在演說興頭上的議員誤解了他的好意，認為那是一種無禮的批評，便用很嚴厲的口吻回答說：「請你滾出去！」仍舊繼續他那冗長的演講。那位勸他的議員聽後大怒，但因不好當場發作，只好忍氣吞聲地向議長報告，請他處罰那個不講理的議員。當時的議長正好是後來的美國總統柯立芝。柯立芝平日說話幽默，常常用它替人解圍。現在看見那位議員受辱難堪，便回答說：「是的，我也聽見他的這句話了，但是我立刻翻開我的法律書籍從頭至尾看了一遍，發現其中沒有這一條，所以你盡可不必聽從他的話滾出去！」

柯立芝逗得那位委屈的議員喜笑顏開，於是一場眼看要發生的爭執就在這輕鬆的幽默中結束了。

能夠讓別人把怒容轉換成笑臉是社交場合中非常重要的能力，這樣的人也是能夠給他人帶來快樂的人。

一位女演員曾舉辦過一次「敬老」宴會，宴會邀請了很多文藝界的著名前輩。有位已經92歲高齡的老人由他的看護人員陪同前來。老人坐下後，就拉著女演員的手，目不轉睛地看著她。過了一會兒，看護人員擔心這樣會使晚輩難為情，就以帶有責備的口氣對老人說：「你總是看別人做什麼？」老人聽了很不高興，說：「我這麼大年紀，為什麼不能看她？她長得好看。」老人說完，臉都氣紅了。

看護人員的一句話惹惱了老人，大家也非常緊張。這時，女演員巧妙地接著老人的話題說：「您喜歡就看吧，我是演員，我不怕

人看。」女演員的話使老人心情好多了，剛才緊張的氣氛也頓時變得活躍起來。

只有懂得幽默的人，身邊才會有不斷的笑聲，才會把他人吸引到自己身邊來，才能和他人在笑聲之中愉快地交往。幽默不僅能悅己，而且還能給他人以精神上的愉悅和會心一笑的享受。

## 幽默能讓你的友善得到回報

友善而幽默的人，追求幽默的境界是哲學的超脫和思想的純樸，絕非低級趣味，也並非所有有趣可笑的語言都是幽默的語言。這也就是說，幽默既要得體，又要讓人體會到自己在示好。如果運用得好，友善的幽默會在第一時間營造出愉悅的交際氛圍，你也能夠在這樣一個愉悅的交際氛圍中游刃有餘，展現你的交際能力。

不論在任何時候、任何場合，友善的幽默都能幫我們打開溝通的大門。如果將幽默僅僅理解為油腔滑調、取笑逗樂，就失去了真正的幽默意味。

英國首相威爾遜在一次群眾大會上演講，反對者在下面鼓譟，其中一人高聲大罵「垃圾」。為了不使一場嚴肅的演講變成一場可笑的爭吵，威爾遜用冷靜的口吻說：「先生，關於你特別感興趣的問題，我們待會兒再討論。」

美國的林肯總統也有過類似的遭遇。一次，他正在演講時，一位先生遞給他一張紙條，林肯拆開一看，只有兩個字——「傻瓜」。林肯鎮靜地說：「本總統收到過許多匿名信，全都只有正文，不見署名，而今天正好相反，剛才那位先生只署了自己的名字，卻忘了給我寫信的內容。」

在尷尬的情況下，幽默能緩解緊張的氣氛，充當人際交往中的潤滑劑。

著名作家金庸是個極有幽默感的人。他喜歡開車，更喜歡開跑

車。曾有人問他：「你開跑車超不超車？」金庸答：「當然超車，逢電車必超車！」聞者無不絕倒。金庸號稱「從未醉過」。很多人以為他酒量過人，而實際情形是他很少喝酒或喝得很少，那就當然不會醉。他曾對一位女孩子說：「你的美麗成長率最高。」女孩聽後大喜，沉吟片刻後才醒悟，原來金庸是暗示她小時候長得不好看。

在職場中，友善的幽默同樣很重要，它能幫助你和大家建立友善的同事關係。

某大公司裡有一位部門經理，他每天都要思考的問題是：「部門內的人是否真正喜歡我？」一次，他從外面走進辦公室，發現手下的職員們正聚在一起唱歌，可是一見到他，就立刻匆匆忙忙奔向各自的辦公桌。他沒有大發脾氣，也沒有任何的不滿，只是說了一句：「看來你們唱歌的水準並不那麼高。」這句話卻產生了很好的效果。

原來，這個經理過去總是板著面孔訓人，批評別人總是「不許偷懶」、「工作時間不准娛樂」之類的話。這次他小幽默了一下，使職員們了解到他原來也有不為人知的說笑一面。同時他也了解到，只要自己能和眾人一起歡笑，只要自己能把大家所需要的東西奉獻出來，那麼也一定能得到自己的所需，能與大家建立良好的工作關係。

在總統候選人的提名名單中，甘迺迪的年輕和孩子般的外表成了不折不扣的不利條件。眾議院發言人薩姆‧雷伯恩就是攻擊甘迺迪乳臭未乾的民主黨領導人之一。對此，甘迺迪哈哈一笑，把問題拋到一邊：「薩姆‧雷伯恩可能認為我年輕。不過對一位已是78歲的人來說，他眼中的大部分人都年輕。」然而，這個問題始終糾纏著甘迺迪。

杜魯門在一次全國性演講中向甘迺迪挑戰：「我們需要的是一個極其成熟的人。」而甘迺迪則用邏輯和機智回敬了他的挑戰。

他說：「如果年齡一直被認為是一個標準的話，那麼美國將放棄對44歲以下所有人的信任。這種排斥可能阻止傑弗遜起草《獨立宣言》，華盛頓指揮獨立戰爭中的美國軍隊，麥迪森成為起草憲法的先驅，哥倫布去發現新大陸。」

這個故事告訴我們，很多事情用幽默處理，就會變得輕鬆和簡單得多。

馬克‧吐溫就是一個幽默的人。有一次，他要去一個小城，臨行前別人告訴他，那裡的蚊子特別厲害。當他在旅店登記房間時，一隻蚊子在他眼前盤旋，使得旅店職員尷尬萬分。

馬克‧吐溫卻滿不在乎地說：「貴地的蚊子比傳說中不知聰明多少倍，牠竟會預先看好我的房間號碼，以便夜晚光顧，飽餐一頓。」一句話逗得旅店職員哈哈大笑。結果，這一夜馬克‧吐溫睡得十分香甜。

原來，當天晚上，旅店的全體職員一齊出動驅趕蚊子，免得這位受人歡迎的大作家遭受蚊蟲叮咬。幽默，不僅使馬克‧吐溫擁有一群誠摯的朋友，也因此得到了陌生人的「特別關照」。

可見，在人際交往中，輕鬆幽默地開個友善的玩笑，可以鬆緩神經，活絡氣氛，營造出適於交際的輕鬆愉快的氛圍，因而幽默的人常常受到人們的歡迎與喜愛。但是，玩笑一旦開得不好，幽默過了頭，友善的效果就會適得其反。因此，掌握幽默的分寸是非常重要的。

首先，友善的態度是幽默的前提。友善的幽默是感情互相交流傳遞的過程。如果藉幽默來達到對別人冷嘲熱諷、發洩內心厭惡和不滿感情的目的，那麼這種玩笑就不能稱為幽默了。當然，也許有些人不如你口齒伶俐，表面上你佔了上風，但別人一定會認為你不夠尊重他人，以後也不會願意和你繼續交往。

其次，要分清幽默的對象。我們身邊的每個人，因為身分、性格和心情的不同，對幽默的承受能力也有差異。同樣一個玩笑，針

對甲好用，但針對乙不一定有效果。一般來說，晚輩不宜同前輩開玩笑，下級不宜同上級開玩笑，男性有時不宜同女性開玩笑。在同輩人之間開玩笑，也要注意對方的情緒訊息和性格特徵。如果對方性格外向，寬容忍耐，幽默稍微過大也無妨。若對方性格內向，喜歡琢磨言外之意，幽默就要慎重了。儘管對方生性開朗，但若恰好碰上不愉快或傷心之事，也不能隨便與之幽默。相反地，對方性格內向，但正好喜事臨門，此時與他開個玩笑，友善的幽默氛圍也會一下子凸現出來。

最後，高雅的內容也很必要。友善幽默的內容取決於幽默者的思想情趣與文化修養。內容粗俗或不雅，有時也能博君一笑，但過後就會感到乏味無聊。只有內容健康、格調高雅的幽默，才能給人以啟迪和精神享受，而且也是對自己美好形象的成功塑造。

此外，友善的幽默要精練，不能用太多的詞語，要刪繁就簡、點到為止，以免影響理解和欣賞效果。因此，真正友善的幽默是詼諧而不失分寸的，滑稽而不粗俗的，精練而不繁冗的，簡約而得當的。

## 幽默能讓人更顯涵養、風度

假如說，人可以分為生動的人和枯燥的人兩大類，那麼富有幽默感的人無疑是生動的人。與幽默的人相處會使你感到愉快，而與缺乏幽默感的枯燥的人相處則是一種負擔。俗話說：「酒逢知己千杯少，話不投機半句多」，正是此意。同樣的，一篇充滿幽默的文章，會令人精神為之一振，而一場毫無幽默可言的報告，卻教人昏昏欲睡。

在日常生活中，往往還會遇到這樣的情形：有的人只要認識，你盡可以和他說說笑笑；有的人卻不是這樣，平時儘管再熟，你要是和他說個笑話，他也會馬上一反常態，使你處於尷尬的境地，弄

得你不知如何是好。但要知道，幽默並不一定都促人大笑，幽默更多的是讓人思考。

幽默的人善於控制自己的表情，喜怒哀樂，或見之於形，或藏之於心，瀟灑而自然。幽默並不等於輕浮，也不等於膚淺。真正幽默的人往往妙語連珠，發人深省。幽默的語言在某些場合下會產生神奇的效果。在人際交往中發生矛盾時，那些缺少幽默感的人往往會把事情弄得越來越僵，而幽默者能使交際變得更和順、更自然。

從前，小鎮上有一個酒館，酒店老闆王五的脾氣非常急躁，常常聽不得半句不順耳的話。大熱天的中午，一個過路人停下來吃飯，要了一瓶酒和一些菜。剛喝了一口酒，過路人就忍不住叫了起來：「酒好酸。」酒店老闆聽後，不由得大怒，馬上吩咐店裡的夥計拿棍子打這個人。

這時又進來一位顧客，看到老闆正要打客人，連忙問：「老闆為什麼打人？」老闆說：「我賣的酒遠近聞名，這人偏說我的酒是酸的，你說他該打不該打？」那個顧客說：「酒就是酸的，你還坑人。不信讓這位先生嚐嚐，讓他評評理。」

這可是個難題。如果這酒不是酸的，那這個過路人肯定少不了這頓打，如果直接說，嚐酒的人可能也要挨頓打。只見這個人說：「讓我嚐嚐。」老闆遞給他一杯酒，這人剛嚐了一口，就連忙放下杯子，眼睛眉毛都酸得皺在一起，脫口說道：「你還是把他放了，打我兩棍子吧。」一聽這話，整個店裡的人哄堂大笑，店老闆也笑了。

一句詼諧的話就這樣把一場紛爭給平息了。所以說，幽默能使我們精神健康，富於創造性，它能透過一種娛樂形式，減少我們的壓抑與憂傷，經由笑來打破人與人之間的隔閡與冷漠，消除困擾人類的敵意，消除人類活動中的偏見與誤解。

有一次，著名作家馬克·吐溫前往法國旅行，在去迪照恩的火車上，他十分困倦，打算睡上一覺。因此，他請求列車員到迪照恩

時把他叫醒。他首先解釋說他是一個非常嗜睡的人：「當你叫醒我時，我可能會大聲抗議。」他對列車員說，「不過，無論如何只要把我弄下車去就行了。」

於是，馬克‧吐溫睡著了。當馬克‧吐溫醒來的時候，已經是深夜，並且火車已經到了巴黎。他立刻意識到列車員在迪照恩時忘記把他叫醒，於是他非常生氣。他跑向列車員並朝他大聲嚷道：「我一生從來沒生過這樣的氣，也沒有發過這樣大的火。」

列車員平靜地看看他說：「你的火氣還沒有我在迪照恩推下去的那個美國人的一半大呢！」

幽默和度量有關，缺乏幽默感的人也往往是比較容易生氣的人；而真正懂得幽默的人，往往能在一些很尷尬的場合，以一兩句巧妙幽默的話語把尷尬化解，既保持了自己的風度，也能夠贏得別人的尊敬。

美國歷史上的許多重要人物，如林肯、羅斯福、威爾遜等，都是善於運用幽默藝術的代表。下面這個故事就是他們中的一個例子。

有一次，林肯與一位朋友邊走邊交談，當他們走至迴廊時，有一隊早已等候多時、準備接受總統訓話的士兵齊聲歡呼起來，但是那位朋友還沒有意識到自己應該退開。一位副官走上前來提醒他退後幾步，此時這位朋友才發現自己的失禮，立即漲紅了臉，但林肯微笑著說：「白蘭德先生，你要知道也許他們還分辨不清誰是總統呢！」就這麼一句簡簡單單的話語，立刻打破了現場的尷尬氣氛。

幽默的人通常是樂觀的人。他們往往是一個奮力進取的樂觀者。面對失敗的打擊，惡劣的環境，他們能夠以幽默的態度自強不息。在失敗的時候，用一兩句幽默的話語描述自己所處的困境，既是對自己的激勵和鼓舞，也能在別人的質疑面前展示出自己的信心和風度。偉大的發明家愛迪生就是這樣一個例子。

愛迪生在發明電燈的過程中，試驗燈絲的材料失敗了1,200次，

他總是找不到一種既耐高溫又經久耐用的金屬。這時，很多人已經對他的發明構想產生了質疑，於是便嘲笑他：「你已經失敗了1,200次，還要試下去嗎？」

這時，愛迪生斬釘截鐵地說：「不，我並沒有失敗。我已經發現了1,200種材料不適合做燈絲。」

愛迪生的幽默恰恰證明了他的決心和信心，這也正是他風度的展現。

卓別林成為著名的電影藝術家之後，有許多人開始在生活中學他走路的姿態，而且在穿戴打扮上也刻意模仿，以增加一點生活樂趣。

有一次，某藝術公司特地公開舉辦了一次模仿卓別林的有獎比賽，並宣稱將由研究卓別林的專家認真評選。在得知這一消息後，卓別林覺得很有意思，想親自去看看，便也冒充普通選手去參加比賽。然而，出人意料的是，待評選結果公佈時，他這個道道地地的卓別林卻只獲得了第二名！

到了正式頒獎那天，那家藝術公司特邀卓別林出席，並請他講話。卓別林推託不了，於是便微笑地說了幾句話：「世界上只有一個卓別林，我這次既然被評為第二名，那理所當然地應該請第一名上台講話！」

很多人往往沉迷於透過穿著打扮來使自己看起來有涵養和有風度，然而外表只是表面。一個人的風度和涵養，除了自身具有的學識和能力外，一個很重要的方面就是幽默感。一個幽默的人往往更顯有涵養和風度，這也正是幽默的魅力所在。

## 幽默能讓你更有影響力

每個人都想成為對他人有影響力的人。當然，我們所說的影響力並不是指權力和地位。要對他人有影響，則需要別人對你的信任

和支持。只有認同你的觀點和話語，別人才會真正信服你，並按照你所說的去做，這就需要你有著說服別人的技巧。

在生活中，需要說服的對象有很多，他可能是你的父母、你的上司、你的顧客、你的朋友、你應聘的主考官、你的辯論對手……如果不掌握一定的技巧，說服就難以達到理想效果。而在說服別人方面，幽默常常能夠發揮不可或缺的作用。

有時，面對一個錯誤的推理或結論，從正面反駁可能無濟於事，這時不妨用另外一個類似的並且明顯是錯誤的推理來達到批駁的目的，效果反倒更好。

這種錯誤的推理具有很強的荒誕性，含不盡之意於言外，使人在含笑中明辨是非。推理越具有荒誕性，說出的話就越具有幽默感。

宋高宗的廚師煮的餛飩沒熟，皇帝吃後發怒了，把那個廚師送入牢獄。沒過多久，在一次演員表演節目時，兩個演員扮作讀書人的模樣，互相詢問對方的生辰。一個說「甲子生」，另一個說「丙子生」。這時又有一個演員來到皇帝面前控告說：「這兩個人都應該入獄。」

皇帝覺得蹊蹺，問是什麼原因。這個演員說：「甲子、丙子都是生的，不是與那個餛飩沒煮熟的人同罪嗎？」

皇帝一聽大笑起來，知道了他們的用意，就赦免了那個「餛飩生」的廚師。

演員藉皇帝「餛飩生就入大獄」這個前提，演繹出一個錯誤的結論：是「生」就該下大獄。這顯然是荒誕不經，引人大笑的。演員的推理語言婉轉，表達含蓄。它產生的勸說效果自然是顯而易見的。

有時候，巧用比喻同樣也能達到勸說的效果。下面這個古老的故事就說明了這個道理。

很久以前，一場大規模的奴隸起義在古希臘某地區爆發了。起

義軍攻克城市，佔領莊園。奴隸主驚恐萬分，一方面調動軍隊鎮壓奴隸起義，另一方面對奴隸起義首領許以高官厚祿、華宅美女。這時，有的人動搖了，想透過投降謀取好處，起義軍面臨著瓦解的危機。

伊索知道後，就給動搖者講了一個寓言故事：

一個大雪紛飛的冬天，百鳥絕跡，陰風怒號。凍得全身發抖的獵人在森林裡發現了一頭巨大的熊。他小心舉起了獵槍，瞄準熊的咽喉，準備扣動扳機。熊的處境十分危險。突然，熊對獵人說：「何必一定要開槍呢？」

吃驚的獵人移開了槍口，回答說：「我想要一件溫暖的熊皮大衣，抵擋嚴寒。」

「行啊。」熊仍鎮定自若地說：「我也沒有什麼別的要求，只要能吃飽肚子就行。這樣吧，我們再具體協商談判條件。」

於是，獵人和熊坐下來談判，經過一番喋喋不休的爭吵，最後達成妥協。過了一會兒，熊獨自走開了，牠滿足了要求——填飽了肚子，而獵人也如願以償，穿上了他想要的溫暖的熊皮大衣。

伊索最後說：「原來，熊把獵人吃掉了，牠就填飽了肚子；熊把獵人吃掉，獵人就在熊肚中『穿』上了熊皮大衣。這樣，兩者各自的要求似乎都達到了。這樣解決雖然不違反他們的談判協定，但獵人卻喪失了生命。如今奴隸主勸降，我們如果和他們講和，不正像獵人和熊談判，會有好結果嗎？到頭來把起義軍斷送在敵人手中，哪裡還逃得了任人宰割的厄運呢？」

那些動搖者聽了伊索的一番話開始回心轉意，再也不提和談的事，繼續英勇地堅持戰鬥。

在獵人和熊的談判中，野熊用了一種詭辯：你要穿熊皮大衣，就被我吃到肚子裡去「穿」。從形式上看，雙方都滿足了自己的條件，而實質上，獵人卻成了熊的犧牲品。

伊索是古希臘的一個奴隸，同時又是一個哲人，他看出了奴

隸起義妥協者的危險，並以比喻的形式提出了智者的警告。在談話中恰當地運用比喻，往往能收到意想不到的戲劇性效果。劉向《說苑》中有這樣一個生動的故事。

有人對梁王說：「惠子說話善於打比喻，假如大王您不讓他打比喻，那麼惠子就無話可說了。」

於是，梁王對惠子說：「希望您今後發言時不要打比喻了。」

惠子回答說：「假如有個人不知道『彈』為何物，您告訴他彈就是彈，他能明白嗎？」

梁王說：「當然不能明白呀。」

惠子接著說：「如果您改換一種說法，告訴他彈的樣子像弓，是用竹子做弓弦，那麼他該明白了吧。」

梁王說：「當然明白了。」

惠子說：「我要把我知道的事物告訴不知道這事物的人們，您說不打比喻行嗎？」

這個故事的有趣就在於梁王本來是不許惠子再打比喻的，可是惠子又悄悄打了一個比喻，說得梁王心服口服。

這就是幽默的力量。它能讓本來不容易被說服的對象對你的觀點信服和支持，自然也就提升了你對他人的影響力。

# 第二章

# 製造幽默，
# 小技巧有大效果

　　幽默是人的思想、常識、智慧和靈感的結晶，幽默風趣的語言風格是人的內在氣質在語言運用中的外化。幽默在口語表達中主要展現為巧和智。巧是指言談話語既在情理之中，又在意料之外，包含著一定的差異、失誤和某種巧合因素在內；智是指言談話語充滿智慧，能給人帶來哲理性的啟迪，從而使人感受到內心的愉悅、美感。幽默是一項有技巧的活動，需要多練、多嘗試才能培養出來。

## 從偷換概念中獲得幽默

　　幽默的思維和通常的理性思維至少有兩個方面是不同的。第一個方面是在概念的使用和構成上；第二個方面表現在推理的方法上。本節主要講概念在幽默中的特殊表現。

　　人們進行理性思維的時候，通常有一個基本的要求，那就是概念的含義要穩定。雙方討論的必須是同一事，或者一個概念的前提要一致。如果不一致，就成了聾子的對話──各人說各人的。如果在演說或文章中，同一概念的含義變過來變過去，那就是語無倫次。

　　這看起來很不可思議，但這恰恰是很容易發生的。因為同一個概念常常並不是一種含義，尤其是那些基本的常用概念往往有許多種含義。如果說話、寫文章的人不講究，常常會導致概念的轉移。雖然在字面上這個概念並沒有發生變化，但在科學研究、政治生活或商業活動中，概念的含義在上下文之間發生種種變化是非常可怕的。因而，亞里斯多德在他的邏輯學中就規定了一條：思考問題時概念要統一。違反了這條規律，就叫做「偷換概念」。也就是說，字面上你沒有變，可是你把它所包含的意思偷偷地換掉了，這是不允許的。

　　可是幽默的思維並不屬於這種類型，它並不完全是實用型的、理智型的，它主要是情感型的。而情感與理性是天生的一對矛盾體，對於普通思維是破壞性的東西，對於幽默感則可能是建設性的成分。

　　一位俄國的貴族婦人自恃身分特殊，經常在公共場合要求別人給予特殊的招待，以顯示她的身分尊貴。有一次，當音樂家安東·魯賓斯坦開音樂會時，她又走到後台，很傲慢地對魯賓斯坦說：「請你馬上安排一個最好的座位給我。」

魯賓斯坦看了看這位穿戴得珠光寶氣、傲慢地昂著頭、看起來不把人放在眼裡的貴婦，非常溫和有禮地對她說：「夫人，目前我只有一個好座位可以讓給你。」

　　貴婦聽了滿意地點點頭，又加上一句：「我要最前排的喔！」

　　魯賓斯坦回答：「我這個位子絕對是在最前排，你看！就在那裡。」

　　貴婦順著魯賓斯坦的手勢看過去，那個位置就是演奏鋼琴的位置。

　　在生活中有時難免會碰到一些蠻橫不講理的人，此時不需要臉紅脖子粗，只需要偷換概念，問題就可以迎刃而解。

　　再來看這樣一段對話：

　　老師：「今天我們來教減法。比如說，如果你哥哥有5個蘋果，你從他那兒拿走3個，結果怎樣？」

　　孩子：「結果嘛，結果他肯定會揍我一頓。」

　　從數學的角度來說，這是可笑的，因為偷換了概念。老師講的「結果怎樣」的含義很明顯是指還剩下多少蘋果的意思，屬於數量關係的範疇，可是孩子卻把它轉移到未經哥哥允許，拿走了他的蘋果的人事關係上去。

　　然而，對於幽默感的形成來說，好就好在對這樣的概念默默地轉移或偷換。我們仔細分析一下就可發現這段對話的設計者的用心。他本可以讓教師問還剩餘多少，然而「剩餘」的概念在這樣的上下文中很難轉移，於是他改用了含義彈性比較大的「結果」。這就便於孩子把減去的結果轉化為偷偷拿蘋果的結果。可以說，這一類幽默感的構成，其功力就在於無聲無息地把概念的內涵做大幅度的轉移。在這個方法的應用中，有這樣一條規律，那就是偷換得越隱蔽，概念的內涵差距越大，幽默的效果也越強烈。

　　類似的例子在生活中是很常見的。我們來看這樣一個例子。

　　小強說：「你說踢足球和打冰棍球比較，哪個門好守？」

小剛回答：「要我說，哪個門也沒有對方的門好守。」

從常理上來說，小強問的「哪個門好守」應該是指在足球和冰棍球的比賽中，對守門員來說那種比賽的球門更容易守，而小剛的回答一下子轉移到比賽中本方球門和對方球門的比較上去了。

偷換了概念以後道理講得通，顯然這種「通」不是「常理」上的通，而是另外一種角度的通，但正是這種新角度的觀察，顯示了說話者的機智和幽默。還有這樣一則小幽默：

「小明，細心點！」老師說，「四減四等於多少？」

「等於八，老師。」小明很有把握地說。

「你是怎麼算出來的？」老師又問。

「您把書桌的四個角都砍掉就明白了。」小明說出了答案。

這就是偷樑換柱、答非所問的效果，下面還有個更妙的例子：

「您的批評無疑是正確的，我決心改正。」

「你這是第十次下決心了！」

「千真萬確。這個批評我接受，我不再下決心了。」

偷樑換柱的結果，不僅是「虛心接受、屢教不改」，而且是「拒絕接受、堅決不改」。

在許多幽默故事中，趣味的奇特和思維的深刻並不總是平衡的，它有時給人趣味的滿足，有時則給人智慧的啟迪，但最重要的還是幽默的奇趣，因為它是使幽默之所以成為幽默的因素。如果沒奇趣，則沒有啟迪可言。有這麼一則對話：

顧客說：「我已經在這窗口前面待了30多分鐘了。」

服務員回答：「我已經在這窗口後面待了30多年了。」

這個意味本來是可以很深刻的，但是由於缺乏概念之間的巧妙聯繫，因而很難引起讀者的共鳴。這看起來很像是一種賭氣，並沒有幽默的成分。再來看另一段對話。

編輯說：「你的稿子我看過了，大致來說，藝術造詣還不夠成熟，幼稚了些。」

作者回答道：「那就把它當做兒童文學吧！」

這時，作者如果謙虛一下，就會利用概念轉移法把自己從困境中解脫出來。他這樣回答不但有趣味，而且又有豐富的意味讓對方慢慢品味。因為被偷換了「兒童文學」的概念，不但有含蓄自謙之意，而且有豁達大度之氣概。

偷樑換柱的目的就是要把概念的內涵作大幅度的轉移、轉換，使預期失落，產生意外。偷換得越隱蔽，概念的內涵差距越大，幽默的效果也越強烈。上述的例子無疑都說明了這個道理。總之，要想讓自己有幽默感，那麼首先你就要學會「偷」。

## 發現自相矛盾中的幽默

自相矛盾，是藉由人物的言行不一、言語的前後矛盾和行為的相互牴觸，造成幽默情節中，不同人物之間及作品中人物與觀賞者之間，對人物的某種素質或性格的不同認識。自相矛盾是幽默藝術家刻畫喜劇性人物形象的重要手法，有著鮮明、強烈的幽默效果。

我們都知道，說話是不能自相矛盾的，這是邏輯思維得以成立的基本條件。然而，邏輯上的自相矛盾，卻往往可能產生幽默的趣味，而幽默的趣味恰恰從邏輯上不通的地方開始。這種不通的邏輯作為一種結果引起人們的震驚，推動我們去想像它的原因，而這原因往往是十分有趣味的。在生活中，有許多精彩的自相矛盾的幽默。

有個笑話說，一個人被妻毆打，無奈鑽入床下。

其妻喝令：「出來！」

其夫曰：「男子漢大丈夫說話算話，說不出來就不出來。」

這種自相矛盾的幽默，諷刺了表面上氣壯如牛，實際上膽小如鼠的行為，最為精彩的是以大丈夫的堅決性做出怕老婆的行為。

自相矛盾的幽默就其功能來分有兩類：一是諷喻他人的；二是

自我曝露的。

有個縣官最怕老婆，經常被老婆痛罵，有時還被老婆打幾下。有一次，他的臉被老婆抓破了。第二天到衙門上任時，被他的頂頭上司州官看見。州官便問：「你的臉怎麼破了？」

縣官不敢講實話，只好對州官說：「晚上乘涼時，葡萄架倒了，砸在頭上，臉也被葡萄藤劃破了。」

州官大笑：「不要瞞我，一定是給你老婆抓破的。天底下就數這種女人可惡，這回我非要治治她，快派人去把她給我抓來。」誰料想，這話偏偏讓州官的老婆在後堂聽見了，一臉怒氣地衝了出來。州官一見老婆，沒等她開口，就趕緊對那縣官說：「算了，算了，這事先緩一緩，你也暫且退下，我後院的葡萄架也快倒了。」

自我曝露往往有故作愚蠢、自我調侃的特點，純屬搞笑，常用於融洽人際關係，所以人們在社交場合特別喜歡應用。

一位朋友起身要回家，而外面正下雨，他向主人說：「下雨了，請把雨衣借我用一用，好嗎？」

主人想開個玩笑，就一本正經地說：「可以，不過你要留心點，千萬別把我的雨衣弄濕了。」

明明下雨，把雨衣借給朋友，卻又不能弄濕，這不是自相矛盾嗎？這種幽默是戲劇性的。之所以幽默，是因為所說的所謂條件不可能辦到。

在社交場合中有這樣一種規律，越是生疏的人，越是彬彬有禮；而越是關係親密，越是可以開一些過頭甚至荒謬的玩笑。由於是自相矛盾的、玄虛的，因而不帶有攻擊性，反而顯得風趣可笑。

自相矛盾幽默法，除了自我曝露一類以外，也有諷刺型的。其特點是把矛盾的不相容性以誇張的形式突出，以顯示其荒謬性，以此來批評或諷刺某種對象。

自相矛盾帶給人們的幽默效果，立足點在語言學和邏輯學的交叉點上：言談符合邏輯規律，言語在正常的軌道上運行，是人們能

夠順利交流思想、實現彼此交往的基本條件，但其中並不存在半點幽默價值。而邏輯上的自相矛盾，卻可能產生幽默的趣味。因為在自相矛盾的情況下，言語失衡，邏輯錯位，於是，邏輯上的相悖、言語的失序，帶給我們震驚，幽默趣味便在其中孕育了。

有一個老人今年60多歲，退休在家閒著沒事。一天他突然心血來潮，想為小孫女做個小板凳。可是事情非常不湊巧，老人請來的木匠是半路出家，又不肯認真學功夫，做得很糟糕。

木匠在老人家工作了一整天後，向主人討工錢。

老人說：「你做得太慢了。」

木匠說：「你沒聽說嗎？慢工出細活。」

老人說：「你做的工作不光慢，更重要的是品質太差。我還白付了三頓飯。這樣吧，就用這只板凳給你抵工錢吧。」

木匠不同意，爭辯道：「別把人當傻瓜。誰會要你這個醜凳子？縫又大，板又斜，四隻凳腿都不一樣，能值什麼錢？」

木匠是聰明還是愚蠢呢？毫無疑問，偏執一端的回答，都是不完整的。

讀者朋友看了這個故事後，也許不會去探討這個問題，但是木匠貌似聰明實則愚蠢的辯白，也會讓人啼笑皆非。

## 利用曲解原意製造幽默

父親見兒子從學校拿回成績單，關心地問：「考得怎麼樣，快說給我聽聽。」兒子看了父親一眼，膽怯地打開成績單念道：「國語52，數學48，共計100分。」

「噢，你『共計』這門考得不錯。」

兒子聽了，忍不住「噗哧」笑了。

「看，一稱讚你就驕傲了，」父親板起臉來說，「要繼續努力。」

在這則小幽默中，兒子稍微耍了點手段，父親卻一本正經地又是批評又是鼓勵。這就是曲解，即有意或無意地對語義作歪曲解釋。

在一次演講比賽中，一位演講者剛剛走上講台就被電線絆了一下，一個不小心差點摔倒。這一意外情況引起台下觀眾的哄堂大笑。但這位演講者沒有一絲一毫的驚慌，而是從容地說：「謝謝大家！剛才我是為大家的熱情所傾倒的。」話音落地，聽眾席上響起了熱烈的掌聲。這裡的「曲解」化被動為主動，既贏得了觀眾，又表現了自己的機智，給接下來的演講開了一個好頭。

所謂的「曲解」，就是利用眾所周知的古代或現代的經典文章和詞句為基礎，再做出歪曲、荒謬的解釋。新舊詞義、語義之間的距離越大，效果就越滑稽詼諧。在導致荒謬的各種辦法中，喜劇性效果比較強的要算曲解經典。因為經典最具嚴肅的意味，語言又多為人所共知，一旦稍有歪曲，與原意的反差就十分強烈。

我們再看這樣一個故事。

唐代的《唐顏錄》中有這樣的記載：北齊高祖手下有一個幽默大師叫石動筩，他很善於在幽默中取勝。

有一次，石動筩去參觀國子監，一些經學博士正在論辯，正說到孔子門徒中有72人在仕途施展自己的抱負。石動筩插話問道：「72人中，有幾個是戴帽子的，有幾個是不戴帽子的？」

博士說：「經書上沒有記載。」

石動筩答：「先生讀書，怎麼沒有注意孔子的門徒戴帽子的是30個，不戴帽子的是42個？」

博士問他：「根據什麼文章？」

石動筩說：「《論語》說：「冠各五六人，五六三十；童子六七人，六七四十二也，一共不是72人嗎？」

本來孔夫子在《論語》中是和曾子等得意門生談論自己的志向和理想，說的是能夠帶著五六個青年和少年六七人，自由地在風

中的田野漫遊，就很如願了。可是，石動笛在這裡把約數「五到六人」和「六到七人」曲解成五六和六七相乘以後，又和孔子門徒賢者72人附會起來，就顯得很不和諧，因而也就充滿了詼諧的意味。

司馬遷的《史記》上有一句名言，叫作「一諾千金」，說的是秦漢之際，和劉邦一起打天下的武將季布，只要他答應的事，多少金錢也無法改變。有個笑話就歪曲地解釋了這個典故。

有一位女士問先生：「一諾千金怎麼解釋？」

先生說：「千金者，小姐也；一諾者，答應也。意思是：小姐啊，妳答應一次吧。」

把歷史英雄的典故透過詞義的曲解變成眼前求愛的語言媒介，兩者之間距離較遠，則滑稽的程度就越大。對於立志談吐詼諧者來說，對這一規律應當深深領悟。也就是說，要使自己說的話諧趣，則應從不切實際的遠處著眼。古代典籍之於凡人，一般距離都十分遙遠。既遙遠又歪曲，自然容易生諧。不過，古與不古都不是問題的關鍵所在，關鍵仍然是曲解。

如果這種曲解不是一次性的而是連續性的，則其諧趣的效果會相應層層放大。

一個縣官處理一切事情的唯一依據是《論語》，他常說：「人家都說，半部《論語》可以治天下，何況我有整整一本。」

一天早上，他升堂審判三個賊人。第一個賊人偷了一隻雞，縣官一翻《論語》，便判道：「黃昏時分，將此人處死。」旁邊一位幕僚暗暗對他說道：「太重了！」縣官瞪大眼睛嚷道：「《論語》上不是說過：『朝聞盜夕死，可矣』嗎？」其實，《論語》的原文是：「朝聞道，夕死可矣」。

第二個賊偷了一口鐘。縣官看過《論語》以後，匆忙宣布釋放，幕僚莫名其妙。縣官說：「《論語》云：『夫子之盜鐘，恕而已矣。』聖人規定，盜鐘是要寬恕的。」其實，《論語》的原文是：「夫子之道，忠恕而已矣。」這個縣官不但讀了白字，而且斷

錯了句。

第三個是殺人放火的慣犯。縣官看了案卷，知道此人的父親也是個大賊，三年前已經被斬首。他竟然馬上離座，對賊人磕頭膜拜，連聲說道：「『三年無改於父之道，可謂孝矣。』你是個大孝子，公差無禮，還請見諒。」

這三個案件中，縣官由於對《論語》的曲解程度和宣判失當的程度越來越離譜，因而顯得越來越荒唐，詼諧效果也就隨之層層遞加了。

這種詼諧故事的結構看似複雜，好像難得有這樣互相連鎖的巧合事件。但是，對編故事的人來說，並不是先有三個故事的巧合於《論語》中的語句，而是倒過來，先在《論語》中選三句能被歪曲者，以同音異義為媒介，經歪曲語義盡可能拉開距離，導致顯而易見的荒謬，最後按荒謬的程度順序編排，把最嚴重的放在最後作為高潮。

這種歪曲經典的方法很適合放在表演性的幽默中，如小品、相聲等，一般難以直接用於人際交往或談吐之間。但若能改變角度，結合其他方法，則仍可以用於人際交往之中，增加談吐的諧趣。至少可以針對自己，即用於自我調侃，以大智若愚的姿態出現，使對方與你之間縮短心理距離，增加分享諧趣的管道。

## 正話反說也有幽默作用

正話反說就是利用相反的話語方式來表達本來的意思，與語言修辭中的反語修辭手法十分相似。正話反說可以造成含蓄的幽默意味，是製造耐人尋味的幽默效果的重要語言手段之一。普通的話語如果照著它的本來面目說出，會毫無新奇之處，絲毫沒有幽默因素可言，給人的印象也比較平淡。但如果用與之相反的詞語方式表達出來，就會收到截然不同的效果。

這種正話反說的幽默術以兩種表達方式的語義對立為前提，依靠具體語言環境中正反兩種語義的聯繫，以各種暗示性手段將相對立的雙重意義向聽眾或對方巧妙地傳達出來，讓其聽後能夠順利地理解本意，極具戲謔意味和幽默色彩。下面就是一個例子。

　　李大嬸的幾個兒媳婦都很尖酸刻薄，對老人毫無孝順可言，李大嬸默默忍受著，有苦說不出。

　　有一次，街坊鄰居們在一起閒聊，鄰居們問李大嬸的幾個兒媳如何？李大嬸說：「我的三個兒媳婦，都孝順得不得了。大兒媳婦嫌我每天生活太單調，經常用筷子在鍋碗瓢盆上演奏打擊樂給我聽；二兒媳婦怕我在家裡悶出病來，經常趕我到我女兒家去打牙祭，要不然就硬讓我到鄰居家串門子；三兒媳婦就更不用說了，她常常在我的耳旁嘮叨，說什麼『晚飯少一口，活到九十九』，為了讓我更長壽，她把晚飯減得越來越少。這幾天又老在念叨『早飯吃得少，保證老人身體好』。」

　　李大嬸的話相信每個人都能從中聽出老人心裡的悲酸之意。李大嬸巧妙地把兒媳們的劣行全都採用正話反說的手法，用孝順的話表達出來，這樣更能讓人深刻地體會到她在家中的艱難處境，產生更多的同情之感。

　　正話反說的幽默重在選擇合適的語言環境，但並非所有的語言環境都可以採用正話反說的辦法逗人大笑。此種幽默對語言環境的要求是：應當能讓聽話者較容易地體會出正反兩種語義的聯繫，知道講話者所要表達的真實含義。此外，說話者還應當採取一定的輔助性手段來幫助聽話者達到這個目的。例如語言符號、語調等。有時，故意拉大正反兩種語義之間的距離會收到更好的幽默效果，例如李大嬸故意在兒媳們的「孝順」二字上下工夫，在這種語言環境下，把孝順的程度渲染得越高，收到的反諷效果就越好，也就更具幽默意味。

　　正話反說，有時表面是肯定，實際是否定，在大起大落的語言

變化中透露出詼諧的樂趣，因而達到言此意彼的語言張力。

古代莊宗愛好打獵。他率大批人馬外出打獵，踩倒了很多莊稼。當地縣令出面制止，惹得莊宗大怒。縣官不服，這時，一個叫敬新磨的優伶站出來，對縣官說：「你身為縣官，難道不知道我們的天子喜歡打獵嗎？你為什麼要唆使老百姓種田而向皇上交租稅呢？你難道不會讓老百姓都餓死，把這裡的田地都空出來，供給我們皇上馳騁打獵用嗎？」敬新磨說完，請求莊宗立即將縣官處死。莊宗明白其用意，放了縣官。

敬新磨正話反說，表面是訓斥縣官，實際上是說莊宗，使莊宗認識到錯誤，迷途知返。

一句幽默、風趣的反話，一句善意、巧妙的批評，不僅能夠化解矛盾，增加了解，也是反駁、批評別人的有力武器。

總之，正話反說幽默主要的特點就在於：幽默者用反話表達本意，使反語與本語形成對比，相映成趣，以語言環境和輔助性語言手段讓聽話者獲取有關自己本意的資訊。

有時故意使用正話反說的幽默，能夠活絡談話氣氛，使人情緒放鬆，消除一些不必要的緊張心理，還能為擺脫尷尬境地提供台階。一個極富幽默感的人，懂得在不同的場合中如何靈活地運用這種幽默。

阿凡提一直是民間傳誦的機智榜樣。一天，貪婪而又愚蠢的國王把阿凡提叫到自己的宮殿，詢問阿凡提：「聽說你很聰明，那你可知道有一種吃後就會讓人變聰明的藥丸嗎？」阿凡提滿有把握地說：「有啊！」貪婪的國王當然想變得聰明，他迫不及待地對阿凡提說：「那你趕快給我弄一點來！」

幾天後，阿凡提恭敬地獻上了10顆藥丸，告訴國王一天服用一顆藥丸，就可以變得很聰明。

第9天，國王派人叫來阿凡提，大吼道：「阿凡提，你竟敢騙我！」

阿凡提說：「陛下，您怎麼這麼說啊？」

「你還敢說？我吃了你這9顆藥丸，不但沒有變聰明，反而讓我吃出泥土味來，你這藥是泥巴捏的？」

阿凡提說：「陛下，恭喜您啦！您吃完聰明藥後，果真變聰明了，連我阿凡提都騙不了您……」

總之，任何幽默都與呆板僵硬的腦袋無緣。即使是有關呆傻方面的幽默，也得建立在靈活地挑選語義環境，敏銳地抓住機會，根據不同談話對象而有不同應用的基礎之上。把握住這點，就能讓幽默更好地發揮功效。

## 模仿與借鑑中的幽默

柏格森認為，模仿生命的機械動作就是滑稽。他說：「有些姿勢，並不使我們大笑，然而一經別人模仿，就變得可笑了。」因此，著意於模仿別人的言語、動作、姿態等都可引起人們哄堂大笑。

故意模仿現成的詞、句、篇，而臨時仿造一個新的詞、句、篇，這種修辭手法叫做仿擬。仿擬有仿詞、仿句、仿調三種形式。

把合成詞或成語中的一個語素換成意義相反或相對的語素，從而臨時仿造出一個新的「反義詞」或「相對的詞」，這種修辭手法叫仿詞。

仿句是故意模仿，仿造既成的句式，它也同樣可以達到幽默的效果。這種手法很多時候被用於對話場景中，即仿造一個內容不同，語氣和語句結構一致的句子作為答話。

如丹麥著名的童話作家安徒生一生簡樸，常常戴頂破舊的帽子在街上蹓躂。有個傢伙嘲笑他說：「你腦袋上的那個東西是什麼玩意兒？是帽子嗎？」安徒生慢條斯理地說：「你帽子下的那個東西是什麼玩意？是腦袋嗎？」

安徒生的回答既諷刺了提問者的頭腦簡單和無理，又顯得幽默風趣，而這種幽默正是運用仿句手法形成的。我們用同樣的手法再看一則關於阿凡提的故事。

阿凡提開染坊時，有個人過來刁難他，他要阿凡提把步料染成不黑、不紅、不藍、不黃、不青、不白的顏色。阿凡提沒有斷然地拒絕，而是幽默地回答說：「請你在不是週日，也不是週一、週二、週三、週四、週五、週六的那一天來取。」

這個仿句不僅在語氣和語句結構上進行了模仿，而且就其荒謬的無理要求也進行模仿，這就把皮球踢還給了對方。

仿調是故意模擬既成的篇章詞調。仿調手法能夠製造出極強的幽默效果，因而在相聲和諧劇中常被運用。

不管是仿句、仿詞還是仿調，都是機械的模仿。如果把某一事物生搬硬套在另一事物上，因為只是機械地模仿，所以通常都顯得非常笨拙可笑。讓我們來看下面這個故事。

老師教給一個學生三個字「你、我、他」，並讓他用它們造句。「你，你是我的學生；我，我是你的先生；他，他是你的同學。」學生回家後高興地把這些告訴了父親，指著父親說：「你，你是我的學生；我，我是你的先生。」他又指了指他的母親：「她，她是你的同學。」

父親聽了很氣憤：「我怎麼是你的學生呢？我，我是你的父親；你，你是我的兒子；她，她是你的媽媽。」受了委屈的學生來到學校，責怪先生：「先生，您教錯了，應該是這樣的：你，你是我的兒子；我，我是你的父親；她，她是你的媽媽。」

這位學生與他的父親不懂得情境的變化導致了語言表達的變化，機械刻板，乖傻可笑。再看下面這個笑話。

湯姆說：「我看這位新來的數學老師不怎麼樣。」

比爾問：「為什麼？」

湯姆回答道：「昨天他對我們說五加一等於六。」

比爾不解：「錯在哪兒呀？」

湯姆說：「但他今天又說四加二等於六。」

不懂得變通，只知一味地機械記憶，也會產生一種愚蠢可笑的幽默效果。因此我們在日常生活中要靈活運用，讓幽默自然而然產生好效果。

## 幽默展現於細微處

人們常說：「細節決定成敗。」細節的學問被廣泛應用於生活的各方面。如果我們想自我調侃或諷喻他人，也可以大膽地運用「細節法」以收到意想不到的幽默效果。「細節法」就是要求人們在生活中善於觀察，在對問題或事件的推理過程中善於發現漏洞，特別是從反面去發現一些細微的漏洞，然後把這些極其微小的可能性當做立論的出發點。「細節法」的特點是把一個極其微小的可能性引申為現實，儘管最後並不一定能防止對方提出另一種更大的可能性。

下面就是一個成功運用「細節法」，經過從事件的反面發現細微的漏洞而製造出的幽默故事。

有一天，蕭伯納收到英國著名女舞蹈家鄧肯的一封熱情洋溢的信。信中說，如果他倆結婚，生個孩子，那對後代將是好事，「孩子有你那樣的腦袋和我這樣的身體，那將多麼美妙啊！」蕭伯納表示受寵若驚，但他不能接受這樣的好意。他回信說：「那個孩子的運氣可能沒那麼好。如果他有我這樣的身體和妳那樣的腦袋，那可就糟透了。」

女舞蹈家信中寫到如果他們兩個人結婚，所生的孩子會同時具備兩人的優點，而從遺傳學的角度來說，產生這種結果的機率恐怕不大。蕭伯納則成功地運用了「細節法」，從反面提出問題，把另一種也是很微小的可能性當成立論的出發點，讓對方的期待落空，

並以幽默的方式表達出女舞蹈家想法的幼稚和荒誕性。在這裡，蕭伯納幽默地把自我調侃和諷喻他人巧妙地結合在一起。

「細節法」幽默隨處可用，在男女的交往和家庭生活中同樣如此。一個男人和一個女人，從相識相愛到步入婚姻殿堂，兩個人從陌生到親密的過程，往往是兩人一生中最為甜蜜和充滿激情的。一對情侶走進婚姻以後，或者由於不同的成長環境和生活背景，又或者由於社會日漸風行的自我中心思考方式，甚至由於鍋碗瓢盆、柴米油鹽等家庭瑣事，往往會造成婚後生活日漸平實乏味，和戀愛時的浪漫激情形成鮮明的反差。其實，那些都只是表面現象，其內在根源是夫妻雙方的心態都發生了變化。因為雙方之間過於熟悉而使得生活沒有了新鮮感。

如果夫妻雙方能改變心態，用心觀察生活，那麼生活中那些看似平常細微的柴米油鹽都可以成為幽默的素材，為夫妻生活增添新鮮情趣。

家庭生活離不開廚房，而廚房裡的許多事物都可以引發幽默。下面就是一則與廚房有關的幽默故事。

丈夫問妻子：「結婚紀念日我們去哪兒呢？」

妻子回答道：「去我沒去過的地方。」

丈夫對妻子說：「那就去廚房吧。」

還有一個笑話，也很有意思。

有一對外國夫婦，丈夫想殺雞吃，可是不直接說，他對妻子說：「瑪麗，小母雞有些憂愁，是不是因為沒有用牠來熬湯？」

所謂懶人有懶福，其實懶人有時候也能很幽默，來看下面這個故事。

一個男人懶得出奇。有一天，妻子要切麵條，叫他到鄰居家借個砧板，他說：「不用借了，就在我脊背上切吧。」妻子在他背上切完麵條問道：「痛不痛？」他回答說：「痛我也懶得出聲。」

男人往往喜歡看體育節目，下面就是一位先生利用足球來製造

幽默的例子。

有一對年輕夫婦，因家裡只有一台彩色電視，而男人愛看球賽，女人愛看電視連續劇，兩人總是無法達成共識，最後當然是丈夫讓步。不過這位丈夫非常有心計，平時一有機會就向妻子灌輸體育知識，談談球賽趣聞，久而久之，妻子的興趣被他培養出來，有時也跟他一道收看體育比賽的節目，終於是夫唱婦隨了。

到了四年一屆的世界盃足球賽時，妻子已經被精彩的比賽吸引了，這時，他煞有介事地對妻子說：「看妳高興的樣子，我想起了一句老話。」

「什麼話？」妻子問丈夫。

「知足常樂！」丈夫回答道。

「怎麼會想起這句話呢？」妻子不解地答。

「知足常樂嘛，就是知道足球以後，就會常常樂了！」丈夫回答。

多麼富有情趣的調侃！這樣的生活才是趣味盎然，陽光無限。當然，夫妻間的幽默還可以借助於生活中的其他事物。

總之，不要為生活中的瑣事而煩惱，也不要說家庭生活因為有了柴米油鹽之類的事情而不再浪漫鮮活。其實，一切的關鍵就在於你是否有一顆見微知著的細微之心和敏銳的觀察力。運用你的幽默感，發揮你的創造力和想像力，你便可以把柴米油鹽作為你的幽默素材，在那些最細微的地方找到幽默的果實，為你的家人帶來快樂，為你的家庭增添無限生機。

## 裝糊塗也能幽上一默

清代石成金的《笑得好》中有這樣一則貪財故事。

有一個富翁儲藏糧米數倉，巧遇到荒年，農民打算出加倍的利息來借米，而富翁卻嫌利息少不借。有人給他獻計，說：「將這些

米熬成粥借給窮人，還款期限一到，收成好時，借一桶粥還二桶米，如果你的子孫又多，近處你可以自己討，遠處就讓你的子孫討。」

本來這樣的高利貸者是十分可恨的，但由於這個主意竟是如此荒謬，把債主變成討飯的，因此出這傻主意的人非但一點不可恨，反而變得十分可笑了。

假裝糊塗，裝癡扮傻的幽默法是表裡不一，表面上既癡又傻，實際上高度機智，把過人的智慧隱藏於癡呆木訥的外表下，讓對方透過表象，無形中品味到濃濃的幽默之趣。

假癡假傻的幽默法既要你不動聲色，還要你煞有介事、假戲真做，令人大吃一驚，產生疑問，繼而加以思考，隨之完全領會，最終發出會心的微笑。

應當注意的是，假癡假傻的背後藏著的真實意思，應當使對方略加思考後就能明白。如果對方百思不得其解，那就不能透過傻相領會到幽默之本意，那麼幽默也就無法達成。

有個人在鑲牙後用假鈔支付醫療費，因此被醫生告到了法院。在法院審訊時，此人申訴說：「牙科醫生給我安裝的是假牙，我當然要付假鈔。」

此話就是典型的荒謬語：假牙可以代替真牙咀嚼，而假鈔卻不能代替真鈔產生流通作用。說這等癡言傻語不過是自欺欺人，想蒙混過關。

某電廠外掛著一塊告示牌，上面用紅色大字醒目地寫著：「嚴禁觸摸電線！500伏特高壓，一觸即死，違者法辦！」

告示的最後一句純屬畫蛇添足。既然「一觸即死」又何須「法辦」？人都不在了，如何去「法辦」呢？因此，屬於假裝糊塗。

裝傻裝糊塗的幽默法以「奇癡」、「傻瓜」的言語使人產生新奇鮮明的印象，構成強烈的幽默感，迅速抓住人心，在笑聲中傳達出某些訊息，能使言談風趣，增強幽默效果。

在人際交往中，故作「糊塗」是高度機智的產物，儘管對方和

自己都知道其中的「癡」與「傻」，但客觀上會因其「癡言傻語」中的俏皮味而引發幽默詼諧。

　　普希金年輕的時候並不出名。有一次，他在聖彼得堡參加一個公爵家庭的舞會時，邀請一位年輕漂亮的貴族小姐跳舞，這位小姐傲慢地看了普希金一眼，冷淡地說：「我不能和一個小孩子一起跳舞。」

　　普希金沒有生氣，微笑著說：「對不起，親愛的小姐，我不知道您正懷著孩子。」說完，他很有禮貌地鞠躬，繼而離開了舞廳。

　　普希金的「糊塗」很巧妙地回擊了無禮的貴族小姐，使自己體面地下了台。如果平時我們缺少幽默感，那往往是因為太習慣於直截了當。在上面的故事中，普希金如果直接道歉或反駁，充其量只能使自己難堪。

　　在某機場的售票廳裡，人們正在排隊買票，突然，一個人粗暴地擠到售票窗口指責售票員工作效率太低，當人們要他排隊時，他又嚷道：「你們叫什麼？不知道我是誰？」

　　對此，售票員平靜地問旅客們：「各位，這位紳士有些健忘，已經不知道自己是誰了，不然，我想他不會做出有失身分的舉動來。誰能幫助他回憶一下，他是誰呢？」售票員的話引來人們陣陣笑聲，紳士羞得滿臉通紅，憤憤地走了。

　　售票員面對他人的不文明，假裝不知，實則機智幽默，大智若愚。巧裝糊塗是採用拐彎抹角的進攻方式，是曲線型思維的結果。運用此法可以產生強大的嘲諷效果和幽默效果。

　　這裡還有一則故事。

　　年輕人在三岔路口迷路了，向一位老農漫不經心地問：「喂！到李家莊走哪條路，還有多遠？」

　　老農對年輕人的粗聲大氣很不滿意，好久才說：「走大路一萬丈，走小路七八千。」

　　年輕人感到很奇怪：「怎麼這裡論丈不論里？」

老農笑著說：「年輕人，原來你也會講『里』（禮）？」

年輕人感到了自己的失禮，立即向老農道歉。

老農故作不知，以「丈」論路程，而正是這種貌似愚蠢的話，展現了他過人的智慧。

有時，裝糊塗很難在複雜的場合出奇致勝，這就要求在這些場合對自己的糊塗來一個聰明的注腳。

保羅在路上走，忽然竄出一個強盜，用手槍對著他說：「要錢還是要命？」

「你最好還是要我的命吧！」保羅說，「因為我比你更需要錢。」

這裡，保羅上半句的回答顯得糊塗，遇上歹徒恐怕誰都會保命。其實後半句才道出真義。

裝糊塗並不是真的糊塗，它只是以一種荒謬的看似糊塗和傻癡的做法、話語，使人產生與現實的距離感，從而達到幽默的效果。如果你在適當的時候糊塗一下，或許正展現了你的幽默和智慧。


## 自吹自擂更有幽默效果

自吹自擂式幽默是誇耀自己的本事，雖不免言過其實，瞎打誤撞，與事實有出入，但自己卻津津樂道。這種幽默更能透出濃濃的幽默之趣，表現幽默本色。

薩馬林陪著斯圖帕科夫大公去狩獵，閒談之中薩馬林吹噓自己說：「我小時候也練過騎馬射箭。」大公要他射幾箭，薩馬林再三推辭不肯，但大公非要看看他射箭的本事。實在沒辦法，薩馬林只好搭箭開弓。

他瞄準一隻麋鹿，第一箭沒有射中，便說：「羅曼諾夫親王是這樣射的。」他再射第二箭，又沒有射中，說：「驃騎兵將軍是這樣射的。」第三箭，他射中了，他自豪地說：「瞧瞧，這就是我薩

馬林的箭法。」薩馬林本不會射箭，無心吹噓了一下，不料卻被大公抓住把柄，非要看他出醜不可。好在薩馬林急中生智，把射失的箭都歸到別人身上，彷彿自己射失是為了做個示範似的。等終於射中一箭，才攬到自己身上，誇耀一番。可以說，他諳熟自吹自擂式的幽默，總算沒有當場出洋相，說不定還會令斯圖帕科夫大公開懷一笑。

自吹自擂式的幽默作為一種幽默技巧，廣泛地用於日常生活中。不管你處於什麼情形，都可以毫不臉紅地把自己吹噓一番。當然，你所「吹」、所「擂」的東西應與現實情況有較大差異，並且表意明確，讓對方很容易透過你的話語看出你的名不副實，這樣，幽默才能順利產生。再看一則例子：

一個自以為下棋技藝極精湛的人，老愛吹牛，總是不服輸。有一次，他與人連下三盤，盤盤皆輸。過了幾天，有人問他：「那天的棋下了幾盤？」

他回答說：「三盤。」

人家又問：「誰勝誰負，能告訴我一下嗎？」

他臉不紅心不跳地自嘲說：「第一盤我沒能贏他，第二盤他又輸不了，第三盤我想和，他卻不要！」

此君棋藝不精，臉皮倒也不薄。連輸三盤的戰局，經他的口一說，不小心還真容易被他蒙混過去。這個人也不乏幽默感，他能抓住輸棋這個時機，自吹自擂，創造一種自嘲的幽默氛圍，給人們一個意想不到的結果。他從輸棋的困窘中走出，人們也為之莞爾而笑。

自我吹捧因為和人們通常謙虛謹慎的心理慣性相背離，所以能夠產生幽默的效果。

來看看作家王朔小說中的一段：

劉美萍擠上前來，手裡舉著個小本。「馮先生，您給我簽個名，要那種狂草的。」馮小剛給她一筆一畫認真簽名時，她又說：

「馮先生，今天您真是把我感動了，好久沒聽過這麼好的大道理了。您真是有學問，您講的那些話好些我都沒聽懂，好些字都不會寫——您真是有學問。」馮小剛簽完名笑著說：「何止妳感動了，我都被自個兒感動了。由衷地佩服我自己，我怎麼就能說哭就哭，什麼也沒想張嘴就來，聽著還挺像那麼回事——多讀書啊，這是個祕訣。」

照常理，我們聽到別人的稱讚誇獎，一般會表示謙虛，如「您過獎了！」「哪裡哪裡！」「不敢當不敢當！」而馮小剛則不同，別人誇他一句，自己還覺得不過癮，又「自吹自擂」起來。不過，在這種激盪中，卻產生了強烈的幽默感。

自我吹捧時可以用一種調侃的口吻，如果誇誇其談，那可就是吹牛皮了。吹捧的內容也要虛虛實實、半真半假，總之，不能讓人信以為真，也不能讓人以為你說的全是假話、大話、空話。這樣，就能取得良好的幽默效果。

自我吹捧，有時用一種嚴肅的口吻道來，也能讓人忍俊不禁。

公園裡，一位剛發表處女作的青年詩人憂鬱地走著。他的朋友碰見他，問道：「你怎麼了？」

詩人愁悶地歎氣，回答說：「莎士比亞死了，雪萊和拜倫都死了，我擔負的責任太重了。」

幽默是一種人們感知世界的引人大笑的方式，是樂觀寬厚的態度和從生活感知笑料，並將其轉化為可引發笑聲的語言作品的能力。它來源於現實生活，同時又與現實生活在有些方面不相協調。因而，要想成為真正幽默的人，就需要到現實生活中去感知、去發現，挖掘出與生活不相協調的東西，再適時、適地、不失時機地應用於生活。自吹自擂式幽默就是日常生活中某些觀念的濃縮，能很好地為自己找到一個台階。在適當的時候，我們不妨試試。

## 以不變應萬變的幽默

在人際交往中，互相幽默地攻擊主要有兩種：一種是純粹戲說的，主要是為了顯示親切，引起對方的共鳴，或者是為了展示自己的智慧，引來對方的欣賞；另一種是互相鬥智型的，好像進行幽默比賽，互相爭上風。這時的調笑性、攻擊性更重要。當然，攻擊性有時是很兇猛的，但表現形式是很輕鬆的。不管有無攻擊性，都以戲謔意味升級為主。以不變應萬變，將錯就錯是使戲謔意味升級的常用辦法。即明明知道對方錯了，不但不予以否定，反而給予肯定，肯定的結果則是更徹底的否定。

一位小姐與一位先生聊天，小姐認為世界上最鋒利的是這位先生的鬍子。這位先生不解。小姐說：「你的臉皮這麼厚，但你的鬍子居然還能破皮而出。」這樣說顯而易見是戲謔性的，因為其原因和結果之間的關係很是荒謬。與其說暗示了先生的臉皮之厚，不如說突顯了小姐的口齒之伶俐。

中國古書上所說的「以子之矛，攻子之盾」，其實也正是以不變應萬變的方法。剛才故事中的先生就可以將謬就謬，將這位小姐的荒謬性向更荒謬處推進。

他反問：「小姐，妳知道嗎？妳為什麼不生鬍子？」小姐自然不知道，這時，這位先生接著說：「因為你的臉皮更厚的緣故，連尖銳、鋒利的鬍子也無法破皮而出。」

這位先生反攻小姐的根據並不是另行構思的，而是從小姐攻擊他的邏輯引申出來的。即我有鬍子是因鬍子尖銳、鋒利穿透了皮膚，而你沒有鬍子則是因為你的臉皮更厚，再尖銳、鋒利的鬍子也無用。用同樣的前提得出相反的結論，指向不同的目標，因此得以擺脫窘境。

這種以謬攻謬的幽默特點是後發制人的。關鍵不在於揭露對方

的錯誤，而是在荒謬的升級中共用幽默之趣。而要達到這個目標，得有模仿對手推理錯誤的本事。

再如《善謔集》中記載的一則小故事：

三國時，劉備入主蜀地，為整頓社會治安，嚴肅法紀，下令禁止私自釀酒、喝酒，並且規定凡有釀酒器具者皆殺。百姓對前者尚能接受，但對後者頗有微詞。一日，大臣簡雍陪伴先主登樓巡視，見一少年與婦人同行，便對劉備說：「那兩人想要行好事，為何不將他們抓起來呢？」劉備一時不解，問：「你怎麼知道？」簡雍回答說：「被有淫具，何故不知？」劉備這才明白他的真實意圖，乃大笑不止，而後禁酒的法令有了合理的修改。

故事中的簡雍可謂聰明至極，面對劉備過於嚴苛的禁酒令，他沒有從正面去爭論是非，而是有意避其鋒芒，透過將錯就錯，以謬導謬的幽默方法令劉備明白自己禁酒過於苛刻的錯誤做法，這便是簡雍的聰明所在。

在運用這種方法的時候，所引申出來的謬論越荒謬越好，越荒謬，其幽默色彩越強烈。請看一個古希臘的幽默小故事：

一場可怕的暴風雨過去後，一位大腹便便的暴發戶對阿里斯庇普說：「剛才我一點也不害怕，而你卻嚇得臉色蒼白。你還是個哲學家呢，真不可思議。」阿里斯庇普回答說：「這並不奇怪，我害怕是因為想到希臘即將失去一位像我這樣的哲學家……但是，你有什麼可擔心的呢？你如果淹死了，希臘最多也不過是損失了一個白癡！」

故事中，阿里斯庇普沒有否認自己的害怕，他的聰明之處是在暴發戶結論的基礎上另闢蹊徑，為暴發戶的結論做出一個更加幽默的解釋，從而將暴發戶的結論推上不攻自破的境地。這種方法從表面上來看是荒謬的，但實際上透過智慧的轉化，達到謬中取勝的效果。從這一點來看，它一點也不荒謬，而且處處閃耀著智慧的靈光。

有一對老夫妻正在討論剛貼好的壁紙。丈夫對剛貼好的壁紙不太滿意，而妻子卻無所謂。為此丈夫很惱火，他對妻子說：「這個情況的出現，就在於我是個要求完美的人，而妳卻不是。」「說得對極了，」妻子回答道，「正因為這樣，你娶了我，我嫁給了你。」

在現實生活中，當我們不得不拒絕別人的無理要求時，直接拒絕會導致不必要的緊張。如果以不變應萬變，將錯就錯，讓對方去體會自己要求的不妥之處，比從正面頂回去要妥當得多。

19世紀末，倫琴射線（又稱X射線）的發現者倫琴收到一封信，寫信者說他胸中殘留著一顆子彈，必須用X射線治療。他請倫琴寄一些X射線和一封說明書給他。當然，我們都知道，倫琴射線是絕對無法郵寄的，如果倫琴直接指出這個人的錯誤，並沒有什麼不妥之處，但多少有一點居高臨下的教育意味，會讓人心裡不舒服。所以，倫琴採用了以謬還謬的方法。

倫琴提筆回信說：「請把你的胸腔寄給我。」

由於郵寄胸腔與郵寄射線同樣荒謬，也就更容易傳達倫琴的幽默感。這樣的回答是給對方留下了餘地，避開了正面交鋒的風險。

總之，以不變應萬變是在別人的陣地上開拓出自己的陣地，而不用去另外開闢新的陣地。這正是幽默智慧的展現。在日常生活中，如果能夠成功地以彼之道還施彼身，那麼你就會變成一個有幽默感的人。

## 來一次畫龍點睛的幽默

語言是交流的工具，它能表達人們的思想和情感。同一個意思，使用長短不同的句子會達到不同的表達效果。一般來說，書面語中用長句子的時候較多，因為書面語講求邏輯嚴密。但是在日常生活中，為了表達和接收的方便，我們則較多使用短句。所以，日

常的生活用語大都簡短有力。比如在日常交流中，經過長時間的沉默後，以一兩句畫龍點睛的話作總結會產生出奇致勝的幽默效果。

在一次電視節目中，主持人向一位女作家問了這樣一個問題：「一個女人要婚姻持久，你認為什麼是最重要的？」

「一個耐久的丈夫。」女作家隨口答道。那位主持人提出的問題不是一兩句話就能說清楚的，但女作家又不能不回答，為了避免過多地糾纏在這個問題上，女作家一句「一個耐久的丈夫」，既幽默、簡潔，又發人深省，可謂「言簡意賅」。

其實，生活是個大舞台，在這個大舞台的很多場景裡我們都能看到各式各樣的人演出一幕幕「一語驚人」的劇碼，女作家可以成為主角，小女孩也可以。

一天早晨，蕭伯納照例外出散步，一位極可愛的小女孩迎面走來。蕭伯納童心未泯，與小女孩聊了許久。臨別時，他把頭一揚，對小女孩說：「別忘了回去告訴妳的媽媽，就說今天同妳聊天的可是世界上有名的蕭伯納！」蕭伯納暗想：當小女孩知道自己偶然間竟會遇到一位世界大文豪時，一定會驚喜萬分。

「您就是蕭伯納伯伯？」

「怎麼，難道我不像嗎？」

「可是，您怎麼會自己說自己了不起呢？請您回去後也告訴您的媽媽，就說今天同您聊天的是一位叫麗莎的小女孩！」

上面的故事中，小女孩不但「一語驚人」，「驚」的還是一個偉大的人物。她聰明幽默地展示了人人平等、自信等值得讚揚的信念，從而一語驚醒了表現得略有些驕傲的蕭伯納。

在現實生活中，有的人做出了一點成績就往往會自大，他們說話、做事也往往以自我為中心，甚至把自己看成是別人的驕傲。作為他們身邊的人，你有責任委婉地提醒他們不要過於狂妄自大，這不但能夠保護你免受他們的傷害，而且對他們自身也是很有好處的。

有一次，拿破崙對他的秘書說：「布里昂，你也將永垂不朽了。」布里昂迷惑不解。拿破崙提示道：「你不是我的秘書嗎？」布里昂明白了他的意思，微微一笑，從容不迫地反問道：「那麼請問，亞歷山大帝的秘書是誰？」拿破崙答不上來，便高聲喝采：「問得好！」

上面這個幽默例子應該屬於機辯的類型。機辯在某種程度上講，具有一定的反擊性。當對方出言不遜足以傷害你的自尊心的時候，及時地、機智地、幽默地加以反擊，就能一語驚醒他。

在下面這個故事中，病人所用的也是一語驚人式的幽默。

「能告訴我，你為什麼要從手術室跑出來嗎？」醫院負責人問一個萬分緊張的病人。

「那位護士說勇敢點，闌尾炎手術其實很簡單！」病人回答。

「難道這句話說得不對嗎？她是在安慰你呀。」負責人笑著對病人說。

「啊，不，這句話是對那個準備給我動手術的大夫說的！」病人連忙解釋。

病人幽默地畫龍點睛，鮮明地表達出自己對醫生手術水準的懷疑。本來一件不容易啟齒的事情，被他三言兩語就幽默含蓄地表達清楚了。

語言不是萬能的，不過有時候一句話卻能夠在適當的場合發揮出千言萬語都不能達到的效果，這也就是「以不變應萬變」的思想在語言領域裡的具體應用。

雅典的執政官聽說哲學家保塞尼亞斯是一個能言善辯的人。這天，他派人把保塞尼亞斯叫到貴族會議上來，並對他說：「貴族會議的成員，每個人都有一個問題要問你，你能不能用一句話來回答他們所有的問題？」保塞尼亞斯不假思索地說：「那要看看都是些什麼問題了。」議員們接連不斷地提出了幾十個不同的問題。當提完問題後，保塞尼亞斯還是不假思索地回答：「我全都不知道！」

說完，他轉身走出了貴族會議大廳。

　　這個幽默是屬於善辯類型。善辯所表現出的常常是說話者的聰明智慧，敢於或者勇於表現自己。保塞尼亞斯在這裡就成功地表現出駕馭語言的游刃有餘、揮灑自如的風度。

　　讀了上面這個故事，相信你就能夠感覺到我們所說的「一語驚人」、「以不變應萬變」並不是很難達成的。「一語驚人」的幽默有「秤砣雖小壓千斤」的力道和「片言明百句，坐役馳萬里」的廣度。由於「一語驚人」的幽默具有這些特點，我們在交談中使用技巧時，就應該用最簡潔明瞭的語言表達出自己的意思，切忌拖泥帶水。

# 第三章

# 溝通幽默，觸動心底的交流

溝通是化解矛盾最好的方式之一。在人際交往中，由於每個人的性格和想法都不同，因此人與人之間難免會產生一定的距離，而能夠縮短你與別人之間的距離，讓你們更好地了解彼此的最好方法，自然是彼此之間的溝通。溝通是一門藝術，良好的溝通能夠讓你了解別人的想法，進行心的交流，而溝通不暢則只會讓你與他人距離更遠。幽默是溝通的重要手段之一，也是能夠打動對方、觸動心底的交流的重要技巧。

# 用幽默幫助對方反省自己

幽默是一種高雅而可貴的品質，是智慧和感情的結晶。幽默思維是一種愉快的思維。具有幽默感的人，往往是樂觀主義者，為人處世比較靈活，能比較容易地與周圍的人建立良好的人際關係。

在我們的人際交往中，每個人都難免會犯一些錯誤或存在一些缺點，而如何對他人的錯誤和缺點進行批評和建議則是一件很有講究的事情。在批評和提建議的時候，如果能夠加入一點幽默，那自然能夠產生很好的效果。下面就是一個透過幽默的方式來使批評更加有力、更加有效果的例子。

第二次世界大戰剛剛結束，美國就掀起了仇視進步的麥卡錫主義，有識之士紛紛與此抗爭。著名電影藝術家卓別林因譏諷和反對麥卡錫主義而受到迫害。但卓別林為了正義並沒有屈服，相反地，他時刻都在以巧妙而尖銳的方法與麥卡錫主義進行抗爭。

有一次，卓別林應波士頓電影組織的邀請，前去參加自己最新拍攝電影的首映式。經安排，他下榻在當地最大的、最有聲譽的酒店——希爾頓酒店。但是，酒店經理卻是一個不折不扣的麥卡錫主義者。當他知道卓別林是一個傾向於進步的人士後，就以最下等的服務刁難卓別林。卓別林知道情況後，毅然退掉希爾頓酒店的高級房間，並決定給這個頑固的麥卡錫主義者一個教訓。

在首映式上，政府首長、達官顯貴、名人學士濟濟一堂，大家被卓別林的高超演技所折服。讚歎之餘，人們鼓掌盛情邀請卓別林做一番精彩的演說。卓別林靈機一動，佯作不悅，拍著腦袋高聲說道：「諸位盛情，鄙人心領了，只因昨夜沒有睡好覺，頭昏體乏、精神不振，恐怕會掃了諸位的雅興。」

大家相互低語，場內騷動，有人問道：「希爾頓酒店名聞全國，條件堪稱一流，怎會睡不好覺呢？」

卓別林說：「是啊，外面說這家酒店如何如何好，但那都是以訛傳訛，有悖事實。入住希爾頓酒店是件遭糕的事，影響了我的休息，房間又小又矮，連裡邊的老鼠都成了駝背，所以我轉到了別的飯店。」

第二天，當地各報紙紛紛報導了卓別林的這番話，希爾頓酒店的聲譽大跌，許多人退掉了原訂的房間，昔日門庭若市的希爾頓酒店一下子變得門前冷落了很多。酒店經理見此情景，氣急敗壞地找到卓別林，揚言要控告他損毀酒店聲譽。

卓別林早有準備，第二天又召開了一個記者招待會，聲明說：「各位女士、先生。我上次所說希爾頓酒店的房間不是又矮又小，那裡的老鼠全部不是駝背。」

殊不知，卓別林的「更正」第二天見報後，給希爾頓酒店帶來了更糟的境遇。不僅向希爾頓預訂房間的人全退掉了，就連許多已經居住在裡面的人也轉移到了別的飯店。最後，酒店經理不得不引咎辭職。

卓別林的一些朋友對此迷惑不解，都來向他請教。卓別林笑著說：「更正又何妨，房間裡的老鼠雖不是駝背，但老鼠還是有的，而且很多——天機不可洩露。」朋友們相視大笑。

這樣，卓別林既幽默地表達了自己的意見，又不給人留下任何把柄，達到了很好的效果，可謂高明之極。

在家庭教育中，家長教育孩子的時候如果採用一些幽默的方式，同樣能夠收到良好的效果，讓孩子能夠心悅誠服地接受你的教育，從而反省自己的錯誤行為。

蘇聯著名詩人米哈伊爾·斯維特洛夫就是用幽默的方法教育孩子的高手。

有一次，詩人剛進家門，就發現一家人慌作一團。詩人的母親正在打電話給醫院要求急救。原來，詩人的小兒子舒拉別出心裁地喝了半瓶墨水。

詩人明白，墨水是不至於使人中毒的，所以用不著慌張，而這正是教育舒拉的好時機。於是，他輕鬆地問：「你真的喝了墨水？」

舒拉得意地坐在那裡，伸出蘸墨水的舌頭，向父親做了個鬼臉。

詩人並沒有發火，他從屋裡拿出一疊吸墨水的紙來，對兒子說：「沒有別的辦法了，你只有把這些吸墨紙用力地嚼碎吞下去。」

一場虛驚就這樣被詩人的一句幽默沖淡了，並且在家人的相視一笑中結束。舒拉原想以此成為家人的中心，但是未能如願。此後，他再也沒有犯過類似出風頭的「錯誤」。

如果米哈伊爾·斯維特洛夫不是採取這樣幽默的態度，而是大發雷霆，嚴肅地訓斥孩子一頓，就可能引發孩子的叛逆心理，反而不能獲得應有的教育效果。

人際交往中的真話並不等於雙方直接簡單、毫無保留地相互坦誠。它要求我們本著善意和理性，把那些真正有益於對方的東西繫上美麗的紅絲帶送給對方。這樣對方才會比較容易接受，而且還能去主動地反省自己的觀點和看法是否真的有錯誤。

1940年，處於前線的英國已經沒有資金從美國「現購自運」軍用物資。一些美國人無法理解唇亡齒寒的道理，便想放棄援英計畫。對此，羅斯福總統舉了一個具體的例子：「假如我的鄰居失火了，在四五百英尺以外，我有一根澆花園的水管，要是給鄰居拿去接上水龍頭，我就可能幫他把火滅掉，以免火勢蔓延到我家裡。這時，我怎麼辦呢？我總不能在救火之前對他說：朋友，這條水管花了我15元，你要照價付錢。這時候鄰居剛好沒錢，那麼我該怎麼辦呢？我應當不要他這15塊錢。我要他在滅火之後還我水管。要是火滅了，水管還好好的，那他就會連聲道謝，原物奉還。假如他把水管弄壞了，他答應照賠不誤的話，現在我拿回來的仍是一條可用的

澆花園的水管，那我也不吃虧。」

美國前總統威爾遜曾說過：「如果你想握緊了拳頭來見我，我可以明白無誤地告訴你，我的拳頭比你握得更緊。但如果你想對我說：我想和你坐下來談一談。如果我們的意見相左，我們可以共同找出問題的癥結所在。這樣一來，我們都會感到彼此之間的觀點是非常接近的，即使是針對那些不同的見解，只要我們帶著誠意耐心地討論，相信我們不難找出最佳的解決途徑。」

正如威爾遜所說，而這其中如何能夠讓別人很好地反省和意識到自己的問題，幽默便是很重要的技巧。

## 用幽默對他人進行勸導

常言說：「忠言逆耳」、「良藥苦口」，但是，可否讓忠言不再逆耳，良藥也能甜蜜呢？在日常生活中，勸導他人也需要一些語言技巧。

我們可以設想一下這樣的情景：假設你坐在計程車上，開車的是位年輕人，他一隻手伸出車外，一隻手握著方向盤，把車開得飛快，這時你是否應勸一勸他？如果不勸，恐怕你一直要提心吊膽到下車。年輕人的開車技術的確很熟練，可是誰能保證這種「走鋼絲」式的開車法不出點意外呢？如果勸阻，僅僅一面之交，你該怎麼開口？

有位老婦人是這樣說的：「年輕人，這個地方是不是經常下雨呀？」

「可不是，『六月天、孩子臉』──說變就變。」

「那麼，你把手拿進來怎麼樣？如果下雨了，我會告訴你的，你單手開車太危險啦。」聽了這話，這位年輕人笑了起來，並把手拿了進來。

細想一下，我們會發現老婦人的話有一個「誤」字。年輕人把

手伸到車外，絕不是為了試試是否下雨，而是一種壞習慣。這一點老婦人的心裡自然是明白的。但是，如果客觀地指出這是一種壞習慣，年輕人在情緒上就可能產生對立傾向。這位老婦人深明此理，她知其非但不言其非，而是故意往好的方面誤解，這種誤解一方面能給對方留面子，消除情緒上的對立；另一方面，又能以誤會製造出笑料，使之產生出幽默的效果。這種幽默就可以算得上是「誤而勸之」。

有一對年輕夫妻共同生活了幾年，丈夫發現活潑的妻子在家務方面比較粗心，相反地，對看電視、跳舞、讀言情小說之類的事倒越來越感興趣，每天都把大量的時間用在這些事情上。一天晚飯後，丈夫問妻子：「晚上準備做點什麼？」

「看電視呀，你沒注意連續劇演得正有趣呢。」

「看完電視呢？」

「瓊瑤的一部小說還沒看完，我想先看完。」

「這事情辦完後，幫我辦點事好嗎？」

「好啊，什麼事？」

「幫我找一雙沒有破洞的襪子和一件不缺鈕釦的大衣。」

妻子一聽就笑了，以後在這方面果然大大改進了。

如果把這位丈夫使用的技巧概括一下，可以稱之為「退而求之」。這種技巧的第一個關鍵是先要忍耐，不要一抓住對方的「尾巴」就大喊大叫。畢竟，誰都有自尊心，揭出缺點讓人家看，心裡怎麼能舒服呢？使用這種技巧必須耐住性子，等對方把缺陷充分表現出來之後，再以委婉的口氣把事實列舉出來，使之與缺陷相對照，產生強烈的反差，從而造成既好笑又有責備意味的幽默效果。

同時，我們也意識到，並不是每一個微笑都能讓對方和顏悅色。在特殊的情況下使用激烈的言辭，也能獲得相同的幽默效果。

19世紀，日本有位著名學者叫佐久間象山，素以談鋒犀利著稱，曾有人問他：「怎樣才能成為富翁呢？」他想了想說：「你抬

起一條腿來小便看看。」問者頗為不悅，而他視而不見，繼續說：「對，就是這個樣子，像條狗。如果循規蹈矩，是沒法子當富翁的。」

佐久間象山的回答「野」味十足，展現了他犀利的談吐特色。然而，他的犀利不失其度。對於提問者來說，他的回答獲得了恰到好處的幽默效果。

我們不妨再仔細地解析一下。犀利的言辭總會產生「刺痛」的效果，但是在佐久間象山的回答中，鋒芒不是直接指向問話人，而是那些「不循規蹈矩的富翁」。它雖然沒有使提問者直接被「刺痛」，但是卻間接受到了「觸動」。因此，儘管這種方法十分銳利，但是在對話者那裡只聽到了「雷聲」，並沒有受到「雷擊」。這是此種方法能造成幽默的奧妙所在，可稱為「刺而動之」。

在使用中，把握「刺」的特點是關鍵。一方面，「刺」的對象不能是談話的對方；另一方面，「刺」不應是怒斥，而應是魯迅先生所談到的「笑罵」。只有這樣，才能使對方在笑中領悟。

對於講笑話的人來說，在講之前要先確定自己十分了解，不要表錯意思。對簡短的幽默如此，對較長的故事更應做到。幽默的力量運用在溝通系統中，它的效用不僅是鬆弛緊張，而且可以消除敵意。只要是你想表達什麼資訊給他人，就可以用一句妙語或短文描述它，但要力求簡單、清晰地表達意思。

亨利喜歡貓，這天他把貓帶回家，要媽媽幫貓取個名字。媽媽看到貓不太講衛生，很是心煩，但她沒發火，只是幽默地說：「就叫牠媽媽吧，你把牠留在家裡，我可要離開家了！」

媽媽在回答時清晰地表達了自己的意見，既有理又有情，還不慍不火，使孩子得到了教育，知道了自己的過錯，也就主動把貓放走了。

在工作中，如果發現同事或下屬出現錯誤，那麼，採用幽默的方式來指出，不但可以產生幽默的意境，不會因為尷尬的場面而造

成彼此之間的隔閡，而且會在和諧的氣氛中收到更好的效果。

　　女秘書上班遲到了，經理很不高興，問她：「小姐，星期天晚上有空嗎？」

　　「當然有，經理先生。」秘書高興極了。

　　「那就請您早點睡覺，免得您每個星期一上午上班遲到！」

　　故事中的這位秘書聽到這番話不僅能認識到自己的錯誤，而且也不會因此記恨老闆，老闆與秘書的關係或許還能因此變得更加融洽與和諧。

　　曾有人說：「憤怒咒罵的話，比刀劍還傷人──人人痛恨；幽默讚美的話，比蜂蜜還甜──人人喜歡。」因此，運用幽默達到交流和溝通的佳境，更容易使人理解和接受。

## 用幽默打開對方的心扉

　　俗話說：「朋友多了好辦事、多個朋友多條路、在家靠父母，在外靠朋友……」又有句俗話說：「酒逢知己千杯少，話不投機半句多。」能夠多交一些朋友，常常與朋友交談、聊天，就會心胸開闊、資訊靈通，還能取長補短、互相安慰。

　　大家都知道朋友的重要性，但是，在茫茫人海中，要找到志同道合的朋友就不是那麼容易了。而且，感情是經過溝通增進的，如果不能很好地與人溝通，打開彼此的心門，恐怕結交的朋友也只能是泛泛之交、酒肉之友而已，難以成為真正的朋友。因此，知音難求就難在交朋友的方式上，而幽默交友不失為一種有效的方法。

　　陌生朋友見面，如果幽默一點，氣氛就會變得活躍，彼此的心扉就能夠打開，交流也就會更順暢。

　　著名畫家張大千與京劇藝術家梅蘭芳可謂是志同道合的知音，他們相互敬重。在一次宴會中，張大千向梅蘭芳敬酒，出其不意地說：「梅先生，您是君子，我是小人，我先敬您一杯。」

眾人一愣，梅蘭芳也不解其意，忙問：「先生何出此言啊？」

　　張大千朗聲答道：「您是君子——動口，我是小人——動手！」

　　張大千機智幽默，一語雙關，引來滿堂喝采，梅蘭芳更是樂不可支，把酒一飲而盡。

　　很多人都有廣交朋友的心，但是總苦於沒有行之有效的方法，如果我們都能像張大千一樣，語言機智幽默，真心相待，那麼，總有一天會四海之內皆兄弟，而且都是惺惺相惜、真心相待的兄弟。下面同樣是個幽默交友的故事。

　　在一條狹窄的小巷裡，兩輛汽車相遇了。車停了下來，兩位司機誰都不肯讓路。對峙了一會兒以後，一位司機竟然拿起一本書，津津有味地看了起來。另外一個司機見狀，伸出頭來高聲喊道：「喂，老兄，看完後給我看看啊！」

　　一句話逗得看書的司機哈哈大笑，並主動倒車讓路，之後兩人冰釋前嫌，互相交換了名片。原來兩人的家離得很近，後來兩人就成了好朋友。

　　突如其來的幽默讓兩個誰都不肯退一步的司機成為好朋友，我們不得不佩服他們的幽默和大度。生活中，這種小摩擦在所難免，這個時候如果激化矛盾，那麼必定兩敗俱傷，更不可能交到朋友。但是，若能利用幽默的話語將矛盾的熱度降低到零點，那麼敵意也能轉變成友誼。

　　朋友間的幽默方式有很多，往往更有默契，也更能開心，同時也能增進朋友之間的友誼。

　　法國作家小仲馬有位朋友的戲劇上演了，朋友邀請小仲馬同去觀看。小仲馬坐在最前排，但總是回頭數：「一個，兩個，三個……」

　　「你在幹什麼？」朋友問。

　　「我在替你數打瞌睡的人數。」小仲馬風趣地說。

後來，小仲馬的《茶花女》公演了。這位朋友也被邀請觀看。這次輪到朋友回頭找打瞌睡的人了，好不容易找到一個，朋友戲謔著說：「今晚也有打瞌睡的人呀！」

小仲馬看了看打瞌睡的人，說：「你不認識這個人嗎？他是上一次看你戲時睡著的，至今還沒醒呢！」

小仲馬和朋友之間的幽默是建立在一種真誠的友誼基礎上的，沒有虛偽的客套，這樣的幽默更能觸動心底的交流，增進朋友間的友誼。

幽默在交朋友的過程中固然重要，但要注意的是，一切幽默都要以真誠為出發點，才能夠讓人感受到你的友誼。掌握了幽默的交友技巧，你再不會苦於沒有知心朋友，陌生人也將會成為你的新朋友，新朋友將會成為你的老朋友。

在人與人的日常交流和溝通中，寒暄是一個重要方面。因為經常見面的熟人不可能總有很多話說，也沒有多餘的時間一見面就站在馬路上沒完沒了地聊天。一旦遇見了熟人，如果因為嫌麻煩而不打招呼未免過於不近人情，更無法緩衝熟人相遇時所產生的下意識的緊張情緒。

但是，過於一般的寒暄常常使人覺得乏味，而且對於彼此而言僅僅就是客套話，並不能增進彼此的友誼和感情。為了增添生活樂趣，維護良好的人際關係，我們可以試著在寒暄的時候打破常規，注入幽默元素，這樣的寒暄或許能夠讓平時的客套變成拉近人與人之間心理距離的橋樑。

連續下了好幾天的雨，某公司的同事們在閒聊時，一個人說：「這幾天怎麼老是下雨啊？」一位老實的同事按常規作答：「是呀，已經6天了。」一位喜歡加班的同事說：「嘿，龍王爺也想多撈點獎金，竟然連日加班。」另一位關注市政的同事說：「營建署忘了修房，所以老是漏水。」還有一位喜愛文學的同事更加幽默：「噓，小聲點，千萬別打擾了玉皇大帝讀長篇悲劇。」

加入了幽默成分的寒暄的確與眾不同，既活潑又風趣，一下子就拉近了人與人之間的距離。因此，你不要總是抱怨與人無法溝通，很多時候往往是你沒有好的溝通技巧和方式。做一個幽默說話的人，你會發現，在不經意間你與他人的距離已經拉近了許多。

## 要折服對方，可使用反問式幽默

　　反問，就是針對對方思想、觀點中的破綻，提出一個針鋒相對的問題。由於這類問題的提出往往出人意料，所以容易產生強烈的幽默效果。

　　在一個休閒沙龍裡，一個紳士高談闊論，認為凡是流行的都是好的。「那麼，流行感冒呢，先生？」旁邊的一位女士問道。紳士啞口無言。類似這樣的反問幽默有很多，而且往往能收到意料之外的奇特效果。

　　以反問幽默法反問詰難，後發制人是一種有效折服對方的方法，我們可以學習並應用。

　　我國古代著名的書法家劉墉有一個學生是翁方綱的女婿。翁方綱的書法講究「筆筆有來歷」，處處以古人的筆法為典範，否則即稱為敗筆。

　　有一次，女婿問岳父對劉墉書法的看法時，翁方綱不以為然地說道：「你去問問你的老師，他的書法哪一筆是古人的？」劉墉聽到後，則輕鬆地一笑道：「你也去問問你的岳父，他的書法有哪一筆是他自己的？」

　　翁方綱堅持「筆筆有來歷」，筆筆學古人，認為這樣才能學出個「名堂」來。然而，學習古人的筆法雖是必要的，但不能拘泥於他人，否則就只有仿效而沒有發展與創新。對學生的提問，劉墉沒有作直接回答，而是巧妙地給以一語反問，既幽默又耐人尋味。

　　反問幽默法，當然要有問號，但這個問號裡蘊涵的則是幽默。

反問幽默法不同於反唇相譏，似乎只是隨隨便便的一句問話或者脫口而出的一個玩笑，卻會產生輕鬆自如、發人深省的幽默效果。所以，我們要學會用反問式幽默，為自己的生活添加一點色彩。

## 用幽默安慰他人受傷的心

生活中不如意之事十有八九，誰都難免遇到不開心的事，無論是生病、事業的低谷還是婚姻的不幸等，都會給一個人帶來一定的精神打擊。面對打擊，有的人需要一個漫長的心理調節過程才能得以恢復，有的人則窮其一生生活在痛苦之中，而有的人則在這樣的打擊面前失去了生活的勇氣。作為朋友、親人，我們有責任給他們以安慰和勸解，有責任幫助他們重新贏得快樂的生活。安慰的技巧是每個人都應該掌握的，幽默作為一種最有效的安慰方式更是值得我們學習的。

1892年，被維多利亞女王封為「桂冠詩人」的丁尼生逝世，這項稱號也就空了下來。幾位聲望頗高的詩人經常作為候選人被提出來，但卻偏偏沒有推薦才華、作品都很平凡的詩人路易斯‧莫里斯爵士。

「對我故意表示沉默，這完全是一個陰謀。」莫里斯對愛爾蘭作家王爾德叫屈說：「你說我該怎麼辦呢？」他問。

「也表示沉默。」王爾德給他出主意說。

聽到這句話後，相信莫里斯會在爽朗的笑聲中，將沒有得到榮譽的不悅立即拋之九霄雲外。

朋友生病是我們常遇到的情況，生病中的人總是最需要安慰的。在探望的時候，我們一般聽到的大多是「怎麼樣，好點兒了嗎？」「看你的臉色好多了。」「好好休息吧，你不久一定會康復的！」或直接詢問病人的詳細病狀和調養方法。這些都顯得有些俗套，對於緩解病人的心理壓力發揮不了實質的作用，不能算是有效

的安慰。那麼，應該怎樣給生病的朋友更好的安慰呢？

如果朋友的病情不是很重，情況比較穩定時，你可以說：「你真幸運啊，我也想生點小病，藉機請假好好休息幾天，能舒舒服服地在床上看看書，多麼愜意呀！」用這種幽默的語言安慰病人，從不幸中找幸運，往往能讓生病的人心理放鬆，使安慰發揮出良好的效果。

如果對象是一些久病或者病情比較嚴重的朋友，這種勸法就不太合適了，因為此時病人更需要鼓勵和信心。我們來看看以下這位朋友是如何安慰他的老友。

有人去探望一年中因舊病頻頻復發而多次住院的老朋友，看到朋友憔悴的面容、痛苦的表情，他感到自己必須要鼓勵朋友戰勝病魔，重獲健康。於是他以自己戰勝病魔的經過，做了一段風趣的現身說法：

「這家監獄（醫院）我可是非常熟悉，因為我曾經是這裡的『老犯人』，被『關押』在這兒大概有半年呢，對這裡的各種『監規』我可是瞭若指掌。但是我『沉著應戰』，毫不氣餒。那時，我每次自己提著點滴瓶上廁所，都被病友們笑稱是『蘇三起解』。有時三五天吃不下飯，就直接跟醫生說我要『絕食抗議』。有時難受得我接連幾天睡不著覺，我就乾脆在床上『靜坐示威』。我就這樣『七鬥八鬥』地堅持了六個月，終於得到了『解放』。你看現在『刑滿釋放』的我多麼神采奕奕！你可得向我學習，可不能被『五進宮』嚇怕了。堅持住，只要像我這樣『不斷抗爭』，很快就會大獲全勝！」

這番激情四射的鼓勵之詞說得老朋友和同室病人都眉開眼笑，大家的心情也都輕鬆起來了，病情也似乎輕了幾分。

事實上，很多時候，面對生病的朋友，並不需要一本正經地去「安慰」，裝作什麼事情都沒有發生地談笑幾句，效果反而會更好。

在一個冰天雪地、狂風大作的冬日裡，一個人去探望他生病的朋友，路上滑倒多次才好不容易到了朋友家，他凍得直發抖。

「到這兒來真是可怕極了。」他說道，「事實上，我每次向前邁一步，就滑回去兩步。」

「那你究竟是怎麼走到這裡來的呢？」朋友追問道。

「我到不了這兒，生氣地罵了聲『鬼天氣』，就轉身往回走了。」

聽到這兒，生病的朋友被逗笑了，忘記了病痛，糟糕的心情也得以緩解。

朋友失戀、失業，他們的心情可想而知是很低落的，此刻，他們也一定需要你乘著幽默之船去苦海搭救他們。所以，你不能讓他們失望。

同室的小王失戀後，整天茶不思、飯不想，在床上長吁短歎，大家都不知如何勸慰才好。

生性達觀的小杜對小王說：「快停止歎息，下床吧！難道失戀的滋味那麼好，值得你不吃不喝地躺在床上慢慢品味？」

對失業的朋友，你不妨勸他往好的一方面想：「別為這事鬱悶了，多好的機會呀，你不是嚮往每天睡到自然醒嗎？這次你終於如願以償了。明天先睡個大懶覺吧。對你來說，找到一個更好的工作太容易了。」

幽默的安慰總是能讓朋友解除失意時的壓力，把他們從個人的痛苦中拉出來，把壞心情趕走，讓他們重新振作精神，脫離許多不愉快的窘境。

隨著現代生活節奏的加快，人們的精神壓力也越來越大。其實，對生活中的那些小事，我們不必太緊張。

有時候，朋友對某件事情缺乏認識或者做錯了事，需要我們給予勸導來幫助他清醒認識，讓他迷途知返，讓他冷靜下來。

很多時候，就像直接的批評讓人難以接受，心存不服一樣，我

們直接露骨的勸導也未必能讓對方接受。相反，給這些勸導包上幽默的糖衣，就能讓對方樂意接受。

有位貪吃的太太，每天各種食品不離口，結果導致了嚴重的消化不良。

她拖著肥胖的身體去求醫，醫生問明來由後點了點頭，她問：「開點什麼藥最好？」

醫生除了開些助消化的藥片外，還對她說：「再送給您一劑開胃藥吧。」胖太太很高興：「太好了，是什麼開胃藥？」

醫生說：「饑餓是最好的開胃藥。」胖太太會意地笑了。

醫生用幽默的方式間接地勸導胖太太，避免了涉及與「胖」有關的話題，取得了很好的勸導效果。

總之，要想勸導成功，除了手中有理之外，還要求方法正確、巧妙，如巧用幽默、絲絲入扣、娓娓道來，則更能深入人心。

無論是事業的低谷、愛情的不幸、病痛的折磨，抑或是年齡的困惑、生意的失利等，一切的不愉快，我們都可以勸慰朋友用幽默的心態來面對，這樣一來，烏雲將會很快被陽光沖散，重新迎來燦爛的晴天。


## 用恰到好處的幽默來打圓場

在眾人面前不小心打翻了酒杯或者踩破了裙子，這些小事都會讓我們覺得很丟臉、很狼狽，將自己陷入尷尬的境地。如果這時略施幽默技法來進行自我保護，便可以輕鬆地擺脫窘境，為自己圓場。

在一次公司宴會上，一位職員不小心將一杯酒灑在了董事長的禿頭上，在場所有的人都驚呆了，這位職員也嚇得面色蒼白，場面異常尷尬。這時，只見董事長不慌不忙地拿起毛巾，輕輕擦去禿頭上的酒，爽朗地說道：「你知道嗎？其實葡萄酒對於治療禿頭，效

果並不明顯。」

這種尷尬的時刻，一句幽默的話語顯得多麼重要。董事長的機智和幽默化解了所有人的擔心，而且還給人留下聰明、大度的好印象，讓人敬佩。

有幽默感的人往往思維敏捷，反應迅速，在複雜的環境中從容不迫，妙語連珠，常常憑藉幽默的力量化險為夷。所以說，沒必要再為小事而揪心，學會用幽默面對人生中的尷尬，那麼煩惱將會與你背道而馳。

幽默的力量令人難忘，同時也給人以友愛與寬容，幽默可使自身樂觀、豁達，不僅如此，幽默還能調劑現實中人與人的關係。

一輛公共汽車裡，一位女乘客不停地打擾司機，汽車每行駛一小段，她就提醒司機一次她要在哪裡下車。司機一直很有耐心地聽，而她突然又大叫道：「我怎麼知道我要下車的地方到了沒有？」

司機說：「妳什麼時候看我臉上有了笑容，就是妳要下車的地方。」

女乘客的干擾有可能使司機駕駛時分神，但是司機對這位女乘客又不能直言冒犯，於是，他巧妙地採用委婉的方式達到了自己的目的，運用幽默的力量使自己擺脫了兩難的尷尬境地。

羅伯特·史蒂文生曾經說過：「一般掌握幽默力量的人，都有一種超群的人格，能自在地感受到自己的力量，獨自應付任何困苦的窘境。」面對生活中令人尷尬的事情，我們不妨用幽默去應付和化解它。

在人際交往中，我們經常會遇到的令人尷尬的事情是忘記對方的姓名，這時候就需要使用幽默的技巧。下面這位劉先生的經歷就是一個很好的例子。

一次，劉先生到一位老鄉家拜訪，女主人指著旁邊一位年輕的小姐問：「你還記得她是誰嗎？」

劉先生望著面前這個文靜而秀氣的小姐，腦袋裡一片空白。他對這個小姐一點印象都沒有，一時愣在那裡不知說什麼好。

　　女主人在一邊說：「別著急，再想想。」那位小姐也期待地望著他。在這種情況下，如果劉先生說不記得了，對她算得上是一個不小的打擊。

　　劉先生拚命想，但關於這個面孔的記憶仍是一片空白，最後他只好搖搖頭：「不記得了。」那位小姐聽了，十分失望和難堪。

　　女主人這時才提醒他，劉先生和這位小姐一起參加過一次春遊，最後還是劉先生用汽車載著小姐回家的。

　　其實，劉先生如果語言再圓融和幽默些，就不會造成這樣的尷尬場面。比如他可以說：「看起來很面熟，以前一定見過，讓我想一想……」「哎呀，原來是妳呀，真對不起，沒能馬上想起來。不過妳不能怨我，因為幾個月的時間，妳的外貌竟會變化這麼大。真的，妳比那時又漂亮了許多，讓我一時想不起來了！」

　　以對方的髮型、服飾發生變化為藉口，誇讚對方一番，這是在想不起對方姓名時一個為自己的尷尬圓場的好方法，也會有效地緩和對方不愉快的心情。

　　在記不起對方的姓名時，也可以直接問對方，不過問的方式最好靈活些。比如遇到像劉先生這種情況時，可以這樣說：「你看，在這個世界上沒幾個人讓我有興趣再問一次名字，但你是為數不多的一個，請問你尊姓大名？」

　　待對方告訴姓名以後，還可以再加幾句：「你以為我真想不起來了嗎？我只是確定一下，要不萬一我把你的名字說錯了，那不是太失禮了嗎？」

　　接下去就可以說一些上次見面的細節，以引起雙方對過去的愉快回憶。如果不好意思直接問對方姓名，還可以採用別的方法。比如，可以將通訊錄遞給對方：「我們以後多聯繫吧，請將你的地址寫下來好嗎？」這時對方就會把姓名也一併寫下來。

　　為了防止忘記別人的姓名，在與陌生人第一次見面時，就應當想辦法記牢他的名字。別人告訴你他的姓名，你可以重複一遍，或就每個字問一下對方。這種重視別人姓名的表現，對方會很高興的。

　　在社交場合中，陌生人之間初次見面要互通姓名，客套寒暄，氣氛容易拘謹、僵硬。這時運用一下幽默語言，可使氣氛活絡起來，雙方很快就會變得輕鬆自如了。

　　下面這個故事同樣展現著幽默的智慧。

　　在一次社交活動中，女主人把老王介紹給一位貴賓，雙方客套了幾句後，女主人背過身去囑咐老王說：「說些中聽的話。」聲音雖然很低，但是那位貴賓顯然聽到了。老王就很尷尬，他一時想不起什麼「中聽的話」，就對貴賓笑著說：「我知道你正是那種不能隨便奉承的人。」貴賓痛快地笑起來，緊張氣氛一下子就消除了。

　　老王這句話雖沒有包含什麼實質性的恭維內容，卻使對方獲得了被誇讚的感受，這種隨機應變的機智幽默的話語也正是尷尬境地下圓場的最好武器。

## 拒絕時，不妨幽默一下

　　對於他人提出的要求，任何人都不可能不做選擇，或許你就需要拒絕別人。但拒絕往往是容易傷感情的事情，因此，這時候就需要你展示高超的說話技巧。在諸多的技巧當中，幽默就不失為一個很好的方法。在拒絕別人的時候，可以採取靈活多樣的幽默方式，下面就是幾種常用的方法。

### 故意誇張

　　俄國著名的寓言作家克雷洛夫在相當長的一段時間裡，生活都十分窮困潦倒，有時甚至交不起房租。

一次，克雷洛夫和他的房東訂租契。房東在租契上寫明，假如克雷洛夫不慎引起火災，燒了房子，必須賠償15,000盧布。

克雷洛夫看了租契，不但不表示異議，而且提筆在15,000後面加上兩個0。

「怎麼，150萬盧布？」房東驚喜地說道。

「是呀！」克雷洛夫不動聲色地回答，「反正一樣賠不起。」

## 故意曲解

威爾遜任紐澤西州州長時，接到來自華盛頓的電話，說紐澤西州的一位議員，也是他的一位好朋友剛剛去世了。威爾遜深為震驚，立即取消了當天的一切約會。幾分鐘後，他接到了紐澤西州的一位政治家的電話。

「州長。」那人結結巴巴地說，「我，我希望代替那位議員的位置。」

「好吧。」威爾遜對那人迫不及待的態度感到很反感。他慢吞吞地回答說，「如果殯儀館同意的話，我本人是完全同意的。」

## 幽默輕鬆，委婉含蓄

美國總統富蘭克林・羅斯福在就任總統之前，曾在海軍部擔任要職。有一次，他的一位好朋友向他打聽海軍在加勒比海一個小島上建立潛艇基地的計畫。羅斯福神祕地向四周看了看，壓低聲音問道：「你能保密嗎？」

「當然能。」

「那麼，」羅斯福微笑地看著他，「我也能。」

富蘭克林・羅斯福採用的是委婉含蓄的拒絕，其語言具有輕鬆幽默的情趣，表現了羅斯福語言的高超藝術，在朋友面前既堅持了不能洩露祕密的原則立場，又沒有使朋友陷入難堪。這取得了極好的語言交際效果，以致在羅斯福死後多年，這位朋友還能愉快地談

及總統的這段趣事。相反地，如果羅斯福表情嚴肅、義正詞嚴地加以拒絕，甚至心懷疑慮，認真盤問對方為什麼打聽這個，有什麼目的，受誰指使，豈不是小題大做，有煞風景？其結果必然是兩人之間的友情出現裂痕甚至危機。

一家雜誌的編輯收到一封來信：「親愛的編輯：我希望和您達成一項默契，您如果刊用了我的稿子，您將得到稿費中的一半，希望能得到您的首肯。」

編輯回信說：「您的意見很好。我希望錢都由您來支付，每行五元。當您把稿子和錢寄來以後，我將把它刊登在廣告欄裡。」

委婉拒絕是希望對方知難而退。例如，有人想讓莊子去做官，莊子並未直接拒絕，而是打了一個比方，說：「你看到寺廟裡被當做供品的牛馬嗎？當牠尚未被宰殺時，披著華麗的布料，吃著最好的飼料，的確風光，但一到寺廟，被宰殺成為祭品，再想自由自在地生活，可能嗎？」莊子雖沒有正面回答，但一個很貼切的比喻已經給對方答覆了，讓他去做官是不可能的，這種方法就是委婉的拒絕法。

## 敷衍式的拒絕，含糊迴避

敷衍式的拒絕是最常見、最常用的一種拒絕方法。也就是在不便明言回絕的情況下，含糊迴避請求人。敷衍是一種藝術，運用好了會取得良好的效果。

有一次，莊子向監河侯借貸，監河侯敷衍他，說道：「好，再過一段時間，等我去收租，收齊了就借你三百兩金子。」

監河侯的敷衍很有水準，不說不借，也不說馬上借，而是說過一段時間收租後再借。這話有幾層意思：一是我目前沒有，現在不能借給你；二是我也不是富人；三是過一段時間不是確指，到時我不借再說。莊子聽後已經很明白了，但他不會怨恨什麼，因為監河侯並沒有說不借他，只是過一段時間再說而已，還是有希望的。

## 巧用言外之意

作家對編輯說：「編輯，這是我傾注全部才能心血創作的作品，普通獎自不必說，諾貝爾文學獎也不是夢想，這是本世紀最傑出的作品。」

「的確！想必是一篇出色的幻想小說吧！」

下面同樣是一個作家和編輯的故事：

年輕的作家問編輯說：「請告訴我，一般來說我的短篇小說是不是有希望刊登在您的雜誌上？」

「那當然，所有的人都會死的，我也不會永遠活著。」

編輯的言外之意是，只要我活著，這樣的作品就不能發表，這種拒絕確實令人叫絕。

## 假裝埋怨第三者

愛麗絲在一個公司裡擔任接待員，她得應付訪客、電話、同事和老闆，空閒的時候還要打字。有時，某些自以為是的人打來電話，往往給她出難題。

「我要和妳的老闆說話。」

「我可以告訴他是誰來的電話嗎？」

「快給我接妳的老闆，我馬上要和他說話。」

「很抱歉，他花錢雇我來接電話，似乎很傻，因為10通電話中有9通是找他的。」

來電話的人笑了，然後把他的姓名及電話號碼告訴了愛麗絲。愛麗絲既要得知是誰找老闆，又不能開罪對方，只好採取幽默的方式，用看似自嘲的方式逗對方與她同笑，獲得皆大歡喜的效果。

## 採用寬泛含蓄的借喻

現代文學大師錢鍾書先生不喜歡在報刊、電視中揚名露面。他

的《圍城》再版以來，又拍成了電視劇，在國內外引起轟動。不少新聞機構的記者都想約見採訪他，均被錢老執意謝絕。

一天，一位英國女記者好不容易打通了錢老家的電話，懇請讓她登門拜見。錢老一再婉言謝絕沒有效果，只好對英國女士說：「假如妳吃了一顆雞蛋，覺得不錯，何必要認識那隻下蛋的母雞呢？」女記者最終只好放棄了採訪。

由此可見，用幽默的方式來拒絕別人，不僅能夠消除因為拒絕給彼此帶來的不快，而且能讓對方感受到你不予接受的決心，其效果真可謂是一石三鳥。我們也可以嘗試一下，或許真能收到意想不到的效果。

## 在讚美中加點幽默，讓對方更愉悅

在緊張忙碌的工作之餘，誰不想聽幾句輕鬆愉快的談話？那麼，適當的讚美之辭在這個時候就會發揮作用。

你有過稱讚別人的經歷嗎？不可否認，當我們讚揚一個人的時候，最擔心的應該就是對方的反應。如果漫不經心地去稱讚人，很可能招來「哼！這個馬屁精」之類的評語。假如身邊有他人在的話，就更叫人難為情了，實在是不敢大大方方地去稱讚一個人。

然而，話又說回來，在必要的場合，還是應該大聲而堂堂正正地去讚揚對方的成就、長處以及善行。讚美，往往能夠讓別人感到愉悅，如果你還能在你的讚美之詞中添加點幽默的調料，那麼被讚美的對象一定會感覺到更加愉快。

當一位少女的纖纖玉手差點就被車門夾住的時候，一個青年快速地把門支撐住，使該少女的玉手得以伸出來，當她說「謝謝」時，青年憐惜萬分地握著她的手，然後，得意非凡地說：「哇！我佔到便宜了！」在這樣的場合下，這位小姐不但不會覺得青年輕浮，而且會感到非常高興，這就是運用幽默的技巧，讚美他人於無

形之中的典型例子。

再看下面這個例子。一位窈窕可人的女職員戴著一條新項鍊上班。公司裡的一個年輕男職員對她囁嚅地說：「哦！我好羨慕它！」

女職員問：「咦？你羨慕什麼？」

「我就是羨慕那條項鍊。我好嫉妒它！因為它能夠環繞在美人兒的玉頸上面。」

在這樣的讚美下，被讚美者會是怎樣的反應，應該是顯而易見的。這比起「啊！好漂亮的一條項鍊」的直接讚美方式不知要好多少倍，因為那樣的讚美語言往往給人一種敷衍的感覺。

在生活中，這種幽默式的讚美產生很大的作用。很多時候，只要兜一個圈子誇獎對方一番，就會增進你與他人的感情。一位青年瘋狂地愛上某個女郎，他對那位女郎說：「夢中情人，我願意把我所有的財產放置於你的腳下。」女郎回答說：「你好像並沒有多少財產啊！」青年說：「你說得不錯！但是比起你小巧玲瓏的玉足來說，它們就顯得不少了！」

這個故事中的青年運用的技巧算得上是上乘的誇獎手法。伴著幽默的語言，將讚美化於無形之中會讓被讚美者心花怒放。

再來看下面這個故事。

達爾文應邀出席一次盛大的晚宴。宴會上，他身邊正好坐著一位年輕美貌的小姐。「尊敬的達爾文先生，」年輕美貌的小姐帶著戲謔的口吻向科學家提問，「聽說您斷言人類是由猴子變過來的，是嗎？那麼我也應該是屬於您的論斷之內的嗎？」「那是當然！」達爾文望了她一眼，本想直截了當，但話鋒一轉，他彬彬有禮地回答，「我堅信自己的論斷。不過，您不是由普通的猴子變來的，而是由長得非常迷人的猴子變來的。」

達爾文既在漂亮的小姐面前堅持了自己的觀點，又在無形之中將小姐的美貌誇獎了一番，可謂巧妙之極。

　　你有沒有被人稱讚後自己覺得渾身不自在，甚至有點看不起這位稱讚你的人的時候？他可能出自善意，結果卻弄巧成拙。那麼人們該如何表達自己的讚美，又不會讓人感覺做作和虛偽呢？

# 第四章

# 社交幽默，構建完美的人際關係

　　不論你從事什麼行業，身居何職，幽默的力量都能助你一臂之力，使你的工作和事業有更順利的發展，使你的社會交往更為廣闊。它能使你善於待人接物、廣交朋友，幫助你解決人際關係的難題，教你學會如何擺脫窘迫的處境。尤其是當你想以積極進取和樂觀開朗的形象出現，贏得人們的歡迎和信任時；當你想鼓勵更多的人共同為實現目標而努力時，幽默的力量就能發揮更大的作用。

## 幽默是梳理人際關係的法寶

　　幽默是人際關係的潤滑劑，能使嚴重的矛盾變得緩和，從而避免出現令人難堪的場面，化解雙方的對立情緒，使問題成功地解決。美國作家特魯說：「當我們需要把別人的態度從否定改變為肯定時，幽默的力量具有說服效果，它幾乎是一種有效的處方。」他還講道：「幽默能幫助你解決人際關係問題。當你希望成為一個能克服障礙、贏得他人喜歡和信任的人時，千萬別忽視這種神祕的力量。」

　　有的人在與他人的合作中，聽不得半點「逆耳之言」，只要別人的言語稍微有所不恭，不是大發雷霆就是極力辯解，其實這樣做是不理智的。這不僅不能贏得他人的尊重，反而會讓人覺得你不易相處。所以，在與人相處的過程中，只有始終保持愉快的心情，謙虛、隨和、幽默，這樣才能讓你和別人的合作更加愉快。

　　喬治和他的兩個好朋友去樹林裡伐樹，但是他的體力比不過其他兩位身強力壯的朋友。到了晚上休息時，他們的領隊詢問白天每個人伐樹的成績，同伴中有人答道：「傑克伐倒55株，我伐倒49株，喬治這個笨蛋只伐倒了15株。」

　　雖然朋友說的是玩笑話，但對於喬治來說確實不怎麼順耳，當喬治即將發怒的時候，他突然想到自己伐的樹確實很少，簡直和老鼠做窩時咬斷的樹基一樣，不禁笑著說：「你說得不對，我是用牙齒用力咬斷了15株樹。」

　　在這個故事裡，喬治是一個善於控制自己情緒的人。他以幽默的方式心平氣和地面對自己的不足和別人的攻擊，展現了非凡的忍耐力和大度寬容的胸懷，同時也正是這種幽默、豁達的心態，讓自己避免了與他人的衝突。

　　幽默不僅能緩解衝突，而且還是一門心靈溝通的藝術。人們憑

藉幽默的力量，打碎封閉自己的外殼，主動與他人交往，透過幽默使人們感受到自己的坦白、誠懇與善意。

在嚴肅的交談和例行公事般的來往中，人們往往是戴著種種假面具，也似乎只能讓人了解自己的外表，卻無法探知自己的內心，這樣的交流是極難深入下去的。沒有心靈溝通的社交，不能算是成功的社交。幽默可以讓人們看到你的另一面，一個似乎是本質的、人性的、純樸的一面，這是人性的共同之處。

美國總統雷根曾在他的母校畢業典禮上致詞時，嘲笑自己在校的成績。他說道：「我返回此地只是為了清理我在學校體育館裡的櫃子……但獲此殊榮，我的心情十分激動，因為我過去總認為只有得到第一名才是榮譽。」

雷根的幽默在於，他並沒有突顯自己作為總統的特殊地位，而是將自己放在和台下學生一樣的位置上，從而拉近了與聽眾的距離，也顯示出自己寬廣、博大的胸懷。

佛洛伊德講過：「最幽默的人，是最能適應的人。」的確，幽默能使我們在社交場合應付自如，用幽默來化解各種各樣的危機和困境。

有一次，英國首相、陸軍總司令邱吉爾去視察一個部隊。剛下過雨，他在臨時搭起的講台上演講完畢下台階的時候，由於路滑，不小心摔了一個跟頭。士兵們從未見過自己的總司令摔過跟頭，都哈哈大笑起來，陪同的軍官驚慌失措，不知如何是好。邱吉爾微微一笑說：「這比剛才的一番演說更能鼓舞士兵的鬥志。」

效果的確如邱吉爾所言，士兵們對總司令的親切感、認同感油然而生，必定會更堅定地聽從總司令的命令，去英勇戰鬥。

除此之外，幽默還可以回答自己不願聽到的問題。

芬蘭的一位建築師說話很慢，當記者採訪他時，一直擔心時間不夠，萬般無奈之下，記者只好說：「卡爾先生，時間不多了，能否請您說快點？」建築師卡爾聽後，慢慢地掏出菸斗，點上，能多

慢就多慢，懶懶地說：「不行，先生，不過，我可以少說點。」

用幽默化解困境，回答難題，維護自己的利益，捍衛自己的尊嚴，而又不傷對方的感情，達到良好的效果，這是別的手段難以媲美的。有了幽默的法寶，你會發現社交中遇到的很多問題都能迎刃而解了。

可見，幽默的作用是多麼神奇。在社交過程中，不管是遇到尷尬的場面和事情，還是面臨著他人的刁難和指責，幽默都能神奇地將你從尷尬的境地中解脫出來，而且能讓身邊的人更深刻地了解和認識你，從而讓你獲得他人的信任。

據說，清代有名的才子紀曉嵐體態肥胖，特別怕熱，一到夏天就汗流浹背，連衣服都濕透了。因此，他和同僚們在朝廷值班時，常會找地方脫了衣服納涼。

乾隆皇帝知道了，存心想戲弄他們。這天，幾個大臣正光著膀子聊天，乾隆突然從裡邊走出來，大夥兒急急忙忙找衣服往身上披。紀曉嵐是近視眼，等看到皇上已經來不及披衣服了，只好趴在地上，不敢動彈，連大氣都不敢出。

乾隆坐了兩個小時，不走，也不說一句話。紀曉嵐心裡發慌，加上天熱，一直流汗。半天聽不見動靜，他悄悄地問：「老頭子走了沒有？」

這一下乾隆和各位大臣都笑了。皇上說：「你如此無禮，說出這樣輕薄的話，你給我解釋清楚，有話講則可以，沒有話講可就要殺頭了。」

紀曉嵐說：「臣還沒來得及穿衣服，怎麼回聖上的話呢？」

乾隆讓太監給他穿上衣服，說：「虧你知道跟我說話要穿衣服。別的不講，我只問你『老頭子』是怎麼回事？」

趁穿衣服的時候，紀曉嵐已經想好了說詞。他十分恭敬地對皇上說：「皇上萬壽無疆，這不是『老』嗎？您老人家頂天立地，是百姓之『頭』呀！帝王以天為父，以地為母，對於天地來講就是

『子』。連在一起，就是『老頭子』三個字。皇上，臣說得有錯嗎？」

說的都是好話，當然沒錯，於是，皇上很高興。紀曉嵐也鬆了一口氣。

在現實生活中，要獲得成功，不可能完全依靠個人的單打獨鬥。成功的社交是每一個事業成功者必須具有的能力，而幽默則是社交成功的法寶。試著在你的社交中加入一點幽默的調味劑，你會發現自己的交際之路將更加順暢。運用幽默的力量，我們就能透過成功的社交，走上成功的道路。

## 幽默幫你聯絡感情

很多有幽默感的老年人很喜歡晚輩和他們開一些善意的玩笑。所以，當你剛出門就遇見老人家時，你可以幽默地和他們寒暄一番，這樣很容易和他們拉近感情。在一般情況下，他們還會逢人就誇你會說話。

在男女相處的時候，幽默同樣是增進和聯絡感情的重要方式。

男孩和女孩在同一座城市的兩間學校讀書。正逢期末考試，兩人都在緊張地準備考試。一天，女孩給男孩打電話說：「我急用《大學英語考試指南》，你送過來好嗎？」

男孩有氣無力地說：「我也想給妳送過去，可是我生病了，而且病得不輕呢。」

女孩一聽就緊張起來：「你怎麼了，要不要緊？」

「唉，我得了一種很嚴重的病，叫做相思病。」

女孩的眼淚在眼眶裡打起了轉，有一點點生氣，但更多的是感動。從此，兩人的感情更好了。

在戀人、夫妻之間，一句表情嚴肅的「我愛你」固然不可少，用幽默表達愛意也是個好方法。喜歡幽默似乎是人的本性，如果愛

能時不時地用幽默表達出來，那麼對方所感受到的不僅是樂趣，更多的是你的一片真情。

年輕人抄了一首詩贈送給女友：「生命誠可貴，自由價更高，若為愛情故，兩者皆可拋。」

女友說：「這詩抄錯了。」

年輕人說：「沒錯，就是這個意思。」

女友問：「什麼意思？」

年輕人說：「妳若不愛我，我就不要命了；如果妳要我，我就不要自由了，隨你管制。」

用這種方式「曲解」幽默表達的愛情，女友聽了能不心花怒放嗎？

有人說，婚姻是愛情的墳墓，夫妻之間很可能因為每天按部就班的生活而失去新鮮感。適時地創造一點幽默，就能撥動伴侶的心弦，使其在笑聲中找回已淡化的熱情。

丈夫是個學者，整天捧著書讀，妻子對此非常不滿。

妻子說：「我看以後我還是變成一本書吧。」

丈夫不解地問：「為什麼？」

妻子說：「這樣你就可以整天把我捧在手心了。」

丈夫哈哈一樂，說：「那可不行。我這書看完了可就得換新的。」

這一下，妻子急了，連忙說：「那我就做大字典。」

話音剛落，夫妻雙方哈哈大笑，他們在笑聲中和解了。

聰明的妻子利用幽默含蓄地表達了對丈夫的愛和不滿，並且使丈夫明白了自己的意圖。

有一次，蒲松齡在路上遇到一群鄉親，鄉親們將他的鞋子藏了起來，纏著要求他說一個故事，否則就不把鞋子還給他。蒲松齡沒有辦法，只好坐下來想了想，開始說故事：

從前有一對情侶，兩人私訂終生，非此男不嫁，非此女不娶。

沒想到女方的父母強將女兒另許他人，這個男子知道後非常氣憤，便去找這女孩理論，女孩說父命難違。兩人唏噓一番之後，相約在當天晚上跳井殉情。

到了晚上，男子先來到井邊，他想試試這位女孩是不是真心愛他，於是將鞋子脫下來放在井邊，自己躲到樹後。沒過多久，女孩也來了，看到男子的鞋子擺在井邊，哭泣了一會兒，剛想跳井，忽然念頭一轉，心想：「我年紀輕輕的，日子還長得很，如果就這樣死了，多不值得，他跳他的，我還是回去吧！」

女孩站了起來，見那井邊的鞋子還挺新，於是拾起來帶走了。躲在大樹後的男子愣在那裡，直到女孩走了，才發現自己連鞋子也沒有了。

過了不久，女方家歡天喜地嫁女兒，男子躲在一邊看見女孩上了花轎，眼看就要被抬出村子了，於是急急忙忙趕上花轎，說：「喂！妳嫁給別人不要緊，」他大聲對女孩嚷嚷，「得還我的鞋子啊！」

說到這裡，蒲松齡停住了。鄉親們正聽得起勁兒，於是嚷嚷道：「下面呢？下面呢？」催他繼續講下去。只見蒲松齡抬抬頭，轉了一下眼珠子，又重複了一句：「得還我的鞋子啊！」鄉親們一愣，接著哈哈大笑，將鞋子還給了他。

可見，不管是在日常的人際交往中還是在家庭生活中，幽默都是增進人與人之間感情所必不可少的生活調料。有了幽默的點綴，你會發現人情會變得更加溫暖，生活將變得更加多姿多彩。

## 用幽默來避免尷尬

在社交場合中，由於自己的不慎，有時我們會使自己處於比較難堪的境地，或者我們遇到了缺乏教養的人、不懷好意的人、對我們有敵意的人，致使我們陷入比較難堪的困境。在這種情況下，

如果我們抽身而退，固然可以逃離困境，但當了逃兵，總是不光彩的，也會給自己日後的社會交往帶來消極的影響。

有經驗的人告訴我們，遇到這種情況，只有自己才能救自己，用智慧來展示自己的幽默，三言兩語就能使自己擺脫困境，維護自己的尊嚴，給對方以有力的回擊，從而也把自己的人格魅力充分地展現出來。

林肯的長相很普通，一次在一個公開場合，有人對林肯說：「你長成這個樣子，還出來做什麼？不如躲在家裡別出來。」

這話自然是很不禮貌的，但林肯只是淡淡一笑，回答道：「很抱歉，我這是身不由己。」

「身不由己」是就他的長相來說的，天生如此，他也沒有辦法。大家聽了都笑起來，難堪的局面就過去了。

在生活中，不僅別人難免會給你製造一些麻煩，讓你難堪，而且由於自己的失誤也會使自己造成尷尬。這時候，如果能夠動用你的幽默智慧，就能輕鬆地化解尷尬。

一位女孩在她的訂婚宴會上，希望給未婚夫的親戚們留下好印象。她微笑著走進宴會廳，不料被落地燈絆倒了，落地燈打翻了桌子，她也摔了個四腳朝天。她立刻站起來說：「瞧！我也是雜耍演員呀！」她這樣的機智反應一下子扭轉了尷尬的場面，而且也給人留下了聰明大方的好印象。

這樣的例子有很多。幾乎每一位善於交際的人們，他們的性格中都有一種不可缺少的東西，那就是幽默感。這一點使他們以最敏捷的方式進入社交圈，並很快成為主要角色。他們談笑風生，妙語連珠，在語言的海洋中如魚得水。

在日常生活中，我們也總會遇到這樣、那樣令我們非常難堪和尷尬的場面。這時候，幽默便是化解尷尬的最好武器。

比如，你想評價某人的富有，你可以這樣說：「老天，他的負擔好重！他要為那麼多的銀行存摺不知藏在哪裡而大傷腦筋。」或

者你一時陷入經濟危機中，你可以這樣自嘲一下：「這年頭也許唯一收支相抵的地方，就是足球場。」

如果你想為經濟的富足開玩笑，可以這樣說：「金錢最美妙的地方，就是它可以跟你身上穿的戴的一塊兒走。」

當你在超級市場的結賬出口或銀行大排長龍的時候，人人都等得焦躁不安，這時你就可以動用幽默的力量來營造愉悅的氣氛。下面這些話語就是很好的幽默原料：

「這是自然法則，我沒去排的那一行總是動得快些。」

「速度快不一定是最好的。否則兔子早就來統治這個世界了。」

「我買了一條比目魚，但是排隊排了這麼久，現在我買的可是一條比目魚乾了。」

有一位年近古稀的老人大壽，一家子為老人家設家宴祝壽。正當全家人眾星捧月似的圍坐在老人身旁，一邊喜氣洋洋地談笑風生，一邊敬酒吃菜時，突然聽到「砰」的一聲巨響，原來是今年準備考大學的孫子碰倒熱水瓶，熱水瓶碎了。

孩子頓感手足無措，大家也有喜慶日子煞風景的感覺。爺爺一驚之後，哈哈一笑說：「這熱水瓶早該碎了，孩子今年考大學，不能停在原來的『水準』上。今天他在這喜慶日子裡，打破了舊水瓶，這不僅像為我的生日放了鞭炮一樣，而且也是他考上大學的好兆頭，你們說是不是這樣啊？」

一席話說得一家老小哈哈大笑，生日喜慶的氣氛更加熱烈了，擺脫了窘境的孫子也不好意思地跟著大家笑了。

可見，當尷尬局面出現時，你可以運用幽默，這樣就可以將事態向好的方向扭轉，甚至可以使人從被動變主動。

在日常生活中，面對柔情你往往很難拒絕。這時候，選擇幽默的方式既能達到自己的目的，又不傷害別人。這樣避開正面，從側面以幽默的方式回答他，就會處理得圓滿無缺。下面就是一個例

子。

有一位女大學生悄悄地愛上了教邏輯學的男老師，她多次暗示並給老師遞了一張紙條，上面寫道：「有人問我這樣一道邏輯題。已知：我愛上了你，求證：你也會愛上我。這個題目我做不出來，所以想請您幫我解答一下。」

老師見到紙條，認為這是不可能的，但又不想直接拒絕她。於是靈機一動，用幽默的方式給她寫了一封回信：「證明：能夠愛別人的人應是好人；對於你來講，我應是別人，你能夠愛別人，說明你是好人。好人，人人都愛。既然你是好人，那麼人人都愛你，這個人當然包括我。所以，我也愛你。」

老師的答案機智而巧妙，回答中幽默地用邏輯方式把原來的意思做了微妙的轉變。將學生字裡行間暗示愛情的「愛」，偷偷地轉換成了博愛的「愛」。這樣便委婉而幽默地表達出自己的真正意思，既沒有直接拒絕別人，也沒有引起對方的不安和尷尬。

有時候，當你面對別人的攻擊和侮辱時，如果直接反抗反而會使場面更加難堪，這時候不妨幽默一下，可能會有好效果。

有一位很有錢的太太牽著哈巴狗上街，她見到衣衫破爛的湯姆，想拿他開心取樂，便說：「你只要對我的狗喊一聲『爸』，我就給你1美元。」

湯姆眼珠一轉，笑著說道：「喊一聲給我1美元，我要是喊10聲呢？」

「那當然給你10美元了。」太太答道。

湯姆躬下身去，順著狗毛輕輕撫摸，煞有介事地喊了聲：「爸！」

闊太太大笑了一陣，隨手給了湯姆1美元。湯姆連喊了10聲，闊太太很爽快地賞了湯姆10美元。這時，周圍擠滿了看熱鬧的人。湯姆笑著向夫人點了點頭大聲喊：「謝謝妳，媽！」

圍觀者開懷大笑，那位有錢太太面紅耳赤，目瞪口呆，不知怎

麼回答。

在很多場合，幽默不僅能使自己擺脫窘迫的處境，也能給他人帶來快樂和笑聲。下面是一個最好的例子。

1939年夏天，美國總統羅斯福在海德公園接待來訪的英王夫婦，不料發生了一連串意想不到的事。宴會時，屏風後面的桌子上由於堆放的菜盤份量過重突然倒塌，響聲一下子壓過了說話聲。

「哦，」羅斯福叫道，「請別在意，這只是一種古老的家庭風俗而已。」

飯後，羅斯福請客人參觀藏書室。正當貴賓們饒有興趣地翻閱圖書時，一位男僕走了進來，手裡托著一個大托盤，上面是斟滿飲料的杯子。在他走下通向房間的台階時，一隻腳踏空了，托盤裡的杯子猛地甩向半空，男僕自己也摔倒在地。隨後他爬起來，把地板上破碎的東西清理乾淨。

當他愧色滿面地退出房間時，羅斯福大笑起來，他轉身對英王說：「哈哈，這是演示的第二個風俗。第三個是什麼？這種一來通常是三次。」

第二天，羅斯福邀請貴賓到瓦爾塞山莊喝茶、游泳。游泳後，羅斯福走到草坪上，把雙臂伸向身後，掌心撐地，抬起雙腿，「自我起重」式地向前方挪動。沒來幾下，只聽「撲通」一聲，他的腿落到了一個裝有各色精美食品、冷茶、碎冰塊和杯子的大托盤裡。

「嗨，」他叫起來，「怎麼沒人給我叫好呢？」接著，他大聲笑起來，轉身對英王說：「我不是告訴過你還有第三次嗎？好了，現在我可以輕鬆了。」

總之，在遇到尷尬的時候，與其嚴肅地解釋，不如以幽默的方式化解。這樣，大家都會在會心一笑中將一切化為無形，這樣的效果比全力解釋強很多，也更能為眾人所接受。所以，我們要學會以幽默對待尷尬，讓尷尬不再可怕。

## 幽默為你化解矛盾

現實生活中不愉快的事經常發生，有時會衝突不斷。這種情況可以分為兩種：一種是無意的衝突，或並不嚴重的損害；另一種是有意的挑釁。

遇到這兩種情況時，應該學會幽默，並注意拿捏好分寸。在許多情況下，衝突是無意中引起的，這都可以用幽默來化解。

一位顧客在餐館用餐時，發現服務員送來的烤雞缺了一條腿。他笑著說：「哇！這隻雞連腿都沒有，怎麼會跑到這兒來呢？」

某人向鄰居表示歉意：「我剛才敲牆，是想掛幅畫，可能影響你了，請原諒！」鄰居說：「沒有關係呀，我正想去問問你，假如我在釘子尖上掛幅畫，行不行？」

有個車技不高的年輕人騎車過馬路，發現前面有人就大聲喊「不要動！不要動！」那人沒動，但還是被他撞到了。年輕人扶起那個人並向他道歉，那人卻幽默地說：「原來你剛才叫我不要動是為了瞄準我呀！」

以上例子在現實生活中經常會遇到。因為有了幽默、灑脫的態度，所以矛盾被巧妙地化解了。這裡的可喜之處並不是迴避現實生活中的矛盾，而是以幽默的方式展示一種溫和的批評。

一個初學技術的理髮師，在客人的頭上劃破了好幾個傷口。每出現一個流血的傷口，他就貼上一塊棉花。客人疼痛難忍，便大聲叫嚷：「夠了！我的半個腦袋讓你種上了棉花，剩下的地方讓我種點西瓜吧！」

無論是什麼時間、什麼場合，幽默的力量都會幫助你溝通。這種溝通不僅富有人情味，也會使你與人無拘無束地交往，更會彼此誠摯相待。

如果你面對惡意的挑釁行為，或許可以運用幽默予以還擊。提

倡人與人之間互相友愛、尊重，這是很正確的觀點。然而，並不是每個人都有較高的道德修養。如果對以傷害別人為樂的人不進行反駁，這也是不可取的。

一位作家剛完成一本書，正沉浸在人們的讚揚聲中，另一位作家有點不服氣，就跑去對他說：「你的這本書不錯呀，是誰替你寫的？」

「我很高興你喜歡這本書。」他說，「是誰替你讀的？」

很多時候，幽默也是化解敵意的最好方法。

老楊手握一把斧頭走到鄰居門口說：「我來修你的電視機。」

只要老楊不把鄰居的電視機砸壞，他真是恰當地表達了對鄰居嘈雜音響聲的不悅，而採取的方式不是對鄰居大發雷霆。他的行為似乎是對鄰居說：「我希望和你好好相處，能不能請你把電視機的聲音關小點？」用這樣幽默的方式來表達自己的不滿，其實是把存於心裡的敵意給化解掉了，自然也就消除了可能產生矛盾的因素。

當然，你不一定要找把斧頭才能將意思表達出來，只要試著把你自己的感受放進幽默中，就會有很好的效果。對於每個人而言，都應該學會消除對周圍人或事的敵意態度，因為敵意是一種能置人於死地的毒素，它會毀掉生活。

在生活中，當別人取笑你時，最好的平息風波的方式是和他一起嘲笑自己。如果你是領導者，就更應該表現出領導風範，巧妙地將敵意化解掉。

林肯是一位談吐幽默的政治家，他經常採用幽默的方式來表明自己的政治主張，用笑的藝術來緩和緊張空氣，化解悲哀情緒，從而戰勝自己的對手。

熟悉美國歷史的人都知道，林肯也是一位心地淳厚善良、性格沉穩的政治家。他在任的幾年正是美國國內危機四起的時期，他剛當選不久，南部一些州便紛紛退出聯邦。他還未就任，叛亂分子組織的「美利堅聯眾國」就推選了自己的總統、副總統。他率領美國

人民經過4年奮戰，才贏得了勝利。

他經常說：「我笑是因為我不會哭。」

有一政界要員批評他笑話說得太多，林肯說：「我認為，在對一般人說明或解釋問題時，說笑話的方式比其他方式更容易被人接受。面對自己的對手，笑既是一種幽默的藝術，也是一種化解矛盾的良藥。」

在家庭生活中，如果我們適當地運用幽默來表達不滿和批評，同樣能夠產生化解矛盾的效果。下面就是一個例子。

丈夫問：「親愛的，妳知道為什麼妳不生長鬍子嗎？」

妻子回答：「因為我是女人啊。」

丈夫說：「不對。」

妻子問：「那是什麼原因？」

丈夫答：「那是因為妳整天喋喋不休的嘮叨，使下顎鍛鍊過度的緣故。」

丈夫在這裡批評妻子的多嘴多舌，但並沒有直接冒犯妻子，而是以一種含蓄和幽默的方式表達出來，這樣也就鈍化了攻擊的鋒芒，使妻子聽得更順耳一些，自然不會造成夫妻間的矛盾和爭吵。

幽默是矛盾的潤滑劑，容易讓人產生不悅情緒的話語，用幽默來包裝一下，自然就能變成忠言順耳、良藥爽口了。

## 幽默為你緩和氣氛

每個人都生活在社會中，不能「離群索居」，所以，任何時候都面臨著一個「交際」的問題。為了順利地進行交際，適當使用幽默就顯得非常必要。

任何人在交際過程中都不可能是一帆風順的。遇到緊張的氣氛時，就需要我們用幽默的力量去進行調節，使它變得輕鬆和諧。這時我們不僅需要製造出笑聲，還需要與別人一起笑，更要正確地

對待別人的笑。因為，我們若不能領悟別人的幽默力量對我們的作用，也就不太可能以自己的幽默力量來激勵別人。

在遇到氣氛沉悶的時候，不妨來一段荒謬的故事。荒謬的故事也能因其趣味性而增進個人的幽默感，從而活絡交際的氣氛。比如，你可以講這樣一個故事。

有一個瞎子，兩隻眼睛看不見東西，但能用鼻子聞出文章的氣味。有個秀才聽說了，就拿了一本《西廂記》讓瞎子聞。瞎子說：「這是《西廂記》。」秀才問：「你是怎麼知道的？」瞎子回答：「我聞著有些脂粉氣。」秀才又拿出一本《三國志》讓瞎子聞，瞎子說：「這是一本《三國志》。」秀才又問：「你是怎麼知道的？」瞎子回答：「我聞著有些兵刃氣。」秀才覺得很奇怪，就把自己的文章讓瞎子聞，瞎子說：「這是你自己的大作。」秀才佩服地說：「你是怎麼知道的？」瞎子說：「我聞著有些臭氣。」

在交際中，任何人都很難避免無意中犯下錯誤，這就需要我們用幽默的態度去寬容別人。如在公共汽車上被人踩到腳是很常見的事情，如果你這時「火冒三丈」，就有可能引發一場無休止的戰爭。但是如果你能幽默地說上一句：「對不起，是我讓您沒能『腳踏實地』。」這樣，對方就只有自我檢討的份了，而且本來可能充滿火藥味的氣氛也被輕鬆的氣氛取代了。而對於自己的偶犯錯誤也應該採取積極的態度，不要把事情做得更糟，就像下面這位先生。

某君赴宴遲到，匆忙入座後，發現烤乳豬就在他座位面前，於是高興地說：「還算好，我坐在乳豬的旁邊。」話剛出，卻發現身旁坐著一位胖女士，正對他怒目而視，便急忙賠著笑臉說：「對不起，我是說那隻燒好了的。」

「某君」的失誤有兩點：一是說話不注意語言所指與交際環境的協調性；二是語言表達缺乏明晰性，他說的這兩句話都有歧義。如果說前一句可以做兩種解釋的話，那後一句就是明確說對方是「沒有燒好的乳豬」。

其實那位先生絕對不是有意攻擊對方，如果那位「胖女士」對前一句話不是「怒目而視」，而能夠幽默地加以對待，甚至回敬他一句「難道你不怕也被烤熟了嗎」，也許對方就不會犯下第二次錯誤，而把她推向更加尷尬的境地了。

在很多嚴肅和正式的場合中，用幽默來調節一下氣氛，有時候也會收到意想不到的效果。

第二次世界大戰期間，由於武器缺乏，邱吉爾來到華盛頓會晤羅斯福，請求他給予軍需物資方面的接濟。會談約定在第二天進行。

次日凌晨，邱吉爾正躺在浴盆裡，抽著大號雪茄，做沉思狀。沒想到羅斯福突然推門進來。兩人相視不禁一愣。邱吉爾微微一笑，說：「總統先生，大英帝國的首相在你面前可真是沒有半點隱瞞哩！」說罷，兩人都不約而同地笑了起來。

這輕鬆的瞬間，讓人忘卻了戰爭，忘卻了艱難，開始真誠地合作。本來雙方都是代表各自的國家來進行談判的，雙方各有自己的國家利益，又在一個戰爭的背景下，氣氛自然會很緊張和嚴肅。而邱吉爾隨機應變的幽默卻緩解了壓抑的氛圍，給雙方的談判製造了一個很好的氣氛，從而增進了彼此的了解和信任。所以，這次談判非常成功。

交談是朋友之間溝通感情最常用的方式，而朋友之間的交談，大多是為了消遣、娛樂。交流的雙方或多方能在輕鬆的交談中密切相互之間的關係，因其談話氛圍比較輕鬆，談話過程中最適合也最容易融入幽默成分。在這種交談中，可以充分地利用重複、誇張、錯置等各種幽默手段，盡顯個人幽默風采。

著名科學家愛因斯坦生性風趣幽默。一次，由他證婚的一對年輕夫婦帶著小兒子來看他。孩子剛看了愛因斯坦一眼就號啕大哭起來，弄得這對夫婦很尷尬。幽默的愛因斯坦摸著孩子的頭，高興地說：「你是第一個當面說出你對我的印象的人。」

在晚輩來做客的輕鬆氣氛下，愛因斯坦幽默的言談並沒有損及他自己的面子，反而活絡了氣氛，使來看望他的這對夫婦能在一種輕鬆自然的氣氛中交流，融洽了主客雙方的關係。

一般情況下，十分要好的朋友們的交談，運用善意地捉弄對方的語言方式較為司空見慣。比如朋友弄了個不倫不類的髮型，你可以說：「妙哉，此頭譽滿全球，對外出口，歡迎訂購。」

這樣一種輕鬆幽默的語言不僅能使談話的氣氛變得很和諧，而且對於增進感情和了解也是很有用處的，因此我們在日常生活中要多加運用。

## 幽默為你消除敵意

憤怒與幽默是不相容的。幽默是一種寬容大度的表現，幽默家的本領不是放任自己怒氣衝天，而是抑制怒氣，化解敵意。

有一天，李伯伯在街上買了一條圍巾往回走，正巧碰到鄰居的一位小姐。她也買了一條，並高興地對李伯伯說，她今天只花了100塊錢，就買到了一條漂亮的圍巾。

李伯伯一聽，怒火頓生，轉身去找擺攤的小伙子。

「喂，你剛才賣給小姐才100元，而賣給我是200元，這是什麼道理？」

「因為她是我的親戚，老伯，你知道嗎？」

李伯伯一聽，二話不說，又拿了一條圍巾就走。小伙子急忙追上前：「你怎麼不付錢就走啊？」

「因為我們也是親戚，我是那小姐的爸爸呀。」

小伙子本來是想氣氣李伯伯，不料李伯伯也同樣攀親。由於都是假親戚，以假對假，就產生了一種荒誕，這樣荒誕到極點，可笑的特點就淹沒了令人惱火的特點。

在人際交往中，要使對方化憤怒為笑容不是簡單的事，並非只

要你荒誕一下，對方的情緒就 180° 大轉變，這還得有其他的條件配合才成。下面這個故事說明的就是這個道理。

阿輝下班回家，鄰居怒氣沖沖地對他說：「你的兒子用石頭來砸我們家的玻璃窗。」

阿輝說：「砸中了嗎？」

鄰居說：「幸虧沒有砸中。」

阿輝說：「那不是我兒子，他是百發百中的。」

原來他的兒子並不在家，去親戚家了。有了幽默的條件，彼此就會從原來的憤怒心情中解脫出來，敵意自然也就消除了。這比一本正經地辯解自然有效得多。

正在發脾氣的人，由於火氣上升，有時候會喪失理性。如果在這個時候，你不去惹他且保持平靜的話，他也可以慢慢地恢復平靜。當對方在謾罵不休之時，你千萬不要去抱柴添火，存心去挑釁他，以免助長他暴怒的火焰。

下面的幽默故事或許能給你一些如何化怒氣為無的啟發。

父親說：「工作實在是教人愉快的事情。像你這樣飽食終日，無所事事，反而很痛苦吧？」

懶惰的兒子答：「爸爸說得對極了。人生本來就是痛苦的，我決定要做一個孝順的兒子，讓爸爸您不斷地愉快下去……」

應該說兒子的回答至少沒有讓父親生氣，反而可能會讓他的父親開口一笑。

在一家電影院裡，一個年輕男子摸黑上完廁所，來到了某排座位邊的男士身邊，對他說：「剛才我走出去的時候，是不是踏過你的腳？」

坐在最外端的男士滿臉不高興地回答：「那還用問嗎？」

這位年輕男子趕緊說：「哦，那就是這排了！真對不起，我有嚴重的近視……請讓我擦你的鞋吧……」

如此的幽默語言過後，敵意煙消雲散，留下的是彼此的笑容。

**108**

一對年輕男女在擁擠的道路上正面相撞。「啊，真對不起你！」男士立刻向小姐賠不是。

　　「不怪你，是我的錯。」

　　對方也是十足的淑女，因此忍痛賠著不是。這麼一來，該青年更斬釘截鐵地說：「哪裡，哪裡，一切都怪我。」

　　該小姐對青年堅決的口吻感覺到奇怪，因而又問：「到底為了什麼事？」

　　「那是因為……噢……怪不好意思的……因為妳的櫻桃小口太美了，我一時魂不守舍……所以……為了向妳賠不是，我請妳喝一杯咖啡吧！」

　　青年的幽默和客氣不僅消除了對方的怒氣，而且還可能由此牽出一段姻緣。

　　邱吉爾因趕著出席宮殿舉行的演講，超速開車，最後被一名年輕警員逮住了。「我就是邱吉爾首相。」邱吉爾不慌不忙地說。

　　「亂講，你一定是冒牌貨。」警官這麼一說之後，大英帝國的首相認罪了。他說：「你猜對了，我就是冒牌貨！」

　　這麼一來，警官面露微笑，暴怒的情緒也就逐漸地平息了。

　　我國歷來重視傳統禮儀，通常不願與人發生面紅耳赤的事，所以如果真的發生了爭執，大多是運用幽默來進行調解，把那些鬧得不像話的場面收拾乾淨。

　　例如餐桌上發生了喧嚷和爭論，你可以說：「不要吵了。該不會是剛剛吃下去的炸雞在作祟吧，但那不是鬥雞啊！」

　　對情緒過於激動的人，就得穩住說：「人總得相信些什麼，我相信我要再喝一杯。」然後建議他，「何不嚐嚐這種叫做『滅火器』的新式雞尾酒？」

　　在合適的場合和情境下，恰到好處地運用一些幽默的話語，往往能夠成功地化解彼此的敵意和矛盾，從而結束一些無意義的爭論和分歧。下面這個故事就是透過幽默消除敵意的例子。

美國鐵路專家曹頓到英國擔任大東鐵路的總經理，上任時他面對的是職員們冬季寒霜般的敵意。原來，在英國人的觀念裡，美國人是不能勝任總經理的，因而曹頓的到來引起了公憤。然而，曹頓並不著急，上任後立即發表了一次講話，他輕鬆幽默地說：「我到英國來擔任這個職務，並不是為了什麼榮譽，我所需要的，只是想有一次戶外競技罷了⋯⋯」他的一番調侃，竟說服了數萬鐵路員工，平復了他們的不滿。

由此可見，幽默的語言既能化解冰霜、改善關係，增進人際關係的和諧，又可避免可能發生的衝突，是消除敵意最好的良藥。

## 幽默幫你巧妙公關

在公關交際中，幽默能激起聽眾的愉悅感，使人輕鬆、愉快、開心。幽默風趣的話語可活絡氣氛，連接雙方感情，用笑聲拉近雙方的心理距離。還可使矛盾雙方從尷尬的困境中解脫出來，打破僵局，消除劍拔弩張的緊張氣氛，使彼此得到最大限度的理解和讓步。

如果您是一個推銷員，在顧客面前表現得壓抑、死氣沉沉、沒有活力⋯⋯顧客會是多麼的失望。他們原本希望你帶給他們一些快樂，因此在推銷過程中，推銷員完全可以詼諧一點，以活絡氣氛。

誰都知道，缺乏笑聲的推銷活動是失敗的，嚴肅或者呆板無異於自掘墳墓。要有效地避免這種情況，就必須掌握幽默的技巧。

一位推銷旅行用品的新手，在路上碰到一位老前輩，便向老前輩大訴苦經。「我簡直太痛苦了，」他說，「我每到一個地方，都會受到人的侮辱。」

「那太糟了，」老前輩深表同情，「我沒法理解那種情況。40多年來我到處進行推銷，我拿出來的樣品曾經被人丟到窗外，我自己也曾被人丟出去過，被人踢下樓梯，被人用拳打在鼻子上，但是

**110**

我想我比較幸運些，我從來沒有被人侮辱過。」

　　一個人能夠以如此達觀、幽默的態度對待工作和生活，他還會有什麼克服不了的困難呢？

　　舉了推銷的例子，我們再來看看廣告宣傳。作為現代行銷公關的重要環節，在幽默廣告的宣傳配合下，推銷往往能夠取得事半功倍的效果。

　　美國某公司為了使一種生髮藥品在法國市場上打開銷路，公司老闆委託巴黎一家藥店的老闆為總經銷商，全權代理這種藥的銷售。這家藥店的老闆是一位27歲的年輕人，頗懂幽默技巧，他雇了10位禿頭的男人做他的銷售員。他在10個光禿禿的頭上寫上那種藥品的名字，還配上一些稀奇古怪的畫面，讓他們沿街進行大肆宣傳。

　　用人腦袋做廣告，這的確新鮮而有趣。因此，這則令人捧腹的禿頭廣告一出現，就在巴黎大街上引起了轟動，各種新聞媒體也紛紛報導這一獨特的廣告，這無疑又為這家公司做了免費宣傳。於是，公司的財源滾滾而來。

　　人際溝通的最高層次就在於幽默。在各類公關場合中，大家都喜歡與機智風趣、談吐幽默的人交往，而不願與動輒爭吵、憂鬱寡歡、言語乏味的人來往。從現代公關的角度來看，幽默就是人際溝通的「潤滑劑」。

　　在政壇以及國與國之間的外交公關中，領導者需要有相當出色的智慧和幽默感，英國前首相邱吉爾就是這樣一位幽默大師。

　　一次，一位竭力反對邱吉爾的女議員就某一問題與邱吉爾爭執不下，她惱羞成怒，對愛喝咖啡的邱吉爾脫口而出地說：「如果我是你的妻子，一定在你喝的咖啡裡下毒！」邱吉爾則幽默地回答：「如果我是妳的丈夫，一定把咖啡喝下去！」女議員被邱吉爾的幽默逗樂了。她冷靜下來後，發現自己的觀點的確有問題，後來轉而成了邱吉爾的支持者。

另一次，邱吉爾在台上演講時，褲子的拉鍊鬆了。這在極為注重紳士風度的英國是很出醜的事。有位女議員發現後，笑得合不攏嘴，並且告訴周圍的人。她還不過癮，寫了張紙條遞上去：「你的鳥籠門沒關好。」邱吉爾早就發現下面有人衝著他笑，看了紙條後明白是怎麼回事了。他當眾拉好拉鍊，隨口幽默道：「你放心，小鳥不會飛出來。」邱吉爾的幽默引起哄堂大笑，同時也使自己擺脫了困境，並且贏得了更大的尊重。

# 第五章

## 職場幽默，為工作加點料

　　職場中，嚴肅的交談與例行公事般的來往，往往給人一種戴著假面具的感覺，辦起事來也不容易得到預期的配合。如果你希望有所成就，希望引人注目，希望上下級和同事關係融洽，希望工作順利，希望事業騰達，那麼你就應該學會和別人來點幽默，共同笑一笑吧。

## 應聘時可以幽默一把

面對日益飽和的人才市場，謀職困難是無可辯駁的事實，這對每個求職的人來說都是一場考驗和一種挑戰。如何才能使自己在強手如林的人才市場脫穎而出，邁進理想的職業大門，一個最重要的條件就是具備成功的自我推銷術。依靠得體的推銷口才展示自我個性和特長，打動招聘者，這樣才能順利地找到一份適合自己發展的工作。因此，在應聘面試時表現得幽默是一種明智之舉。

在應聘面試中，適當的幽默風趣的語言會表現你的優雅氣質和器度，也會給談話增加輕鬆愉快的氣氛。一個得體的玩笑、軼事或妙語會使一次頗為嚴肅的應聘面試變得輕鬆豐富。尤其是當你遇到難以回答的問題時，幽默的語言會使你化險為夷，反映出你的機智和聰明，給人以好感。

比如主考官問你這樣一個問題：「廣告對商業有什麼益處？」

如果你這樣回答：「做生意沒有了廣告，就像一個人在黑暗中向一個女孩子傳送秋波。除了他自己，誰也不知道他在做什麼。」

主考官一定會欣賞你的幽默、風趣和機智，給你的面試打上高分。

推銷自己的時候，要突出自己的特色，抓住自己最能打動別人的優點，而幽默常常能助你一臂之力。

在一次評選「香港小姐」的決賽中，為了測試參賽小姐的思考速度和應對技巧，主持人提出了這樣一個難題：「假如妳必須在蕭邦和希特勒兩個人中間選擇一個作為終生伴侶的話，妳會選擇哪一個呢？」

其中有一位參賽小姐是這樣回答的：「我會選擇希特勒。如果嫁給希特勒的話，我相信我能夠感化他，那麼第二次世界大戰就不會發生了，也不會有那麼多人家破人亡。」

這位小姐的巧妙回答贏得了人們的掌聲。因為這個問題難度較大，如果回答「選擇蕭邦」，則答案沒有特色，顯得平淡。如果回答「選擇希特勒」，則很難給予合理的解釋。這位小姐選擇了出人意料的答案，又找出了合理而又充滿正義的回答，從而成功地推銷了自己的特色，以幽默、機智給觀眾和評委留下了深刻印象。

　　現代人都懂得推銷自己，雖然能力的高低是重要的決定因素，但推銷方法是否高明則往往是成敗的關鍵。有些人頗具才華，但卻不能給人好印象；有些人在自我推銷的過程中加入了幽默的成分，將會收到事半功倍的效果。

　　有這樣一個小故事。一位美國大學畢業生急於找到工作。一天，他跑到一家報館自我推薦。他找到一位經理問道：「你們需要一個好編輯嗎？」

　　「不需要！」

　　「那麼記者呢？」

　　「不，我們這裡現在什麼空缺職位也沒有！」

　　「那麼，你們一定需要這個東西。」大學生拿出一塊精緻的牌子，上面寫著：「額滿暫不雇用。」

　　經理感到眼前的這位年輕人很有意思，便立刻打電話把這件事情報告給老闆。隨後，他笑著對大學生說：「如果願意，請到我們廣告發行部來工作。」這位青年用幽默推銷自己，終於打破了僵局，找到了工作。後來，他果真做得不錯。

　　這則小故事揭示了這樣一個道理：學會推銷自己並非一句空洞的說教。推銷自己的過程，其實就是一次全面展示自己幽默、才學、品行、智慧的過程，在這裡是無法臨時抱佛腳式地應付的。

　　有時候，在面試的過程中運用幽默的技巧，可以產生畫龍點睛的作用。

　　一位剛畢業的大學生在應聘一個職位時，要接受一項測試。其中有這樣一道測試題：「cryogenics是什麼意思」，他停下來苦思冥

想。最後，這位大學生寫下：「這個單字的意思是我最好到別處去找工作。」結果，他被錄用了。

每個人都有自己的特長，但卻並不是每個人都會展示，如果能夠用幽默的方式把自己的特長恰當地展示出來，招聘的公司肯定會對你另眼相看。

鮑勃並非受到正規的教育，他在高中二年級時輟學，一心只想成為明星，便動身到好萊塢尋找機會。

一開始，鮑勃跟一般人一樣，填寫履歷、參加面試，但或許是由於他的年紀真的大小了，連續幾家電影公司的面試後，考官都毫不留情地拒絕了他。基本上安慰的話大多是要他過幾年再成熟一點時，再重新來試試看。

鮑勃心想，這樣下去不是辦法。為了圓自己的明星夢，他決定用不一樣的方式來對付那些難以打動的面試主考官。

最後的一次面試機會，鮑勃經過漫長的等候，終於進到主考官的辦公室。坐在長桌另一端的西裝筆挺的考官們，似乎已對這些面試者失去了耐性，一見到鮑勃走進辦公室，便很不客氣地直接問他：「你的資料我們都看過了，不用再多說了，你自認為最擅長的表演是哪一項，請簡短回答。」

這樣的面試，正好對上鮑勃的胃口，他很快回答道：「我最擅長的表演，就是讓人捧腹大笑！」

主考官一臉不屑地道：「讓觀眾笑，你有這種本事嗎？現在馬上給我當場表演，越快越好，越短越好！」

鮑勃早就決定了不按常理出牌，當下毫不猶豫，立刻轉身打開辦公室的房門，對著外面的其他等候面試者大叫：「喂！你們都可以回家吃飯了！他們已經決定錄取我啦。」

這個出奇致勝的高招，讓鮑勃找到了第一份演藝事業的工作，也奠定了他日後大放異彩的成功基礎。

後來，鮑勃‧霍伯成為風靡國際的幽默表演明星。

總之，幽默地推銷自己將是你事業成功的開始。我們要在個人的發展道路上邁出第一步，就要用幽默作為其中的助推器。

## 幽默的員工更易被認可

　　拿銷售人員來說，你可以運用幽默製造笑聲，使顧客在笑聲中接納你的建議。當問題是發生在公司與客戶之間的關係方面上時，幽默的力量也能幫助你取得共贏的結果。如果你正和愛挑剔的顧客打交道，幽默就是最有效的工具。

　　在一個汽車展示會上，一對年輕夫婦對一輛小型汽車的價錢頗有微詞。「這幾乎等於一輛大型汽車的價錢了。」那位丈夫抱怨道。銷售員說：「當然，如果您喜歡大車的話，同樣的價錢，我可以賣給您兩台大型拖拉機。」面對顧客的抱怨，銷售員恰當地運用幽默技巧表達了他所推銷的小型車是物有所值的，在令顧客一笑的同時，更容易得到顧客的認同。

　　當自己或公司提供的服務不周到時，採用幽默的方式向對方道歉，同時解釋原因，更容易在笑聲中得到顧客的諒解和合作，這正是幽默的力量所在。

　　有一個火車站，由於天氣狀況不好，又遇上聖誕節期間的客流量大，車輛無法正常運行。候車室裡擠滿了要趕回家過節的乘客們。乘客們焦急地等待著，但列車卻一再誤點。這時，一個失去冷靜的乘客拉住一位車站工作人員大聲嚷嚷說：「你們並沒有按照列車時刻表運行，那麼候車室掛列車時刻表有什麼用？」顯然，這個問題並不是車站普通工作人員所能解決的。如果車站工作人員不冷靜，說什麼這不關我的事，你有能耐去找站長這樣的話就很容易發生爭吵。但這位工作人員說：「出現誤點的情況我們也很著急。不過，要是當真沒有掛列車時刻表的話，也就無法說出火車誤點多久了。您說對嗎？」

一句幽默的回答，使生氣的乘客也無可奈何地笑了。遇到這種情況，車站工作人員真誠坦率地承認錯誤，為乘客設身處地想辦法自然能得到乘客的諒解。

某些時候，客戶的過期帳單堆得越來越高，這通常就成了極待解決的問題。如何恰當地運用語言藝術，既成功地催討回帳單，又不得罪對方，這就需要員工擁有過人的幽默和智慧。看看下面這位員工是怎麼向客戶催款的。

「您知道，李先生，我們很感謝您與我們的交易，」有幽默感的員工可能會在約客戶吃午餐或晚餐時這樣說，「但是您的帳目到現在已經過期10個月了。可以說，我們照顧您已經比您家人照顧您還要久了。」

問題很可能就此得到解決，因為這位員工能對問題做出趣味性的思考，這既能得到客戶的理解，同時也會得到老闆的認可和賞識。

那麼，該如何使用幽默這個有力武器來爭取到客戶的合作呢？以下是一些建議：

首先，在開口之前先試著判斷客戶是哪種類型和風格的人，因為正確的幽默對你的幫助有多大，錯誤的幽默對你的損害就有多大。

其次，巧妙地插入幽默的談話會使顧客喜歡你。但需要提醒的是，任何時機都不適於對不熟識的人使用有關政治、種族等敏感問題的幽默，總之，不能不合時宜地使用幽默。

最後，你可以講一講個人經歷過的而不是編出的幽默故事。比如你辦公室裡、你孩子身上和你小時候的趣事，對方必定是第一次聽說。你還可以把幽默的故事紀錄下來，這樣你在下次和客戶談話時就能很快記起上次談話的內容，並可以用幽默把問題變成機會。

勤奮工作的業績是贏得榮譽的基礎，而工作業績的認可主要是由上級主管決定的，因此，能不能贏得上級主管的賞識、肯定和支

持決定著你能不能獲得榮譽。對於許多職員來說，最大的苦惱莫過於工作努力卻得不到主管的賞識。美國人力資源管理學家科爾曼說過：「職員能否得到提升，不在於是否努力，而在於老闆對你的賞識程度。」因此，能否得到主管的認可就成為決定你成敗的關鍵因素之一。

那麼，你怎麼才能脫穎而出呢？對上述問題很苦惱的人或是想要有一番作為的人，可以試試採用在主管面前化嚴肅為幽默的交流方法。

某公司在開始實施銷售業績倍增計畫時，主管召集下屬嚴厲地訓話：「各位，現在是我們加油的時候了。從明天開始，早上七點半大家就要到這裡集合。八點的鐘聲一響時，大家就要立刻出門去推銷！」大家都不滿地抱怨時間太早。這時有位凡事講求效率和正確性的員工不慌不忙地反問道：「請問是時鐘開始敲八下時，還是敲完八下後才往外跑呢？」主管過於嚴格的要求可能會招致他人的不滿，這時，上面這位聰明的員工就使用幽默的語言把眾人的注意力轉移到自己身上，使尷尬緊張的氣氛重新輕鬆下來。

員工的幽默話語既幫了主管的忙，又使主管看到他較強的時間觀念，從而使他獲得主管的賞識。

要知道，主管不論身居什麼樣的要職，也一樣會有普通人的喜怒好惡，也可能在個人喜怒好惡的支配下說出一些令人尷尬的話，做出一些有可能招致誤解的舉動。此時，下屬應抓住人們對領導言行錯愕不解的心理，採取適當的舉動順水推舟，把主管無意說出的過於直白、犀利的話朝著幽默的方向引導，使人們認為主管是在開玩笑，從而放鬆了緊張的情緒。這就讓主管覺得你是和他站在一起的，你自然也就獲得了主管的賞識和信任。

要想獲得主管的賞識，幽默具有一定的作用，不過要想從根本上解決問題，還需要你對自己的客觀情況進行深入思考。如果你工作得很辛苦，但卻沒有效率、沒有成績，則得不到主管的賞識也是

可以理解的。如果你的工作有成績，同伴中誰都比不上你，還要考慮你的工作性質，是否屬於那種經常加班、特別辛苦忙碌的職業，像秘書人員、勤務人員等，該類人員在其他公司是否也如此。而如果以上情況都不是，那你就需要另想辦法來引起主管的注意，改變錯誤的做法。

## 用幽默消除同事間的距離

在職場上，使用幽默可以消除因工作帶來的緊張感，驅逐挫折感，並且順利地解決問題。而且，在偶爾的幽默之中，同事間的關係也能夠變得更為融洽，彼此間的距離和隔閡也能慢慢消除，這便是職場幽默的力量。

羅氏一家人專門從事危險的行業，就是用炸藥拆毀建築物。可以理解他們做這一行工作在心理上有多緊張，但他們常常用幽默的力量來消除緊張感。比如，和當地記者聊天的時候，他們就喜歡說些荒謬的故事。有一次就在大爆破工作進行之前，新聞記者問他如何處理飛沙和碎石，羅道格一本正經地回答道：「我們要求三明治包裝袋的公司製成一個特大的塑膠袋，然後讓直升機在大樓上空把它扔下來。」

人們為這虛構的笑話笑彎了腰。而第二天羅氏兄弟從報上讀到這則新聞時，也發出陣陣笑聲，緊張的心情就此得到鬆弛。

其實，如果用輕鬆、坦誠的態度與人相處，就會發現辦公室裡充滿了歡聲笑語。

一個人事經理填寫一份問卷，其中一道問題是：「你的辦公室裡有多少人有婚姻困擾？」他的回答是：「酗酒是我們更大的問題。」

當你的老闆開他自己的玩笑並與你一起笑，而你也同樣回報他時，你們彼此都有所獲得。也許他這樣說：「不要把我當做你的

老闆，只當我是你一個永遠的朋友。」你可能回答說：「其實我是把你當成拼圖遊戲——當你想拼好完整的圖片時，就得從碎片裡找我。」

當別人想努力做好分內的工作時，你和他一起歡笑，就能抒解彼此之間的關係，讓你們的關係變得更加融洽。比如你對送信來的郵差先生說：「我看今年春天是來晚了一些，你們的郵政服務一定會把它寄來。」郵差先生對你說：「別擔心，我們連你的年齡都會幫你郵寄到家。」

你對醫生說：「我知道你是個非常成功的醫生——病人沒什麼毛病，你也有辦法告訴他有什麼毛病。」醫生對你說：「我的成功是因為我是個專科醫生。意思是說我能訓練病人在我的診所裡生病。」

你對修車工人說：「我在報上看到一則廣告『應徵修車工』，相貌誠實。」修車工人對你說：「我人很誠實。說真的，我很喜歡你車裡的絨布椅套。它比皮革或乙烯都來得好——可以讓我擦掉手上的油污。」

你對同事說：「我看得出你知道辦好事情的祕訣，而且你也知道如何守祕不宣。」你的同事對你說：「謝謝你把你的一點想法告訴我，我很感激——尤其是當你的業績如此低落之時。」

有時候我們在工作上，在與同事之間的關係上，都需要積極地表達自己的想法和觀點。在受到阻撓、受到不公平待遇而有所不滿時，我們不妨大笑兩聲，幽默地將自己的意見表達出來。

在公司的餐飲部裡，員工經常批評吃得不好，也連帶罵罵餐廳負責人。負責人以半諷刺的幽默話語來回答說：「《聖經》告訴我們，耶穌基督用五個餅、兩條魚讓人類吃飽，這稱為奇蹟。但是有人認為奇蹟該由公司餐飲部的負責人來創造。」

幽默是一種最生動的語言表達手法。與幽默的人相處、談話是一件非常有趣的事。在工作中遇到難題，如果能夠以幽默調節，事

情就可能很快得以解決。如果需要幽默的力量來改善同事們的工作態度，你可以利用幽默的妙語來表明你的觀點。這樣的表達方式不僅不會招致同事的不滿和怨恨，反而能夠讓你跟同事的關係變得更加和諧，拉近你們之間的距離。

我們如果不能領略到別人的幽默對自己的裨益，也就不大可能以自己的幽默來激勵別人。為了表現我們與他人之間的和諧，應該時時保持樂觀的態度，同別人一起分享歡樂。

一位男士對即將結婚的女同事打趣說：「妳真是捨近求遠，公司裡有我這樣的好男人，妳竟然沒發現。」她的女同事開心地笑了。

對上面這位男士的玩笑，女同事沒有說他輕浮，反而感激他的友誼和欣賞。同樣，當同事期望太多、要求太多時，我們還是可以用幽默表達自己的不同意見。

一位電影明星向著名導演希區考克談論攝影角度的問題。她一次又一次地告訴他，務必從她「最好的角度」進行拍攝。「很抱歉，我做不到。」希區考克說，「我們沒法拍你最好的角度，因為你正把它壓在椅子上。」

使用幽默語言的人，大都具有溫文爾雅的氣質和親切溫和的處事態度，這樣的幽默才使人感到輕鬆自然，這也是職場生存必需的心態和處事原則。在職場中加入點幽默的調味料，你會發現自己越來越受到同事的歡迎，成為職場的「萬人迷」。

## 用幽默讚美你的老闆

人性中都有接受別人讚美的虛榮心。人們都鄙視那些獻媚者，但當那些讚美的話語飄到自己的耳朵裡時，也是很舒服的事情。在工作中，無論是上司還是下屬，都喜歡聽好話。

要知道，讚美上司是對上司的認可、支持和褒揚，是下屬與上

司打好關係的「潤滑劑」。

　　讚美上司的時候，你可以抓住上司意見中的某一處你所認同的地方，並大加肯定和讚賞。含而不露地讚美上司，會增加你與上司的感情，縮短你與上司的距離。

　　上司是球隊的「隊長」，常常得到大家的鼓勵和喝采。然而，有的人雖然稱讚上司一向很「積極」，卻不注意方式，不僅上司不喜歡聽、不敢接受，就連其他同事們聽了也很反感，不僅沒收到好效果，反而還得罪了同事們。那麼，怎樣做才能含而不露呢？幽默的讚美方式無疑是一個很好的辦法。

　　讚美上司時，要選擇上司的愛好或得意之處，比如書法、車技、酒量、歌喉、舞技、廚藝等。澳大利亞心理學家貝維爾說過：「你想讚美一個人，而又找不到他有什麼值得讚美之處，那你大可讚美他人或和他有關的一些事物。」而這就需要你多花一些時間關注上司周圍的人，包括他的親屬、同學以及能夠對他產生影響的人。

　　總之，讚美上司不僅要將話送到他耳朵裡，更要送到他心坎裡。讚美要有的放矢，「撓到癢處」。所以，在溢美之詞出口之前，應該確定它「言之有物」，是「有感而發」，否則只會落個弄巧成拙。同時，當讚美有矢有的了以後，再適當地加上點幽默的元素，那麼讚美之詞自然就會達到很好的效果。

## 對同事幽默是種禮貌

　　同事是自己工作上的夥伴，與同事相處得如何，直接關係到能否把工作做好。同事之間關係融洽，能使人們心情愉快，有利於工作的順利進行；同事之間關係緊張，經常互相攻擊、發生矛盾，就會影響正常的工作，阻礙事業的發展。

　　幽默的力量能幫助你在工作中與同事建立融洽的關係。與同事

分享快樂，你就能成為一個被同事喜歡和信賴的人，他們也會願意幫助你實現工作目標。甚至當你和同事的志趣並不相同時，快樂和笑的分享也能令同事感受到心靈的默契。

俗話說：「人無完人」。同事身上難免有不一而足的毛病，這很正常，就像在你自己身上也有一些毛病一樣。在現代職場上，你不能對自己的同事要求得過於完美，因為大家畢竟都是凡人，不可能沒有缺點。如果你在同事身上看到有陽光的一面，那在他身上必然會有陰暗的一面。相反地，如果你不幸看到同事身上的陰暗面，那也並不代表他們沒有陽光的一面。所以，對人要寬容一些，要學會接受期待與現實之間的落差。不過，還是有很多人只是看到同事身上的小缺點，反而對同事的優點視而不見。下面這種抓住同事的缺點進行諷刺挖苦的做法就要不得。

某公司的銷售部有個叫阿文的銷售員，他年輕時候長過很多青春痘，滿臉都是疤痕。一天，一個職員神祕兮兮地跟另一個職員說：「嘿，給你看張圖片，你猜是誰？」眾人擠過來一看，原來是一張橘子皮。「你拿阿文的照片幹麼？」其中一個人喊。大家爆笑，於是，「橘子皮先生」就成了阿文的綽號。

阿文本人感到十分委屈，惱火萬分。總經理實在看不過去，有一次更正道：「我知道大家最近都說阿文是『橘子皮』，但就算真像也不能這麼說啊，太不照顧同事的情緒了。我宣布，你們以後再說起他的長相時只可以說：阿文，咳咳！他長得很提神。」

真正具有幽默感的人能看到同事的優點，使自己對同事的行為保持樂觀積極的態度，而不是著眼於同事的錯誤和缺點。身處職場，我們應該敞開胸懷，去了解、接受同事的錯誤與缺陷，增進彼此的友誼。

某公司有一位愛喝酒的員工，經常會因喝酒太多而耽誤工作。他的同事在對他的評價中這樣寫道：「他這個人很誠實，忠於職守，而且『經常是清醒』的。

通常，無法正視同事優點的人，他在工作上也不會很順利。在職場上做一個對同事寬宏大量的人，即使你同事的身上有許多的缺點和毛病，畢竟這些缺點和毛病並不會對公司的利益和你個人的發展構成威脅。如果你善於體諒和寬容的話，那麼，你就會看到同事身上的優點比缺點多，你也就能與同事更好地相處，你的工作就會輕鬆得多。

　　公司是一個講究團隊合作精神的地方，你必須有全局意識。如果你遇事不夠寬容，那麼給人的感覺就是你是一個目光短淺和心胸狹窄的人。這種只看重眼前利益的人在現代職場上不會有什麼太大的作為。所以，在同事有缺點的時候，你不要尖酸刻薄地直接指出，而要採用一種幽默的方式，這樣既容易被人所接受，也是對他人的一種尊重和禮貌。

　　其實在工作中，同事之間發生爭執是難免的，有時還會鬧得不歡而散，甚至使雙方結下芥蒂。發生了衝突或爭吵之後，無論怎樣妥善地處理，總會在心理、感情上蒙上一層陰影，為日後的相處帶來障礙，所以，最好的辦法還是盡量避免衝突。

　　當對他人有意見的時候，你可以委婉表達出來，運用幽默的力量避免與同事「交惡」。

　　有一家公司的餐飲部伙食很差，收費卻很貴，職員們經常抱怨吃得不好，常常在背地裡責罵餐廳負責人。有一回，一位職員買了一份菜後嚷了起來。他用手指捏著一條魚的尾巴，從盤中提起來，向餐廳負責人喊道：「喂，你過來問問這條魚，牠的肉上哪兒去啦？」

　　當我們對同事所做的事情有不同意見時，我們可以以開玩笑的方式輕鬆、坦誠地進行表達，這樣既能使同事認識到他們的錯誤，又不至於傷害同事之間的感情。很多人常用這麼一句話來排解爭吵者之間的過激情緒：「有話好好說」。這是很有道理的。

　　據心理學家分析，措辭過於激烈、武斷是同事之間發生爭吵的

重要原因之一，因此，我們在對同事的某些做法感到不滿時，要善於克制自己，委婉地表達自己的意見，而不要用尖酸刻薄的語言對他人進行攻擊和侮辱。

其實，人與人相處，最重要的就是彼此之間的尊重和禮貌。作為團隊中的一員，我們或許更應該在與同事的相處中時刻保持一顆幽默的心，即使他人犯了錯，存在缺點，也不妨幽默一下，或許這樣能收到更好的效果。

## 用幽默的力量來管理

有人說，做職員容易做管理者難，管得鬆了效果不佳，管得嚴了又有反效果，看來要做一個好的管理者確實不太容易。我們在此給管理者提供一個對員工進行人性化管理的方法，那就是幽默的管理方法。

身處高位的企業負責人，在人們的心目中往往有一種高不可攀的印象，而有遠見的高層人士往往希望運用幽默的力量來改變他們在公眾之中的形象，改善大家對他所領導的公司的看法。而這種形象的樹立，就是建立在高層領導人借助幽默對下屬進行人性化管理的基礎上。

公司為了引導主管們實施人性化的管理，特別為主管們安排了有關「溝通」的教育訓練課程。

一個星期之後，有位主管在責備經常嚴重遲到的一個部屬時，一直在思考如何在批評他的時候又能保住他的面子。他把這個部屬找來，面帶笑容地對他說：「我知道你遲到絕對不是你的錯，全怪鬧鐘不好。所以，我打算訂製一個人性化的鬧鐘給你。」這個主管對部屬擠了擠眼睛，故作神秘地說：「你想不想聽聽它是怎麼人性化的？」下屬點點頭。「它先鬧鈴，你醒不過來，它就鳴笛，再不醒，它就敲鑼，再不醒，就發出爆炸聲，然後對你噴水。如果這些

都叫不醒你，它就會自動打電話給我幫你請假。」

上級在對下屬進行管理的過程中，批評與責備有時是必需的，也是不可缺少的。然而，一貫的指責和批評很難使自己的下屬俯首稱臣，也難以取得好的管理效果。有鑑於此，如果在管理中採用夾帶著濃厚幽默語氣的人性化批評，透過滿面的笑容來進行管理，那就沖淡了批評與責備的意味，在說者無意、聽者有心的情況下，保全了對方的自尊，也達到了管理的目的。

有一位年輕人，他任職公司的經理對下屬非常嚴厲，公司員工都叫他「雷公」。有一天，年輕人從外面回來，看到經理的位子是空的，以為他不在，就問同事說：「『雷公』不在嗎？」說完他才發現屏風另一邊，經理正與客戶談生意。他坐立不安，以為大禍臨頭。客戶走後，經理來到了他身邊，他正想對經理道歉，沒想到經理微笑道：「我們的雷公並不一定是在夏天才會響的。」

經理透過幽默改變了在員工心中的形象。後來，經理改變以前嚴厲的管理風格，嘗試使用帶有幽默感的人性化管理方法並取得了良好的效果。

作為領導者，當你運用幽默的力量去管理下屬時，你會發現不僅更容易將責任託付給他人，而且能更自由地發揮創意的進取精神。幽默能改善領導的將來，因為你的屬下或同事會認同你，感謝你坦誠相待的品格以及分享笑聲、輕鬆面對自己的能力。

美國前總統柯立芝有一位漂亮的女秘書，人雖長得不錯，但工作中卻常粗心出錯。一天早晨，柯立芝看見秘書走進辦公室，便對她說：「今天妳穿的這身衣服真漂亮，正適合妳這樣年輕漂亮的小姐。」這幾句話出自柯立芝口中，簡直讓秘書受寵若驚。柯立芝接著說：「但也不要驕傲，我相信妳的公文處理也能和妳一樣漂亮的。」

果然從那天起，女秘書在公文處理上就很少出錯了。後來，一位朋友知道了這件事，就問柯立芝：「這個方法很妙，你是怎麼想

出來的？」柯立芝得意洋洋地說：「這很簡單，你看見過理髮師給人刮鬍子嗎？要先給人塗肥皂水，為什麼呢？就是為了刮起來使人不痛。」

對下屬進行人性化的管理，你將會受益無窮。那麼，怎樣才能成為一個幽默的管理者呢？下面有幾點建議。

首先，要做出正確的判斷，別在不適合的場合和對象面前說不適合的笑話。如果你在會議當中或在電話中跟人對話，那你要特別注意對話的整體氣氛，然後根據當時的形勢應對。幽默感可以緩和氣氛，但最好還是待其他人先開口打破僵局。要記住，以自己為主角的笑話通常都是最安全也是最具幽默感的。

其次，你還需要明白的是，平等從容才能幽默。聰明透澈才能幽默，裝腔作勢難以幽默，遲鈍拙笨也難以幽默，多一點幽默並不僅僅是為了一笑，而是為了使語言更加豐富、更富於美感。

最後，你還要了解你自己，弄清楚自己是否是一個具有幽默稟賦並能靈活運用的人。如果不了解這一點，只是憑自己的興致，不分場合地去說一些你自己認為是十分有趣的笑話或是幽默，是不會收到良好效果的。如果你的幽默與當時的形勢以及場合極不協調，那麼對於你的那種自以為是的幽默或笑話，周圍的人可能會不屑一顧，在很多時候往往還會引起別人的反感，甚至會被人視為是對自己的侮辱而遭到反對。

幽默的人一般都心懷善意，他們想做的只不過是要多給人增加一份快樂而已。但無論如何，幽默也有傷人的可能，其界限是很難區分的。所以，必須隨時記住這一點，要小心翼翼不能踏錯一步，否則將得不償失。

幽默的人讓人喜歡，幽默的經理人比古板嚴肅的經理人更容易跟下屬打成一片。有經驗的經理人都知道，要使身邊的下屬能夠和自己齊心合作，就有必要透過幽默使自己的形象人性化。然而，任何事都要有個尺度。當你在幽默時，也一定要把握住幽默的限度，

領會其必需的技巧。

對於每個職場中人來說，只要學會正確地運用幽默這種精神調節劑，因時因勢、因地制宜地幽默一下，就能使幽默真正發揮其應有的效果，幽默就會成為你在社交場合中得力的工具。

總之，幽默是一種優美、健康的品質，恰到好處的幽默更是智慧的展現。當你掌握了幽默這門談話藝術，你會發現與下屬交往不再是一件困難的事情。

# 第六章

# 情場幽默，
# 你的情感潤滑劑

日本幽默家秋田實認為，幽默是愛情的催化劑。美好的愛情往往是可遇不可求的，因此，我們要善於運用幽默，抓住身邊的每個機會，在心有所屬的時候，用幽默的語言表達出我們內心熱烈的愛戀。

## 用幽默留住一見鍾情

現實中，面對漂亮的女孩子，有許多男孩子不敢嘗試，擔心會遭到對方的拒絕。而事實上，幾乎所有的女孩都以被眾多的男士追求而感到驕傲和自豪。所以，以一顆幽默的平常心，走向心儀的女孩，勇敢地與中意的小姐攀談，勇敢地把握相愛的機遇，你就可能收穫愛情的甜蜜。我們來看看法國著名領袖戴高樂將軍是怎麼做的。

在1920年巴黎的一次舞會上，上尉戴高樂邀請汪杜洛小姐跳舞時說：「我有幸認識妳，小姐，我非常榮幸，是一種莫名其妙的榮幸……」而汪杜洛則說：「上尉先生，我不知道還有什麼比您的話更動聽，比此刻的時光更美麗的事物了……」

他們一邊跳著舞，一邊傾訴著。當跳完第六支舞曲時，已經山盟海誓，定下終生了。

這閃電式的戀愛，的確是一見鍾情。戴高樂將軍的成功除了他本身所具有的魅力外，還在於他對汪杜洛小姐發自內心的真誠的讚美。他那句「是一種莫名其妙的榮幸」也帶有一絲淡淡的幽默味道。

那麼，當你在面臨類似的情勢下，該如何具體地運用幽默呢？

首先一點是要有勇氣。你不能被漂亮女孩的傲氣嚇得手足無措，要盡量保持一顆平常心，把她看作是一個很隨和的人，走近她和她搭話。

最後，盡可能地利用一切可見的情景、可捕捉到的任何線索幽默一下，跟她開玩笑。俗話說：「笑了，事情就好辦了。」如果她肯露出燦爛的笑容，那下一步就容易了。

一位男生看上了新聞系一位漂亮的女孩，但卻不知道她的名字，也一直苦惱沒有機會與她搭訕和接觸。

有一次，機會終於來了，他看見那位女孩獨自走進牛肉麵館，他便毫不遲疑地跟進去。

那女孩納悶地抬頭看著他，說：「我叫義大利麵啊！」

男生紅著臉「噢」了一聲，改口道：「那麼，我也給自己起個麵名吧，我就叫加州牛肉麵。」

女孩冷漠的臉上立刻露出燦爛的笑容。後來，這位「義大利麵」果真成了「加州牛肉麵」的妻子。這就是幽默的奇異效果。

與女孩子第一次接觸時，許多男孩子最慣用的辦法是把預先設計的程序、語言拋出來。甚至有些男生提前準備一張紙條，見面之後塞給對方了事。

然而，這種辦法在多數情況下效果並不理想，因為我們根本就無法預知實際的情形，什麼樣的場合，在場的有哪些人，女孩的態度會是什麼樣子，說什麼話更合適等。而幽默的使用是不需要預先設定的，它總是敏感地捕捉現場資訊，產生幽默效果，逗得對方大笑。

初諳世事的女孩子總希望與有修養的優秀男孩相識、交往，但許多人連相識這一關都過不了。許多女孩切身感到，與男孩搭訕，說第一句話面臨的最大困難就是溝通。那麼，女孩子該怎樣用幽默的方式同「一見鍾情式」的戀人交談呢？來看看下面這個例子吧。

莉娜是個樸素熱情，富於幻想，熱愛自然的小姐。當她第一眼看到約翰後就立即愛上了他，並大膽幽默地向他表白：「你在我的夢裡出現過，我知道，你是上帝派到我這裡來的，這雖不可捉摸，我卻已經感到親切，你會成為我終生的保護者嗎？」

莉娜對約翰真可謂是「一見鍾情」。但通常情況下，「一見鍾情」的愛戀，是由愛戀雙方的直覺感官產生的，是由對方的形象、印象決定的，如外貌、風度、言談舉止等，這些因素使男女雙方的「鍾情」往往產生於「一見」之際。

在一次社交聚會中，一位男士對坐在對面的女士產生了好感，

為了引起她的注意，他說：「見到妳很高興，妳丈夫怎麼沒來？」

「對不起，我還沒有出嫁。」

「明白了，妳丈夫是個光棍。」

這位女士先是被男士問得十分尷尬，但馬上被男士的話逗得臉上有了笑容。男士帶有冒犯性質的問話沒有惹惱女士，女士從男士的答話中體會到他的幽默氣質。後來，他們真的成了一對情侶。

除了語言，情書也足以讓戀人心神蕩漾。所以，一些年輕人不願面對面地用語言表達愛情，而更願借助於情書。因為情書可以字斟句酌，細細思量，當語言表達不到位時，還可以摘引別人的詩句。由於情書中僅是些修飾的文辭語句，愛情在情書中被刻意地裝飾或肆意地誇張，因而文字情書比口頭語言表達更能給情人帶來無限的想像空間，更能打動對方的心。而傳遞情書的方式一定要可靠，要確定情書一定能到達情人的手裡，否則雙方將會很尷尬。

一位男生苦追一位漂亮的女生。他寫了一封含情脈脈的情書，託女生的弟弟轉交。第二天，那位男生問小弟：「你把我的信交給你姐姐了嗎？」

「呀，昨天我姐姐不在家，我就交給爸爸了！」

「啊？交給你爸爸了？那你爸爸是怎麼說的？」

「我爸爸看了很生氣，說你不念書，很無聊，要我把信退給你。」

「那信呢？」

「信？我昨天拿去還給你，可是你不在，所以我就交給你爸爸了。」

再來看另一則幽默：

一個男孩一邊給女朋友寫情書，一邊又給父母寫信要錢，沒想到粗心大意裝錯了信封。結果，女朋友收到的信是：「親愛的爸媽，我最近交了女朋友，那女孩花錢太狠，所以我的錢總是不夠用，下次要多寄500元。」

**134**

而他爸媽收到的信是：「我的心肝，我的生命，我一切的一切。我愛妳，不管我家裡怎麼反對，我都要一輩子愛妳！」

雖說這個男孩的情書裝錯了信封，會造成一些誤解，但你不得不讚賞他的本來用意，文字中透出的幽默的確會讓他的心上人怦然心動，芳心大開。

在你的求愛中加入點幽默，相信它能讓你的「一見鍾情」變成真正的「情定終生」。

## 幽默為你贏得好感

製造好感是求愛的準備工作。給對方留下好感的方式有很多種，而幽默法則是其中最有趣又比較容易奏效的一種。

人都樂於跟幽默者相處。而尋找配偶是尋找一輩子的伴侶，更不能找一個乏味呆板的人。

所以，我們見到有相當比例的徵婚啟事所要求對方的條件都是「有幽默感」。聽說有一位男子把「很有幽默感」寫進自介的欄目之中，結果引來許多小姐應徵。

如果你看中了一個小姐或男士，最好以幽默風趣的談吐與之接近，這樣既使你顯得開朗活潑，又使兩人的交往能夠順利、輕鬆地展開。反之，如果板著面孔或者畏首畏尾，就不易得到對方的好感，交往也難以進行。

長篇小說《圍城》中的方鴻漸就很擅長說幽默俏皮的話。當他第一次見到唐曉芙時，就喜歡上了她，於是馬上展開幽默攻勢，想給唐曉芙留下好感。書中寫道：

方鴻漸立刻想在她心中留個好印象。唐小姐尊稱他為「同學老前輩」，他抗議道：「這可不成！你叫我『前輩』，我已經覺得像史前猿人的遺骸了。妳何必又加上『老』字？我們不幸生得太早，沒福氣跟妳同時同學，這是恨事。妳再叫我『前輩』，就是有意提

醒我是老大過時的人，太殘忍！」

　　方鴻漸這一番借題發揮，完全是賣弄口才，試圖引起唐小姐的注意。後來聽說唐小姐在大學學的是政治，方鴻漸馬上又就政治與女人的關係大發言論，雖然說得有些荒唐，但也新奇風趣。初次見面，方鴻漸在唐小姐的心裡樹立了一個幽默的形象，第一炮算是打響了。第二次見面，方鴻漸便邀唐小姐和蘇小姐第二天去飯館吃飯。唐小姐躊躇不決，方鴻漸便以幽默的語言說服她：「別客氣，我求你明天來。我想去吃，對自己沒有好藉口，借你們二位的名義，自己享受一下，你就體貼下情，答應罷了。」

　　唐小姐一笑，也就答應了。

　　在餐館見面那天，蘇小姐沒來。唐小姐說：「我也差點不來，給你打電話沒打通。」方鴻漸風趣地說：「我感謝電話公司，希望它生意發達，電線忙得這種臨時變卦的電話都打不通。」

　　後來方鴻漸與唐小姐來往密切，經常約會、通信，方鴻漸給唐小姐的信也是風趣的，如：「這封信要寄給妳了，還想寫幾句話。可是妳看紙上全寫滿了，只留這一方，剛擠得進我心裡那一句話，它還怕羞不敢見妳的面呢。」

　　你可能會問，既然幽默能助戀愛成功，方鴻漸又這麼幽默，何以後來方鴻漸追求唐小姐最終以慘敗告終呢？

　　其實，方鴻漸戀愛失敗，不是因為他太幽默，而是他幽默得不徹底。隨著兩人交往的深入，方鴻漸的愛情不斷升溫，終於被愛情沖昏了頭腦，失去了幽默從容的風度。你看他在赴約之前那種高度緊張和不自信的精神狀態：「他這兩天有了意中人後，對自己外表上的缺點，知道得非常得詳盡，彷彿只有一套出客衣服的窮人知道上面每一個斑漬和補丁」。他頻繁地照鏡子，換了三次領帶，本來臉色照常，可自己以為特別難看。他對自己信心不足，而緊張、拘束、不自信正是幽默之大忌。在關鍵時刻，方鴻漸更是沒了幽默精神。由於蘇小姐的搗亂，唐小姐對方鴻漸有了誤會，對方鴻漸一

通尖刻的奚落。這使方鴻漸沒有絲毫的自救之力，他陷入痛苦、虛弱、被動的境地不能自拔，這都是由於拘謹和不自信造成的。

如果他幽默一些，在關鍵時刻精神上不退縮下來，就完全有機會澄清誤會，與唐小姐重歸於好。不過，這樣《圍城》就不是現在的這個模樣了。

這裡，我們暫且不論文學作品的結局怎樣。在《圍城》中，主人翁的幽默風趣以及因此而給那些與他接觸的女士所帶來的好感是顯而易見的。由此可見，幽默正是好感的泉源。

男女之間的戀情是從男女之間的交往開始的，這種交往不僅是正常的，而且是必要的。拘謹、畏縮會妨礙彼此的交往；過分熱情、隨便，又顯得輕浮、不莊重，同樣是不可取的。那麼，怎樣才算是正確的異性交往呢？

首先，要注意交往的方式。或聰明善良，或樂觀大度，或穩重幹練，或幽默健談。

一個年輕人寫了一封信：「親愛的米拉，我愛你，而且希望你嫁給我！如果你同意，你就回答我。如果你不同意，就連這封信也不用拆開。」

這樣一個風趣幽默的人，怎能不備受女性的青睞呢？

其次，要把握交往的尺度。對方約你一起參加某項活動，如看電影、觀畫展、逛書市，這是正常的公開場合的兩性交往，完全可以大大方方地赴約。女孩子應端莊、坦誠、不使對方產生誤解和非分之想。男孩子要沉穩、莊重、尊重對方，否則就會破壞你在對方心中的美好形象，從而讓好感盡失。但是，男女之間總是充滿神祕感的，雙方之間也總是充滿了誘惑。這時候，可以用幽默的方式來化解因誘惑而引起的尷尬。

在某航空俱樂部的集會上，一位漂亮的空姐身著晚裝，胸部半裸，頸上繫著的金色小飛機飾品剛好垂在胸部。一位青年空軍軍官很靦腆，當他看到女孩子白皙、豐滿的胸部時，便害羞地低下

頭。這時，這位魅力誘人的女孩子溫柔沉靜地問他說：「啊，您喜歡這個飛機嗎？」空軍軍官的話在不經意間脫口而出，話聲雖低但很清楚：「小飛機非常漂亮，可更漂亮的是……」漂亮的女孩子看了看飛機飾品。這時，空軍軍官最後鼓起勇氣說：「更漂亮的是機場……」頓時，女孩子開心地笑了。

這句話使漂亮的空姐感到意外。因為青年軍官並沒有俗不可耐地說：「漂亮的是你的胸部。」而是暗示她說「更漂亮的是機場……」幽默使他們彼此產生了好感，相互之間被深深地吸引了，譜成了一段浪漫愛情。

一個男子和女友交往了很長一段時間，他一直請求女友嫁給他，但是女友還想多過幾年單身生活，所以遲遲不肯答應。

就在女友生日這天，男子拿了一束花對女友說：「今天妳無論如何都要答應嫁給我。」

女友被逼急了只好說：「好吧！如果你猜到我想什麼，我就嫁給你。」

她心想，無論對方講什麼她只要否認就好了。沒想到男子說的話讓她無法反駁，最後只好答應嫁了。

男子說什麼呢？

男子說：「妳不想嫁給我對不對？」

如果女孩說對，那麼男子的答案就正確了。如果女孩說錯，不就是想嫁給他了嗎？

所以說，學會幽默，實在是很重要的。不僅可以贏得他人的好感，更能讓自己在他人心中留下深刻的印象。在日常生活中，我們要多培養自己的幽默細胞，讓自己成為散發幽默魅力的達人。

## 跟女性表達幽默要含蓄

如何向自己心愛的人表達愛意是一件有技巧的事情。太直接

的表白往往讓人感覺突兀和尷尬，一旦被人拒絕也會比較難堪，因此，含蓄、委婉地表達愛意是一個很好的選擇。下面就是幾種運用幽默間接表達愛意的方法，或許能夠給你一些啟發。

## 創造條件，將主動權交給對方

　　小丁和小玲是大學同班同學，彼此對對方的印象都很好。小丁很喜歡小玲，但不知道她對自己僅是同學之情還是有同樣的想法。

　　於是，小丁邀請小玲出來散步，他們雖然做同學已經三年了，但單獨出來還是第一回，更沒有進入過男女戀愛時的親暱狀態。

　　兩人走了好長一段時間，小玲有點累了，他們便來到一棵樹下。小玲靠在樹上靜靜地瞅著小丁，小丁很不自在地低下了頭。不遠處，有對男女正親密地交談。小玲朝那邊望望，又幽怨地看看小丁。小丁看看小玲，再瞧瞧那邊，心咚咚地跳。

　　小丁說：「我給妳講個故事吧。」

　　「好啊！」小玲微微一笑。

　　小丁說：「有這麼一個母親，對她那處在熱戀中的女兒說，妳跟男人約會時千萬別衝動！妳得先冷靜地觀察一下，假如那男人舉止輕薄，那就得趕緊離開他。不過在剛開始的時候，也不妨試試，假裝想要跟他親熱。要是那男的舉動笨拙、侷促不安，那妳就嫁給他！因為這是過一輩子的男人，以後什麼都會聽妳的。」

　　講到這兒，小丁停了停看了小玲一下，繼續說：「我們來試驗一次怎麼樣？我裝著要擁抱妳的樣子，等我靠近妳，妳就趕緊躲開。」

　　小玲聽了，不吭聲。小丁說：「妳不要怕，我不會真的擁抱妳的，只是做做樣子。而你反應要快，這樣要是以後妳跟別的男人約會，就有心理準備了。」

　　小玲有些生氣地看著小丁。

　　小丁說：「準備好，我喊『開始』就伸出手來裝著要擁抱你，

你趕緊躲開。好了，準備，開始。」小丁伸出了他的雙臂。而在他的手臂要碰到小玲時，小玲卻並沒有躲開，反而是撲進了他的懷裡。

感情發展到一定階段，要從朋友變成情人，對於年輕人的智慧就是一個考驗了。這是個令無數年輕人感到棘手的問題。如果感情判斷不正確，還沒有發展到很親密的程度，冒冒失失要去擁抱女孩子，則可能給女孩子以輕浮、不尊重她的感覺，甚至有可能導致發展中的感情告吹。如果不主動的話，也許感情就永遠不能向前，而錯失了一段好姻緣。如果能夠創造條件，把主動權交給女方的話，問題就好辦多了。小丁就是這樣一位聰明的年輕人。本來他是很被動的，但他利用一個故事和以前的友情，表面上看來似乎是以哥哥的身分教導小玲，實質是把選擇的難題交給了小玲。結果，如願以償，喜不自勝。

## 暢想未來

談情說愛不僅要敢於突破表白之難，而且要善於表露心意，溝通感情。這裡並沒有什麼一定之規，一切要看具體情況。水到渠成時，可以坦露情懷；尚在捉摸不定時，需要有的放矢。但不論哪種情況，最好都要委婉含蓄，曲徑通幽，語言富有情趣和美感。切忌文不對題，直露淺薄，或是唯唯諾諾，奴性十足。當然，也不要誇誇其談，華而不實。尤其是東方女孩子更適合婉言求愛，妙語傳情。

我們來看一個電影中的例子。《歸心似箭》中，玉貞愛上了魏得勝。她沒有表示過分的親暱和明說：「我愛你，我離不開你。」而是藉著魏得勝為她挑水，向她道謝的機會，順水推舟，隱含愛意。

魏說：「要不是妳，我早餵給熊瞎子了。這恩情可是我沒法報答的！」

玉說：「哎喲，我可就等著你這句話啦。你這個人嘴還怪甜的！那你就一天給我挑兩趟水。」

魏回答道：「那容易，我就一天給妳挑兩趟水。」

玉說：「挑到兒子娶媳婦，挑到我閨女出門子，給我挑一輩子！」

魏問：「挑一輩子？」

玉貞含羞帶笑地說：「挑一輩子！」

這段對話，樸實平常，像是閒談，又像是開玩笑，但它生動而含蓄地傳達了兩個人之間的愛戀之情，也符合兩個人的身分、關係和他們所處的環境、所做的事情。

## 借物抒情

戀愛中的青年男女，雖已是兩情相悅，但都悶在心中，總不太好意思直接戳破那層紙，總是委婉地表露自己的心曲，且看寶玉是怎樣戳破這層紙的。

《紅樓夢》中，寶玉正在石頭上看《會真記》，正碰上黛玉來葬花。黛玉便要過《會真記》看起來，待黛玉看完後，寶玉笑道：「我就是個『多愁多病身』，妳就是那『傾城傾國貌』。」黛玉聽了，微腮帶怒，薄面含嗔，指著寶玉道：「你這該死的胡說，好好地把這淫詞豔曲弄了來，還學了這些混話來欺負我。我告訴舅舅、舅母去。」

寶玉此刻巧妙地運用了「借物抒情法」，以《會真記》中張生和崔鶯鶯的愛情故事來暗示自己和黛玉之間的關係。借風行船，委婉地表達了自己的心意，既大膽又含蓄。同時，又以玩笑的形式沖淡尷尬的氣氛。黛玉的生氣也在情理當中，作為封建社會正統的女孩子，寶玉以「淫詞豔曲」來「欺負」自己，不生氣就會使自己顯得輕薄。同時，黛玉對寶玉把愛情這樣嚴肅的事情以玩笑的形式說出，也多少有點生氣。但這生氣是甜蜜的生氣，結果寶玉一求饒，

黛玉便「咳」的一聲笑了。

## 巧言贈送有特別意義的禮物

下面就是一個巧言送禮來表達愛意的例子。

「真的想安定下來了。漂泊了那麼久，想有個溫暖的家的感覺。」他裝作不經意地又說了一次。

「你說過啦。」她的目光仍停留在雜誌上，一如往昔溫柔卻平淡地說。

「不知道為什麼。」他有點靦腆地玩著手上的東西又說，「最近老跑珠寶店，結果昨天一看到這枚戒指就很喜歡。買了之後，卻不知道誰才適合戴它，妳要不要試試看？」

她拿起戒指，戴在了手上。

「正合適，其實，我就是給妳買的。」他立即溫存地回應她。

以上這些都是含蓄表達愛意的妙法。學會了這些，對於俘獲妻子的芳心也就不是大問題了。為了獲得心儀之人的好感，趕快用幽默武裝自己吧。

# 用幽默打開她的心扉

如果有一天，你「夢裡尋她千百度」的夢中情人，突然出現在「燈火闌珊處」的那一方，你該怎麼辦？

當你走在一條幽靜的小路上或在同學的聚會中，突然看見一位似曾相識的女孩子，她亭亭玉立，氣質非凡，正是你一直尋尋覓覓的「她」，這個時候，你該怎麼辦？是勇往直前還是自卑地退縮？對於男孩子來說，要想獲得幸福，就要以一顆熱情的心，幽默的語言，勇敢地去追求你中意的小姐，把握住屬於你們的緣分。

電影《阿飛正傳》中就有一段很有創意的幽默情話。

在一個慵懶的下午，阿飛對著蘇立珍說：「看看我的錶，就一

分鐘。16日，4月16日。1960年4月16日下午3點之前的一分鐘你和我在一起，因為你我會記住這一分鐘。從現在開始，我們就是一分鐘的朋友，這是事實，你改變不了，因為已經過去了。我明天會再來。」

這段浪漫又幽默的情話，相信沒有幾個人可以抵擋得住。下面就是蘇立珍的內心獨白：「我不知道他有沒有因為我而記住那一分鐘，但我一直都記住這個人。之後他真的每天都來，我們就從一分鐘的朋友變成兩分鐘的朋友，沒多久，我們每天至少見一小時。」

這些雖然是電影裡虛構的情節，但現實生活中也有這樣的故事。有一個男孩就是用這種新穎的讚美方式吸引了自己的「白雪公主」並娶其為妻。妻子幸福地訴說著他們浪漫的愛情：

「當我在銀行當出納員時，一個帥氣的年輕人幾乎每天都要到我的櫃檯來。他不是存款就是取款。直到有一天，他把一張紙條連同銀行存摺一起交給我時，我才明白他是為了我才這麼做的。『親愛的婕：我一直儲蓄著這個想法，期望能得到利息。如果週五有空，妳能把自己存在電影院裡我旁邊的那個座位上嗎？我把妳可能已另有約會的猜測記在帳本上了。如果真是這樣，我將取出我的要求，把它安排在星期六。不論利息如何，妳的陪伴始終是十分愉快的。我想妳不會認為這要求太過分吧。以後來同妳核對。真誠的傑。』我無法抵抗這誘人、新穎的求愛方式。」

所以說，只要你肯揚長避短，在與對方的交往中，在言辭上花一些工夫，以幽默風趣的談吐製造出活潑寬鬆的交際氛圍，不知不覺中你就會獲得對方的青睞。可以這麼說，如果愛情中沒有幽默和笑，那麼愛還有什麼意義呢？甚至有人說，愛就是從幽默開始。

事實上，情書的作用就是用來表達內心的真摯情意，讓對方看了能滿心歡喜或感動不已，所以必須寫得深情款款，才能打動對方的心弦、贏得芳心。情書也是一種極為強烈的「印象裝飾」，因它企圖透過優美的文辭和修飾過的語句來抒發情感並打動對方的心。

幽默的求愛和求婚方式似乎更有魅力，更富於使人心動的浪漫情趣。

要知道，靠文字情書表達給情人帶來更多的幻想空間。因為文字情書能表達嘴巴不好意思說或說不出口的愛意。求愛時，寫情書好比投石問路，試探對方對自己究竟有沒有「那種意思」，如果過於莊重嚴肅，一旦遭到回絕，情感上就會難以承受，陷入痛苦之中。如果恰當地運用幽默的技巧，以豁達的器度對待戀愛問題，即使得不到愛，也不至於懊悔，同時也避免了自尊心受到創傷。

再來看下面這封同樣堪稱經典的頗具幽默智慧的情書。

富蘭克林1774年喪偶，1780年在巴黎居住時，向他的鄰居──一位迷人而富有教養的富孀艾爾維斯太太求婚。

富蘭克林在情書中說，他見到了自己過世的太太和艾爾維斯太太的亡夫在陰間結了婚。接下來，他繼續寫道：「我們來替自己報仇雪恨。」

這封情書被人們譽為文學的傑作、幽默的精品。男女青年談戀愛最厭倦靜如止水，波瀾不驚，最喜歡「風乍起，吹皺一池春水」的氛圍。的確，生活需要色彩裝扮，浪漫需要妙語營造。如果你肯費心思，運用幽默巧妙地表達你的愛，一定會取得異乎尋常的效果。

在戀愛方面，常常有人因為不知道如何求愛。或因方法不當，或因言語不得體，使對方產生誤解，甚至厭惡反感，結果造成「不成情人成仇人」，把本應是一件美好的事情變成一件非常糟糕的事情。要想獲得對方的好感，並進一步轉化為愛情，首先要有一顆真誠的心和誠摯的情趣，更需要機智與幽默的表達。

真愛是可遇而不可求的，愛的表達是需要一些技巧的，需要花費心思，考慮怎樣獲得對方的好感與信任，再考慮怎樣將好感巧妙地轉化為愛情，而不是一味地死纏硬磨，使人厭惡。

總之，製造好感是求愛的準備工作，運用新奇的幽默方式向對

方求愛，則可以收到良好的效果。

## 用幽默助燃愛情之火

在現實生活中，你也許會發現這樣一個問題：為什麼有不少年輕人相貌堂堂，舉止文雅，也很有能力，更不乏英雄氣概，卻每每情場失意呢？關鍵就在於他們不善於幽默。他們或者寡言少語，或者饒舌不停，然而沒有一句話是機智幽默的。這使對方深感索然無味，話不投機。相反，富有幽默感的人談情說愛卻更容易成功。因此，男女約會時，雙方若能以幽默的口吻交談，就可使感情火速增長，順利步入愛情的殿堂。

馬克思在向燕妮求愛時，就恰當地運用了幽默的求愛技巧。

馬克思與燕妮早已相識相知，但一直沒有互相表白心跡。一天黃昏，他倆又相約於河畔的草坪上，馬克思決心向燕妮求婚。他對燕妮說：「燕妮，我想告訴妳，我愛上了一個人，準備向她求婚，但不知她是否同意？」

燕妮知道這個「她」就是自己，但仍然反問：「是嗎？那是誰？」馬克思說：「我這裡有一張她的照片，妳想看看嗎？」燕妮緊張地點了點頭，於是馬克思拿出一個精緻的木匣遞過去。燕妮接過來，雙手顫抖著打開。裡面沒有照片，只有一面鏡子，鏡子裡正好映照出燕妮已經羞紅了的臉龐。

兩人之間美好的愛情面紗就這樣巧妙地揭開了，燕妮幸福地接受了馬克思的求愛。從此，倆人卿卿我我，山盟海誓，如膠似漆。

馬克思所用的這種幽默求愛方式，在今天看來，其可效仿指數也是相當高的。你不妨也在求愛的時候運用這種方法，成本很低，只需要一面鏡子就可以。當她看到鏡子裡的自己，你可以看著她的眼睛說這樣一句話：「一個世紀前，馬克思就是用這種方式向他最愛的人燕妮求愛。今天，我效仿馬克思做同樣的事情，也希望能獲

得同樣的結果，希望我們能像馬克思和燕妮一樣恩恩愛愛，白頭偕老。」這樣一來，你覺得她還能不被你的浪漫和幽默感動嗎？

一直以來，愛情都是神聖而溫馨的話題。愛情不是苦苦追尋，不是強拉硬纏，而是心與心的交流，是情與情的互換。有的人一見鍾情，婚姻美滿；有的人「馬拉松式」拍拖，最終分道揚鑣。贏得知音，贏得愛情需要一顆真誠的心，一種誠摯的情，更需要機智與幽默的表達。

製造好感是求愛的準備工作，運用幽默可以形成良好的第一印象。1949年，當接近不惑之年的羅奈爾德‧雷根結識了28歲的南茜時，愛情之火在他心中燃起。他雖然面臨著電影事業上的困境，但他侃侃而談，最終以充滿熱情的幽默打開了南茜的芳心。從此，每當雷根談話，南茜總是凝視著他，全神貫注地傾聽著那富有趣味的妙語，愛情之藤，老而彌堅。

第一次見面給對方留下良好的印象很重要，但一般情況下，感情還是需要慢慢培養的，當感情發展迅速時，也可巧妙地運用幽默向對方求愛。要注意，求愛時不能操之過急，也不要過於慷慨激昂。

我們都知道，法國人是最懂浪漫的，下面我們就來領略一下法國人浪漫的求愛方式。

法國年輕人愛上了一位小姐。一天，他又來到小姐家，兩人在火爐邊烤火。突然他說道：「妳的火爐跟我媽媽的火爐一模一樣。」

「是嗎？」小姐漫不經心地應道。她還以為這是年輕人隨便說的一句話。

「妳覺得在我家的爐子上妳也能烘出同樣的碎肉餡餅嗎？」他幽默地問。

小姐愣了一下，隨即悟出了問話所含的意義。她羞澀地答道：「我可以去試試呀！」

146

一個普通的火爐，一種碎肉餡餅都被這個法國青年作為求愛的工具，與如此幽默風趣、含蓄委婉、浪漫機智的男青年在一起，小姐的幸福可想而知。

　　日本幽默家秋田實說過，幽默是愛情的催化劑，因為幽默的言談最易激發愛的溫柔。要讓男女之間的曖昧變成相互愛慕，讓好感變成愛情，那麼就需要借助幽默的力量，讓愛情的火焰升溫。

　　有了幽默的幫助，相信你能夠讓自己所愛的人感受到無比的幸福和快樂，順利取得求愛的成功。

## 在幽默中昇華情感

　　大家都知道愛情是自私的，有時處理不好就會使戀人的關係走向破裂。如果你吃戀人的醋，不妨用一種幽默的表達方式讓對方知道，這樣既能表達出你對他／她的愛意，又能不給你們的關係造成破壞，像下面這則幽默。

　　男人對女人表達：「妳是我的太陽……不！妳是我的手電筒！」

　　女人問：「怎麼？不是說太陽嗎？」

　　男人答：「不行，太陽普照所有的男人，我只希望妳照著我一個人。」

　　愛情是美好的，幽默更給它錦上添花。如果愛情表達死板，肯定會令人生厭。

　　年輕人向他的女友這樣表達愛慕之心：「親愛的，我真的愛妳。妳像天上的月亮一樣美麗，又像星星那樣可愛，還像太陽一樣給我帶來了光明和溫暖。我沒有妳，就像沒有空氣一樣，簡直無法生存。」他的女友忍不住打斷了他的話：「你是在談戀愛還是在給我上天文課！」

　　幽默，為戀愛生活增添了更多的情趣。戀人間的幽默調侃，

永遠是一種迷人的誘惑，誰能抵擋得住這種誘惑呢！如果你懂得在戀愛中運用些許幽默，你的愛情生活將會變得有滋有味。一般情況下，借題發揮往往能化解醋意。古代有這樣一個關於「吃醋」的典故。

在唐太宗李世民執政時，一天，太宗要賜宰相房玄齡一小妾，房玄齡的妻子堅決不同意。太宗大怒，賜她毒酒一杯，要她選擇：要嘛同意房玄齡納妾，要嘛喝毒酒而死。房玄齡的妻子毫不猶豫地接過毒酒一飲而盡，過了一會兒卻沒有發現一點兒中毒的跡象。最後才弄明白，其實太宗賜的乃是一壺陳醋。

從這個典故就可以看出，「吃醋」實際上是對自己所愛的人與其他異性交往的一種嫉妒和由此而引起的不滿。

一對戀人參加聚會，女孩子發現男朋友用愛慕的眼光不停地偷看身邊坐著的漂亮女郎，便對他小聲說道：「你和她說句話吧，不然別人會以為她是你的未婚妻呢！」

上面故事中的女孩運用的是一種鈍化了的攻擊，男人自然比較容易接受。女孩子話語不多，卻一下子就聰明幽默地把男朋友的失態指出來了。

巧用幽默，還能使醋意變得溫和、恬淡而富有情趣。

一位剛剛榮升某大企業總經理的男士，在辦完所有的交接手續後，和他的女友開車去野外蹓躂，放鬆心情。半路上他們到一個加油站加油。他說自己有些累了，想休息一會兒，就叫女友下去加油而自己留在車上。沒想到女友和加油站的老闆有說有笑，非常開心，而且臨走時還互相握手，這時他就心生醋意。等到加完油，女友回到車上。

「剛才妳和那個站長真是有說有笑啊！」他不高興地說。

「噢，他是我的高中同學，還有過一段感情！」女友回答說。

「妳呀，如果當初嫁給他，現在就只是加油站站長的女友，哪裡會是總經理的女友呢！」他有點吃醋地說。

「你要搞清楚，如果我當初選擇了他，現在當總經理的就不會是你，而是他了！」女友很認真地回答。

對於愛吃醋的一方，可以借用幽默避其鋒芒，拐彎抹角地將對方的醋意輕輕彈壓一下，而又不刺傷對方，同時也可以消解對方的妒意，維護雙方的愛情。女友有時打翻了醋罈子，即興展示自己的嫉妒，也能給愛情生活增添不少光彩。

一對戀人一起去參觀前衛美術展覽，當他們走到一幅僅以幾片樹葉遮掩著敏感部位的裸女油畫像前時，男友很長時間都不想離開。女友忍無可忍，狠狠地揪住男友吼道：「喂！你想站到秋天嗎？」

在日常生活中，我們隨時可以看到一些聰明的戀人是怎樣以開玩笑的方式來表達愛情的。一天，一女孩去男友那裡玩，在男友抽屜裡竟翻出好多張美女相片，女孩馬上就吃起醋來。男友扔之不忍，留之不行，靈機一動，就在每張相片背後寫上一句：「再美美不過我的女朋友。」女孩方才眉開眼笑。

其實，「醋意」人皆有之，不管是男人還是女人，從某種意義上講，沒有了醋意，也就沒有了愛情。醋吃得適量，不僅不會影響彼此的感情，還會讓彼此的感情得到昇華，但是「醋意」大到敏感、猜疑、神經質，以致影響到戀人之間情感的程度就不好了，醋吃得適量可以開胃，吃多了則會傷身。

在電梯裡只有三個人。一位男士目不轉睛地注視著一個美麗的長髮女郎，他的女友很不高興。突然，那個女郎轉過身來，給了這位男士一記耳光，說道：「我教訓你下次別偷捏女孩子！」當這對戀人走出電梯時，這位男士委屈地對女友說：「我並沒有捏她呀！」「我知道，」女友說，「不過，我捏了她。」

適當的時候，彼此之間經常開些小玩笑，可以豐富兩人的感情生活。但這位男士的女友實在是太過於有「幽默感」了，以至於讓自己的男友挨了別人的耳光。試想，如果男友的脾氣不好，兩個人

必然會發生矛盾。

可見，在戀愛中，一方雖然能夠透過幽默的方式借題發揮，化解對另一方的醋意，但是這種幽默也要把握分寸，不要給雙方之間的感情造成不良影響。用幽默點醒約會遲到的戀人一事，就是一個很好的例子。

一位年輕人提前半小時來到公園門口，但小姐卻遲到了45分鐘，年輕人看到她真是又愛又恨，說什麼好呢？見小姐從容不迫，一副心安理得的模樣，年輕人靈機一動，幽默地說道：「唉，人們都說一日不見，如隔三秋，可我對妳卻是一日不見，如隔千秋啊，如果妳再晚來10分鐘，我就變成老頭子了。」

約會本是男女雙方增進了解的探索性階段，也是戀愛季節裡最富有魅力的活動。當對方約會遲到時，來一兩段幽默的話語點醒對方是必要的。如果錯過一段真摯的愛情，會令人後悔不已的。

有這樣一個傳說：一位美麗高傲的小姐對向他求婚的青年說，必須在她的窗下等100天，才能答應他的求婚。青年在小姐的窗下整整等了99天，當小姐正準備下樓時，青年卻義無反顧地離開了。當人們向他問起這件事情的時候，他說：「99天代表我對小姐的癡情，最後一天的離去代表我作為一個男人的尊嚴。」

所以，我們也提醒經常在約會中遲到的戀人，一份真摯的愛情是難得的，遇到了自己真正愛的人就一定要珍惜。凡事都應該掌握好分寸，不要經常約會遲到，也不要拿戀愛之中的約會遲到來考驗對方對愛情的忠誠程度。而對另一方來說，則應該學會運用幽默的語言點醒遲到的一方。

在戀愛中，幽默是一種潤滑劑，它能讓情人間一些不好的言語或容易產生矛盾的事情在笑聲中得到解決。這樣久而久之，情人間的感情自然也就會得到昇華，愛情也會變得持久。

## 用幽默為你們製造浪漫

　　有這樣一個說法：對於一個有幽默感和兩條腿的人來說，如果不能兩全，最好失去一條腿。也許你不會這樣認為，但你可以從中看到幽默的重要性。

　　在婚姻中，我們都經歷過現實與期望背道而馳的時候。就算是最浪漫的一對伉儷，也有過他們最難熬的時期。這時，丈夫的幽默就是一種堅強。當「天空流淚的時候」，如果你還有笑的勇氣，相信你的妻子將無比地信任你、依賴你，並以你為榮。

　　幽默是婚姻生活的調味料，它有助於改善夫妻關係，化解矛盾，維持好心情。一個幽默感極強，又能適時運用幽默的丈夫，可以在婚姻中游刃有餘。生活中有很多時候，只要加點幽默，就能阻止心情變得更糟，而且能讓你們的婚姻生活永遠都充滿浪漫的元素。

　　丈夫為妻子買了輛新車，兩人準備一起去參加一個正式的典禮。這個夜晚可真是令他們終生難忘：新車開在路上既舒適又平穩，嶄新的車身和車內芳香的氣味簡直令他們陶醉。可是突然，妻子出現了嚴重的暈車反應，她還來不及叫丈夫把車停在路邊，就張口吐在了新車的座位上，連她那件昂貴的真絲晚禮服也未能倖免。

　　在這種情況下，丈夫也沒忘了他的幽默：「呀，親愛的，」他說，「要是妳不喜歡這輛車，妳就早點告訴我呀！」丈夫的幽默既緩解了妻子的尷尬，也阻止了懊惱情緒的產生。

　　他不但沒有發怒，還以這種方式安慰妻子。此時，幽默成了寬容和體貼，讓妻子很是感動。這樣一種豁達和機智的幽默，也讓一件本來可能使夫妻之間發生不愉快的事情變得浪漫，相信這樣的夫妻才能永遠保持對彼此的新鮮感和浪漫情懷。

　　在家庭生活中，當與妻子發生不愉快時，幽默也能幫你扭轉局

面，使你不失風度地擺脫窘境，盡顯好丈夫本色。

陳先生很怕老婆，一天晚上，他正與友人喝酒閒談，有感於「陰盛陽衰」的局面，歎道：「女人是水，男人是船，水能載舟，也能覆舟……」誰知，話沒說完，卻被推門而入的妻子聽到，妻子有些不高興，問他：「從結婚到現在，我讓你翻過幾次船？今天你得給我說清楚。」陳先生趕緊說：「我是潛水艇，經常在水下，雖然不能揚帆千里，但也不會翻船，倒可圖個天下太平。」一句話把大家都逗樂了。

幽默是化解矛盾的特效藥。當妻子因為一些小事生氣或心情不好時，丈夫一句幽默的話就能雲開見日，使雙方重新回到良好的氛圍中，避免冷戰。

有這樣一對夫妻，丈夫和妻子週末去郊遊，本來春光明媚的一天，沒想到卻狀況百出，不是忘了帶東西，就是路上出意外。妻子的好心情全沒了，情緒壞到了極點。回來的途中，她沉著一張臉，一語不發。

他們經過一家商店，丈夫對老闆說：「給我妻子來瓶可樂，我要一個冰袋，這是我一天中能握在手裡的最溫暖的東西了。」妻子聽他這麼說，「噗哧」一聲笑了，臉上緊繃的線條也緩和下來。到家時，她已經和丈夫有說有笑了。

夫妻之間偶爾會發生爭吵，如果不加以控制，就會白熱化。所以，理智的丈夫要把握好爭吵的節奏，在情況惡化之前加點幽默，你的幽默往往就會成為此次爭吵的結束語。如果非吵不可，不妨幽默地吵上兩句，既不傷彼此的感情，又能產生意想不到的效果。

妻子回家又晚了。丈夫站在門口，向她發起了脾氣：「妳幹什麼去了？怎麼晚了兩個小時？」

「我有什麼辦法？公司的電梯壞了，我在電梯裡足足站了一個多小時。」

丈夫生氣地說：「什麼？妳說妳在電梯裡站了一個多小時？妳

**152**

真是夠笨的，幹麼不坐著呢？」

在這樣的情況下，夫妻肯定都會會心一笑，家庭又回歸到了和諧的氛圍中。再看下面這個例子。

小馬又和妻子起了爭執，你一句，我一句，漸漸地就離題了，涉及的面越來越廣。突然，妻子生氣地說：「我真後悔，早知道這樣，我嫁給魔鬼也不嫁給你。」小馬誇張地說：「那不可能。妳難道不知道嗎？近親結婚是不允許的。」妻子先是一愣，接著露出哭笑不得的表情，指著丈夫的鼻子說：「你……」結果兩個人笑作一團。

幽默感給我們看待問題提供了另一種視角，作為丈夫，要能始終保持幽默，不要總是一副一本正經板著面孔的樣子。夫妻間需要浪漫，而幽默則是製造浪漫最好的肥料。

結婚紀念日那天，丈夫從辦公室打電話來告訴她說：「親愛的，我今晚要給妳驚喜，不過房子裡面的燈要全部熄滅才行。」妻子聽完興奮不已。

為了配合丈夫營造羅曼蒂克的氣氛，妻子做了精心的準備。到了晚上，丈夫主動熄滅了所有的燈光。接著，對妻子說：「妳看，我手上新買的這隻夜光錶多漂亮！」丈夫用了「驚喜」與「燈全部熄滅」這兩個曖昧的詞語，彷彿在對妻子進行暗示，但結果卻是要向妻子炫耀新買的夜光錶。丈夫在無意中幽了妻子一默，為妻子的熱情降了溫，經過這一波折之後，相信妻子的熱情會再度升溫，幽默的結果當然也是甜蜜蜜的，而不會讓妻子感到難堪。

故事中的丈夫是一個浪漫且幽默的人，正是他的幽默，讓夫妻間的生活變得如此多彩和充滿激情。

好丈夫應該具備一定的幽默感，使與妻子的關係充滿笑聲。它能緩解彼此之間的心理壓力，並提醒如何應付與妻子之間複雜的或不甚協調的關係。一個風趣幽默的丈夫，往往就是快樂的象徵，幽默不僅使男人魅力大增，還能給妻子和家人帶來立竿見影的快樂。

所以，別忘了給你的婚姻和生活加點幽默。

## 用幽默巧妙對待拒絕

有人說，幽默是把歡樂佈滿人們生活空間的高效酵母。幽默感可以洋溢於日常生活的每一個空間，而在戀愛這個領域，幽默大師們更是留下了五彩斑斕的幽默題材。這類幽默故事和材料本身就像一座開採不盡的礦藏，隨時挖取出來，稍作加工便可以美化、「樂化」生活，增添生活中的笑聲。

大家都知道，時常互相欺騙的戀人，他們的感情也不會太長久。一對男女如果互相欺騙，往往還會鬧出可怕的笑話，如果是下面這樣的一對戀人，雙方還是及早「鳴金收兵」為好。

「親愛的小彤，」年輕的明在信中寫道，「請原諒我打擾妳。由於熱戀，我的記性竟然變得如此糟糕。我現在一點兒也記不起來，當我昨天向妳求婚的時候，妳說的是行還是不行？」小彤很快回了信，信中說：「親愛的明，收到你的來信我真高興，我記得昨天我說的是行，但我實在想不起是對誰說的了，再一次吻你。」

顯然，故事中明對待愛情的輕浮和不認真的態度讓小彤拒絕了他，但小彤對待對方的這種態度卻並沒有發怒或者暗自傷心，而是用一種幽默的方式付之一笑。這種豁達正是我們面對愛情中的拒絕所應該持有的態度。

在這個到處充斥著「速食式」愛情的時代，戀人變心可能是很多年輕人經常遇到的問題。有些人不能承受戀人變心的打擊，可能會變得精神失常、報復社會，嚴重的甚至會自殺。那麼，面對戀人的變心，什麼樣的做法才是最理智的呢？我們不妨看看下面這個故事中，年輕人是怎樣對待變心的女友，他的辦法頗具匠心。

一位到國外出差的男人收到國內女朋友的絕交信，她說她有了新戀人，而且馬上要結婚了，請男人寄還她的照片。這個男人於是

從朋友那裡蒐集各式各樣的女人照片，統統裝入木箱，寄給見異思遷的女友。女友打開箱子後，發現裡面還有一張便條，上面寫道：「請挑出妳自己的照片，其餘的寄回來。」

其實，正如勞倫斯所說：「世俗生活最有價值的就是幽默感。作為世俗生活的一部分，愛情生活也需要幽默感。過分的激情或過度的嚴肅都是錯誤的，兩者都不能持久。」可見幽默是維持愛情溫度的熱碳。但是在情愛世界裡，總是難免分分合合，如果人生因為愛情的失敗就垂頭喪氣，那麼你也將因為已經失去的而失去更多。這時候的建議就是：不妨像前面故事中的年輕人一樣，幽默一下。

俗語說：「女追男，隔層紗；男追女，隔重山。」講的就是年輕人們在小姐們為求愛設置的重重障礙之中疲於奔命的境況，撲朔迷離，山重水複，過了一關又一關，可就是弄不清小姐們究竟在想些什麼，於是有人幽默地感歎「小姐心，海底針」，折磨得年輕人進退兩難。其實他們是沒有明白這樣一個道理，小姐的若即若離恰好是芳心已動的表現，如果絲毫沒感覺，她早義正詞嚴地將你拒之門外了。但是小姐們在面對求愛時往往或者閃爍其詞，或者婉言拒絕，這時你就需要動用機智幽默，打動她的芳心，讓她把拒絕收回去。來看一看下面這個故事吧。

公共汽車猛一個緊急剎車，小姐沒站穩，一頭撲進前方小伙子的懷中。看著這個清純美麗的小姐，小伙子情不自禁地抓起小姐的辮梢吻了一下，在眾多乘客驚訝的目光中，小姐羞紅了臉，隨口罵道：「德性！」小伙子急忙幽默地申辯：「不對，慣性！」小姐反唇相譏：「你一貫如此嗎？」

如果情節只發展到這裡，那就只是一個美麗的錯誤了，以下的內容是小姐一定要年輕人下車去派出所講個清楚。於是雙雙下車，站在路邊，小姐內心一陣慌亂。小伙子問：「妳說我有什麼錯？」「你的錯大的很呢，你吻一個素不相識的小姐的辮子，這不是流氓行為嗎？」小伙子回答：「誰讓妳長得這樣漂亮，讓我一看就喜歡

上妳了呢？」小姐沉默了。「再說，妳看我像一個流氓嗎？」小姐
又望了一眼這個的確一表人才的小伙子。

「我們還是別去派出所了吧，那多不好。」小伙子追問一句。
小姐呆呆地望著他，猶豫不決，「我看我們還是去公園吧？」小伙
子得寸進尺，小姐欲言又止，這時小伙子毫不猶豫地宣布：「計程
車，去公園。」二人雙雙上車，計程車一路飛轉。

一個多麼動人的有驚無險的馬路求愛，小伙子大膽的、反戈
一擊的幽默可謂發揮得淋漓盡致，認為親吻漂亮小姐的辮梢是理所
當然的。當然，他這反戈一擊的俏皮話是建立在高雅而不是輕浮的
基礎上，因為任何一個小姐都不會喜歡一個油腔滑調，喜好動手動
腳，總想佔小姐便宜的年輕人，所以，求愛的幽默語要講究點到為
止，簡明真誠。

要知道，女人的拒絕往往是捉摸不定的。所謂「假作真時真亦
假」，有時候她們的拒絕是真的拒絕，意味著彼此都不再有繼續的
可能了，那麼這時候你就要用幽默來調節自己的心態。而如果她們
的拒絕像上面故事中一樣，只是一種面子的表現，那麼你就應該看
透她們的心思，勇往直前。但是不管怎樣，幽默都是你對待她們拒
絕的很好方法。


## 犯錯時用幽默掩飾

有句歌詞說「相愛容易，相處難。」的確，情侶之間免不了會
有磨擦，當情人或夫妻間的一方做錯了事或誤了事的時候，難免要
做個解釋。此時，用簡短的幽默可代替自己一大段的解釋，也可以
避免對方一大串的埋怨。比如，有些事情雖然對自己不利，但如果
善於說話，就會因為一句話說得對而改變對方的看法，甚至使對方
依照你的意思去行動。

例如赴約的時候遲到了，對方已經等得不耐煩。一般情況下，

這會是一件對自己不利的事。如果你說：「有時等等別人也是很有意思的吧！」或是說：「因為在路上碰到某某要人和他談話，所以才來遲了。」這些話都會使對方更生氣。如果你換一種說法，情形就會不同了。「真對不起，我遲到了。他們總是故意為難我。司機慢慢開車，路上的行人擋著路，交通管制燈遇到我，硬要出紅燈。手錶的針卻走得那麼快，走捷徑又遇到馬路維修，真是連神仙都與我作對，為什麼不讓我長上翅膀呢？有了翅膀，想什麼時候飛來就飛來了。」

這樣和氣地、幽默地說著，必然會使對方怒氣頓消。

你還可以說：「對不起！等得很久了吧。」

「整整等了30分鐘了。」

「別生氣，我倒是等了20年才有緣認識你呀。」

這樣的幽默飽含深情的話語，也會使對方轉怒為喜。

我們說，只要熱愛生活，善於觀察生活，珍惜情人或夫妻間的感情，幽默便會像噴泉一樣不斷地湧出。請看下面一個丈夫的幽默。

丈夫又回來晚了，一進家門就看見妻子嚴厲的目光。他自知理虧，又感到很不好意思，就走到沙發前，逗小貓玩。

他剛低下頭，就聽妻子一聲叫喊：「喂，你和那頭笨豬在一起有什麼意思？」

丈夫明知在罵他，故作不知，笑著說：「這哪是豬，這是貓啊。」

妻子看也不看他一眼，朝小貓一招手：「親愛的，到我這裡來，剛才我是在跟你說話呢。」

從上面的故事中，我們不難看出妻子的聰明和幽默之處。不過，丈夫知道自己做錯了事情，他在面對妻子的幽默嘲諷時，所運用的「顧左右而言他」的糊塗幽默不是也很值得我們欣賞嗎？所以，當你明知道自己做錯事，不妨以幽默的方式和你的妻子一起

笑，笑對你的錯誤。

彼得結束了多年的單身漢生活，終於娶了妻子。他要帶妻子去外地度蜜月。

兩個人來到車站，彼得去買車票，習慣了一個人出門的他又只買了一張票。妻子拍了一下彼得的肩膀：「親愛的，你怎麼只買一張票啊？」

彼得一聽心頭一震，忙隨機應變：「妳看我，竟把自己給忘了！」

有時候，當你犯錯了的時候，也可以訴苦的方式來使對方心理平衡。

一對結婚十年的夫婦，因先生五年前的一次短暫婚外情，夫妻之間變得相敬如「冰」。兩個人都很痛苦，妻子難以忘記過去的傷痕，但他們又不願意離婚。

男人在道歉時說：「對不起，是我錯了。我的父親就不斷地有外遇，所以潛意識中我以為有外遇的人才是大丈夫。我覺得我從那件事發生後就像一隻老鼠，跑來跑去累個半死還是回到了原點，什麼也沒得到。」

一聽見有外遇的老公並不快樂，妻子破涕為笑了。

下面也是一個犯錯後幽默地化解對方怒氣的故事。

一天，妻子要外出辦事，匆忙中未把家中的菜飯準備好。等她回來時，已經很晚了。孩子放學後沒能吃上飯，已經餓著肚子趴在桌上睡著了。丈夫比她早一步到家，見家裡冷鍋冷灶，頓時火冒三丈，見她進門，生氣地罵道：「妳在家裡一點用都沒有，連火都看不住。」

妻子沒有火上澆油，反唇相譏，而是心平氣和地笑道：「你火什麼？火再大，也點不著爐子呀。」一句話使丈夫臉上的肌肉緩和了，但仍然怒氣未消地說：「妳呀，要是沒有我，怕是連什麼都吃到肚子裡了。」妻子說：「所以我才離不開你呀！」丈夫終於笑

了。矛盾就這樣化於無形中。

在家庭生活中，我們難免偶爾出現過失，這時候最好的辦法莫過於用幽默來化解。用幽默掩飾自己的過失不是逃避責任，而是幽默地求得他人諒解。

在夫妻生活中，一方犯錯誤而受到對方的指責是可以理解的，不能認為對方是在故意找碴。不過，夫妻之間的某些後果和並不嚴重的小過失也是可以原諒的。在這種情況下，有過失的一方可以借助幽默博得對方一笑，化解對方心中的不愉快，讓對方原諒自己。

一次，一對夫妻因吵架而動了手，丈夫輕輕地給妻子一記耳光，妻子也給丈夫的臉上留下了痕跡。事過幾天，夫妻倆談起此事，妻子責怪丈夫太粗魯，說：「你怎麼能打我的臉？」丈夫笑說：「難道做丈夫的就不該碰碰自己妻子的臉？」妻子一聽樂了，「那我就是給你抓臉搔癢？」

他們上次打架一定是有原因的，提起那些話題或許又會引起新的爭吵。丈夫藉著答非所問，在答話的時候巧妙地轉移了話題，幽默地為自己打人的行為進行辯解，這就避免了一次語言衝突。

值得一提的是，幽默可以為你在家庭中掩飾自己的過失產生一定作用。但幽默不是萬能的，也並不是所有的過錯都可以用幽默輕輕地遮掩過去。無論是男人還是女人，某些重大的甚至會危及夫妻關係的錯誤必須向對方實話實說，盡力贏得對方的寬容和諒解，不能因為用幽默掩飾而沖淡了夫妻之間應有的真誠。


## 幽默守護你的愛情

有這樣一個比喻：生命是一朵花，愛情是花的蜜，而幽默則是採花釀蜜的蜜蜂。愛是男女之間的感情交會，男人和女人是這個世界最奇妙的存在。難怪夏綠蒂‧勃朗特說：「男人是太陽，女人是月亮。太陽和月亮的光揉在一起，就會組成一個美妙的世界。」

在這個世界裡，幽默始終扮演著一個守護神的角色，在危機時刻，它給人提供安全感；在悲劇時刻，它會引導事情向喜劇方向發展。也正如勞倫斯所說：「世俗生活最有價值的就是幽默感。作為世俗生活的一部分，愛情生活也需要幽默感。過分的激情或過度的嚴肅都是錯誤的，兩者都不能持久。」

對於一對戀人來說，兩人間的默契感和幽默感具有一種特殊的作用：它能使雙方在片刻之間發現許多共同的美好事物——從前的、現在的、將來的，從而使時間和空間暫時消失，只留下美好歡樂的感覺。

一個酒徒在外面喝多了酒，很晚才回到家，他又忘記了帶鑰匙，於是只好敲門。妻子怒氣沖沖地打開門說道：「對不起，我丈夫不在家。」「那好，我明天再來。」酒徒說完，做出轉身要走的樣子。

丈夫的幽默終於使妻子化怒容為笑容。

丈夫透過幽默，誘發了妻子內心深處對丈夫的憐愛和尊重。這時，夫妻兩人都不會抓住喝酒的事不放，而是去享受兩人之間幽默的情感。

當夫妻發生爭吵，婚姻和愛情都面臨著危機的時候，適時的幽默往往能夠挽救愛情於危難之中。

兩口子吵架，妻子鬧著要和丈夫離婚，路上要經過一條不寬的河。到了河邊，丈夫很快脫掉鞋子走入水中。妻子站在岸邊，瞧著冰冷的河水，正愁著怎麼過去。丈夫回過頭溫和地說：「我背妳過去吧。」丈夫背著妻子過了河。他們沒走多遠，妻子說：「算了，我們回去吧。」丈夫詫異地問：「為什麼？」妻子不好意思地低著頭說：「離婚回來，誰背我過河呢？」

在一般的家庭中，妻子總是承擔大部分的家務工作，好像這些都是妻子分內應該做的。但丈夫也是家庭中的一部分，也是應該分擔家務的。由於傳統觀念的影響，一些丈夫在家中是什麼都不做

**160**

的，這時聰明的妻子會用智慧和幽默使丈夫毫無怨言地加入到家務工作中來。

妻子問：「親愛的，你能把昨天晚上換下來的衣服洗一下嗎？」

丈夫說：「不，我還沒睡醒呢。」

妻子答：「我只不過是考驗你一下，其實衣服都已經洗好了。」

丈夫說：「我也只是和妳開玩笑，其實我很願意幫妳洗衣服的。」

妻子回丈夫：「我也是和你開玩笑，既然你願意，那就請你快去做吧。」

丈夫此時不得不佩服和欣賞妻子的幽默和情趣，就高高興興地去做不願做的家務了。

當然，如果妻子已把衣服洗了，其幽默感更強，丈夫受到感動，往往會主動幫助妻子做家務，這樣家務事帶來的不是家庭煩惱，而是一種家庭快樂，家庭關係也會因此而變得更加和諧。

每個人都希望婚姻生活幸福美滿，這是一種美好又不算過分的要求。但在日常生活瑣事中，要保持這種樸實的幸福，使自己的愛情始終新鮮，僅憑主觀想像和願望是不夠的，還需要懂得一樣東西——在幽默中發展愛情。

有的夫妻就懂得怎樣保護自己的幸福，維持婚姻中的愛情。他們以幽默替代粗魯無禮的語言，解決日常生活中的分歧。雖然他們也相互挑剔，也會產生紛爭，但是經過由幽默產生的情感衝擊之後，一切紛爭都顯得微不足道。

一次宴會上，林肯和他的夫人面對面坐著。林肯的一隻手在桌上來回移動，兩根手指頭向著他夫人的方向彎曲。

旁人對此十分好奇，就問林肯夫人：「您丈夫為什麼這樣若有所思地看著您？他彎曲的手指來回移動又是什麼意思呢？」

「那很明顯，」林肯夫人說，「離家前我倆發生了小小的爭吵，現在他正在向我承認那是他的過錯，那兩根彎曲的手指表示他正跪著雙膝向我道歉。」

有人說：「沒有幽默感的家庭就像座旅店。」這話固然顯得有些偏激，但說出了幽默對於家庭的重要性。

在家庭中，夫妻之間的話題是主要的，如果夫妻兩個長期說話一本正經，會產生一種距離感，彼此的心理都會受不了。所以要積極尋找話題，幽默起來。例如下面這段對話：

妻子問丈夫：「昨天晚上你說夢話了，你知道嗎？」

丈夫答：「不知道·我說了些什麼？」

妻子說：「你好像在罵我。」

丈夫說：「很有可能，日有所思，夜有所夢。」

丈夫表面上說他晚上夢裡罵人，實質上是說他白天罵人，兩人的話由於都充滿了玄虛，攻擊性就淡化了，結果只有歡笑沒有傷害。

如果家庭中有時碰到難以解釋的提問，不妨幽它一默，這樣會輕鬆地化解尷尬。

妻子問丈夫：「我和你結婚，你猜有幾個男人失望了？」

丈夫漫不經心地回答妻子：「大概只有我一個人吧。」

有一天，懷孕的妻子指指自己的肚子向丈夫提出了一個傷腦筋的問題：「能不能在小孩一出生就看出，孩子長大後會成為什麼樣？」

丈夫想了想，乾脆地回答：「這很簡單。如果是個女孩，長大一定是個女人；如果是個男孩，就是個男人。」

真正要回答妻子的問題，對於一般人來說是比較難的，如自作聰明，答得不好又會引起二人心中不快。而這裡，丈夫把妻子本來問的意思轉移到男女性別問題上，使其成了一個非常容易回答的問題，頓時妙趣橫生。

幽默是家庭生活中的必備品，沒有幽默的家庭往往缺少歡聲笑語。沒有歡笑的家庭，自然夫妻間的愛情也會慢慢淡化，而這時，幽默就是愛情和家庭的守護神。它能讓夫妻間時刻保持著對彼此的新奇，時刻在對方身上找到魅力的特質。這樣，愛情也就會長久永恆。

# 第七章

# 演講幽默，
# 做一個語言大師

演講是在比較正式的場合對眾人所做的一種帶有鼓動性、說服性、抒情性和表演性的講話。但是，不能因為它比較正式，演講者就一定要端起架子、板起面孔，做枯燥無味的陳述。所以，營造幽默輕鬆的氣氛是使演講易於為人接受的一種高明的方法。

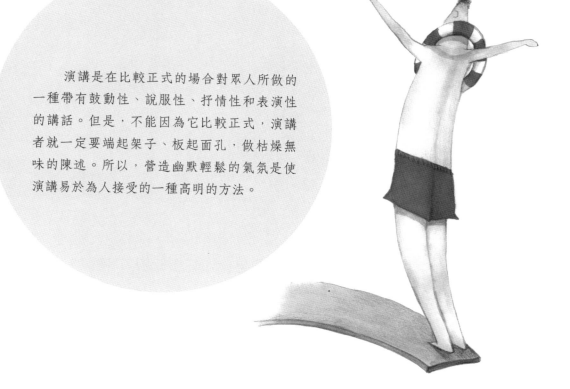

## 用幽默開頭，效果大不同

　　許多優秀的演講者都善於以幽默風趣的語言緊緊抓住聽眾的注意力，使聽眾在會心的笑聲中與他產生共鳴，從而比較容易接受並牢牢記住他的觀點。

　　著名諧星鮑勃・霍伯說：「題材有出色和平庸之別，但是我知道如何透過時間的控制，來使普通的笑話變成很棒的笑話。」

　　的確，當你為了更好地闡述主題時，幽默的笑話和故事是必不可少的。

　　幽默對於做好一次演講是如此的重要。其中，演講的開頭是演講最關鍵的部分，如何將幽默的元素加入到演講的開場白中就顯得尤其重要了。

　　演講的開場白很重要，它可以奠定整個演講的基調。就演講者來說，如果他一開始講話就很嚴肅，那麼接下去的演講就很難活潑起來。而演講者與聽眾的關係一旦在開始時疏遠和隔離，以後便不好拉近。所以，在開場時幽默一下是很有好處的。它可以使演講者和聽眾都處於輕鬆的狀態，縮短雙方的距離。而且，在演講的正文開始以前，逗樂有充分的自由性，有各式各樣的題材和方式。

　　美國一位黑人約翰・羅克先生面對白人聽眾發表一場關於解放黑人奴隸的演說。他的第一句話是：「女士們，先生們，我來到這裡，與其說是發表演說，還不如說是給這一場合增添一點『顏色』。」

　　這是一個自嘲式的開場白，意思是他的出現使全場皮膚的顏色在白色之外添了黑色。聽眾不禁大笑起來。這一笑就沖淡了甚至消除了由於種族差異而造成的心理障礙，使種族這一敏感和沉重的話題變得輕鬆起來，有利於他為自己的觀點爭取更多的支持者。

　　大文豪高爾基的幽默開場白更別具一格，富有才華。1935年，

高爾基在參加會議時，代表們要求他講話。他上台後，與會者長時間鼓掌。掌聲停息後，高爾基靈機一動，微笑著說：「如果把剛才鼓掌的全部時間計算起來，時間浪費得太多了。」全場報以會心的微笑，大家都很欽佩高爾基的謙虛和機智。

美國著名外交家季辛吉也有關於掌聲的出色發揮。有一次季辛吉應邀講演，等主持人介紹後，聽眾馬上站立，長時間鼓掌。掌聲停息後，聽眾慢慢坐下來。季辛吉開口說：「我要感謝你們停止鼓掌，因為要我長時間表示謙虛是很困難的事。」

這一風趣的開場白表現出季辛吉傑出的語言才能，比起連聲說：「謝謝！謝謝！謝謝諸位！」的效果不知要好多少倍。

文學名著《圍城》裡方鴻漸做過一次幽默的演講開場白，同樣也有著不同凡響的效果。在他剛回國時，家鄉中學請他給學生們講西洋文化在中國歷史上的影響。演講開始時，學生們因仰慕洋博士都熱烈鼓掌。掌聲停了，方鴻漸面露笑容說：「呂校長，諸位先生，諸位同學。諸位的鼓掌雖然出於好意，其實是最不合理的。因為鼓掌表示演講聽得滿意，現在鄙人還沒有開口，諸位已經滿意地鼓掌，鄙人何必再講什麼呢？諸位應該先聽演講，然後隨意鼓幾下掌，讓鄙人有面子下台。現在鼓掌在先，鄙人的演講擔當不起那樣熱烈的掌聲，反覺得有種收了款子交不出貨的惶恐。」

一個好的開場白確實能讓聽眾牢牢地記住你。著名藝人凌峰先生就是這樣一個擅長在演講中運用幽默的開場白讓聽眾記住的人。當年，他在晚會上說的一番話讓人們記憶猶新。

當時，許多觀眾對他還很陌生，可是他一說完那妙不可言的開場白後，立刻被觀眾認同並受到了熱烈歡迎。他說：「在下凌峰……一般來說，女觀眾對我的印象不太好，她們認為我是人比黃花瘦，臉比煤炭黑。」這一番話戲而不謔，妙趣橫生，令觀眾捧腹大笑。這段開場白給人們留下了非常坦誠、風趣幽默的良好印象。不久後，在另一個頒獎晚會上，只見他滿臉含笑地對觀眾說：「很

高興見到你們，很不幸又見到了我。」話音一落，觀眾報以熱烈的掌聲。從此以後，凌峰的名字傳遍各地。

也有人是以開自己玩笑的方式走上講台的。讓我們來聽一下芝加哥兩位演說家的開場白。

第一位報出了自己的名字，然後說：「不知道在場有沒有我小時候的夥伴？他們知道我有一個不光彩的綽號，但願他們都沒在場！」

第二位的開場白更引人注目。這是個身材高大的傢伙，五官也大得出奇。他說：「女士們，先生們，你們已看到我是個什麼樣的人了。我的耳朵很大，像貝多芬的耳朵。可是長大以後，我為這對耳朵感到害臊。不過，現在我對它們已經習慣了。說到底，它對我站在這兒演講並沒有什麼妨礙。」

本來，在第一位演說完後，聽眾已經有點困乏，但是第二位的開場白又使他們的神經興奮起來，笑聲驅逐了困乏。這些風趣的開場白，無疑要比單調刻板的自我介紹強多了。

總之，我們要想讓自己的演講更生動有趣，給人留下深刻的印象，那麼就要在一開場時以幽默的話語打動聽眾，用富有幽默的開場白讓聽眾興味盎然。

## 學會與主持人幽默配合

雖然說演講是個人才華的展現和表演，但是在很多場合中，演講往往不只是演講者個人的事情，台上的主持人在你的演講過程中同樣有著重要的作用。

作為主持人，其本身的作用就是為了節目之間的銜接。所以，當你的演講開始的時候，如何與主持人進行良好的配合，從而讓節目銜接得更自然，也讓你的演講有個良好的開始，從而給人一個良好的印象，則是決定你演講成敗的重要因素。

作為演講者，你碰到的第一個難題通常是：當主持人向聽眾介紹你並且稱讚你的時候，你應該怎麼辦？下面這位胡教授的做法可以說是一個成功典範。

胡教授有一次被邀請去一所大學做報告。至於怎樣開講，胡教授心裡沒譜，最後決定按照常規的開場白開講：「老師們、同學們，大家晚上好！很高興見到你們……」主持人：「下面就請胡教授給大家做報告。」在聽到主持人這樣的介紹後，胡教授靈機一動，拿過麥克風，接著主持人的話說道：「我不是來向諸君做報告的，我是來『胡說』的。」話音未落，聽眾已經笑成一團。

胡教授的幽默在於巧借自己姓氏和主持人的介紹作題材，反其意而用之。「胡說」一詞作為點睛之詞，幽默效果自然而出。胡教授透過和主持人的配合，做了一個絕妙的「一石三鳥」的開場白，既巧妙地介紹了自己，又展現了演講者謙遜的修養，更活絡了場上的氣氛，溝通了演講者與聽眾的心。

在演講中，如果能夠抓住主持人介紹你的話語做適當的發揮，有時能夠產生很好的演講效果。

但是，有時主持人過分熱情的介紹、過分的讚揚也會帶來問題。應付這種情況的辦法是可以開個小玩笑。比如「看來我被我的主持人朋友出賣了。他在台下向我保證，說大家會因為請到我來講話而深感榮幸，現在看來恐怕不是這樣。」

對於演講者來說，如果要用自己的方式影響主持人對你的介紹，並且試著使自己和聽眾的緊張情緒安定下來時，可以借用一些別人說過的話。比如你可以借用邱吉爾曾經說過的：「我覺得自己好像是一隻掉進了蜜蜂窩的熊，但願我的舌頭不會辜負這一番好意的挑戰。」或者乾脆說「為了今天的演講，我已經練習了一個星期，差不多是背得滾瓜爛熟了。只要你們大家都像一面鏡子，我想我是可以順利通過的。」

如果你的姓名比較特別或是容易出錯的話，那麼不妨運用幽默

的方式讓主持人知道。著名演講家德克就是這方面的行家。下面是他和主持人之間的一段對話：

「您怎麼稱呼，先生？」

「哦，我叫德克。」

「您是德克薩斯州人嗎？」

「不，我是路易西安那州人。」

「那您為什麼取名德克？」

「我想我叫德克該比路易西安那好些吧？有這樣一個怪名字確實有好處，不過我還沒發現好處在哪兒。」

　　這是介紹自己的一種好方式。不過要注意的是，你的自我介紹用語一定要真實可靠、簡潔易懂，讓主持人很快就明白。這樣主持人就會樂於與你合作。在你與主持人之間建立融洽關係的基礎上，你還得運用幽默的力量來應付突變。

　　有位演說家在主持人介紹失誤之後，面帶微笑從容地說：「我希望我能說這是一次最好的介紹，但實際上不是。你們知道我最感到滿意的一次介紹是怎樣的嗎？那次是面對千萬人的演講會，我非常盼望得到最偉大的介紹，結果我終於得到了。那就是由我自己介紹自己。」場下大笑，演說家也度過了難關。

　　誠如幽默理論家赫伯·特魯所說，一個演說家站在舞台上，如果知道笑是一劑良方，但自己卻不打開瓶蓋服用，那幾乎可以斷言他會成為一個失敗者。在演講中，與主持人幽默地配合，不僅能夠得到主持人的支持，還能加深聽眾的印象和聽講的興趣。

　　要想成為一個成功的演講者，就不能忽視主持人的存在。如果你能夠幽默地與主持人進行配合，那麼就能達到一炮打響的效果，從而讓你的演講一開始就牢牢抓住觀眾的視線。然後再配上你吸引人的演講內容和你幽默的演講風格，那麼你的演講自然就會取得很大的成功。

## 用幽默拉近與聽眾的感情

一般來說，演講者若是居高臨下地板著面孔，與聽眾的感情就難以溝通。反之，一開始便對等地、談話式地來個幽默，很快就能縮短與聽眾之間的距離。

新學期伊始，某大學的生物系舉辦迎新晚會，一位著名的植物分類學教授一上台就說：「生物學，過去大家都認為是採採標本，捕捕蝴蝶什麼的。」兩句話，惹得大家都笑起來，氣氛一下子熱鬧了起來。

出色的演講者都明白，當演講氣氛緊張或演講者與聽眾尚未完全溝通時，適當地施加幽默便可消除緊張情緒，同時也能拉近你和聽眾的距離和感情。

演講的題材很廣泛，有時你想表達的資訊是別人不願意聽到的，可能會令人感到痛苦，或者需要聽眾做出較大的犧牲，或者要他們體驗某些殘酷的人生處境。這時，快言快語是不合時宜的。委婉一點，運用你幽默的力量，反而會使聽眾免於受到痛苦情緒的感染，解除他們對禁忌話題所產生的不安與恐懼，使得聽眾能夠從感情上接受和融入你的演講話題。

例如，愛滋病的陰影正籠罩著全球，人人談「愛」色變。假如你演講的目的是籌集愛滋病研究防治基金，用於更新醫療設備，你就不能不談到大家都忌諱的病毒、感染和死亡問題，這是一件很沉重的事。然而，你可以透過說一則軼事或趣聞來減輕聽眾的情緒壓力，改變話題的氛圍。有這樣一個流傳甚廣的幽默故事曾經被許多演講者轉述：

美國哲學家梭羅臨終的時候，他的一個姑母在病榻前問他：「你和上帝之間已經達成和解了嗎？」

梭羅回答說：「我倒不知道我們之間吵過架。」

顯然，幽默可以洗刷由於陌生、嚴肅、沉重而存在的淡淡哀傷情緒，使場面變得親切融洽而輕鬆隨意。

幽默可以幫演講者更好地表達觀點、抒發感情，讓聽眾產生共鳴，從而更加認同闡述的觀點。

有一次，一位知名作家參加某院校的畢業典禮，很多人發表長篇大論。輪到他講話時，聽眾已經疲倦難耐。只見這位作家站起來說：「演說要像小姐的迷你裙，愈短愈好！」話一出口，全場變得鴉雀無聲，然後哄堂大笑。作家很好地表達了自己的觀點，贏得了觀眾的喝采。

美國的萊特兄弟是人類航空史上勇敢的開拓者，他們駕駛有動力的飛機飛上了藍天。後來，萊特兄弟前往歐洲旅行。在法國的一次歡迎酒會上，主人再三邀請他們演講。老大威爾伯只好站起來，但他只講了一句話：「據我們所知，鳥類中會說話的只有鸚鵡，而鸚鵡是飛不高的。」

威爾伯的演講言簡意賅，讓聽眾在笑聲中悟出真諦。

幽默的言語中充滿了令人愉快的智慧，它對於「集體接受」的演講聽眾具有特別的意義。如果你已經嫻熟地掌握了幽默的技巧，在演講中插入一些妙趣橫生的內容，往往比振振有詞的道理更能牽動聽眾的心弦。很多時候，往往是那些含蓄、風趣的材料和語言，寓莊於諧，使人在會心一笑的同時，體會到高尚的情趣和深刻的道理。

講話高手從來不忽略幽默，反而總是以笑聲來控制台下聽眾的情緒，激發他們回味無窮的遐思。

國文教師對聽課的學生做語文的輔導，講到文學的階級性，他舉了一個例子：商人、秀才、地主和佃農四個人同在一間廟宇裡避雪。面對紛紛揚揚的大雪，商人很欣賞地吟道：「大雪紛紛墜地」；秀才是從來不忘皇恩浩蕩，接著吟：「這是皇家瑞氣」；地主穿著狐裘大衣滿不在乎：「再下三年何妨」；佃農一聽，氣

壞了，心裡想：「再下雪我吃什麼？」就脫口而出：「放你的狗屁。」

這個小幽默通俗易懂，但知識性很強。教師在講課時來上這麼一個幽默，既會把課程講得透徹，又能引起學生的學習興趣，更使學生記得牢固。這種演講的效果是一本正經、嚴肅呆板所不能達到的。

比較高明的演講者還可以運用古今雜糅法，把古人的事用最時髦的現代語解說，或把現代的事用古代成語描繪，這種互相拉近的幽默效果也很好；在演講中可隨時加以運用，如談到消費的時代性時可來一句：「慈禧太后雖然驕奢淫逸，但她從來不抽萬寶路，不喝雀巢咖啡，也不看外國大片。」

講到文憑、職稱時，可以說：「孔夫子一沒文憑，二沒職稱，但他在杏壇辦學習班，培養了不少哲學、倫理學、教育學的高材生。」

更高明的演講者還透過講述自身經驗中那些人人有同感的矛盾之處作為「楔子」。比如名作家吉卜林在向英國一個政治團體發表演說時，使用了下面的幽默，引起全場捧腹大笑。

「主席，各位女士們，先生們：我年輕時，曾在印度當記者，專門替一家報社報導犯罪新聞。這是一項很有趣的工作，因為它使我認識了一些騙子、侵吞公款者、謀殺犯以及一些極有進取精神的正人君子。有時候，我在報導了他們被審的經過後，會去監獄看看這些正在服刑的老朋友們。我記得有一個人因為謀殺而被判無期徒刑。他是位努力聰明、說話溫和、思路有條理的傢伙，他把他自稱為『生活的教訓』告訴我。他說：『拿我本人做例子：一個人一旦做了不誠實的事就難以自拔，一件接一件不誠實的事一直做下去，直到最後你會發現，你必須把某人除掉，才能使自己恢復正直。』哈，目前的內閣正是這種情況。」

演講中，要讓你演講的內容有吸引力，那麼首先就要讓你的演

講方式變得有吸引力，幽默是最好的方法之一。如果你能恰當地使用幽默的方法演講，那麼你會發現你的演講將取得意想不到的好效果。

## 適時、適當地添加幽默

演講的種類繁多，要根據其性質來決定幽默的施加量。演講按內容上來分類，有調查分析，有資料傳送，有訪問介紹，有學術報告，有專題報告，有逗樂，有漫談……但依演講聽眾的心理動力形式而分，主要有鼓動性演講、說理性演講和陳述性演講三種。

鼓動性演講是一種用鼓動性話語或者講經歷、講故事的辦法震撼人、折服人的演講。過去慣用的「憶苦思甜」就是屬於這種演講，它主要在於喚起人們淚水的同時，引起人們聽講的興致，而且「憶苦思甜」的重點在於「思甜」。這當然不能不施加幽默，否則就會產生相反的作用。

某學校請一位不識字的老貧農做憶苦思甜報告。這位老人很幽默，常使用俏皮話、歇後語，當他說到那一年全家挨餓時說：「我們全家老小都胖了」，聽眾愕然，他馬上接著說：「眼珠子胖了！」大家都忍不住笑出聲來。說到現在的生活好，他又說：「現在好了，我每天是豬八戒吃窖糠──酒足飯飽，晚上還能去鑽《地道戰》，看《白毛女》。」惹得全場大笑，「憶苦」的氣氛被沖淡了，思甜的氣氛變濃了。

這類演說對聽眾心靈的撞擊較猛烈，多在鼓舞信心或在諷刺邪惡時稍加幽默。由於鼓動性演說分量重，嚴肅、莊重，所以不宜過多地施加幽默，否則就有可能破壞其固有的莊重氛圍。

說理性演講是一種以談形勢做傳達的政治報告和學術報告的演講。這類演講著重於透過說理來折服人。說理過程要求生動、形象，這就使幽默的施加分量可適當增加。

陳述性演講是一種漫談式的，無特定主題的即興、隨意演說，是輕型演說，有人稱之為「無標題音樂」。因為演講本身內容自由，幽默也無拘束，可以通篇幽默。

　　文學大師郭沫若1955年重返日本九州大學做一次演講，那是郭老的母校，他說：「在這裡我要向我以前的老師表白，我作為一個醫科大學生，事實上不是一個『好學生』。福岡的自然太美了，千代松原真是非常的美麗。由於天天都接近這樣好的自然，我在學生時代就不用功，對於醫學沒有認真地研究，反而跑到別的路上去。」

　　他幽默地說：「當時我在教室裡聽先生講課時，就一個人偷偷地在課本上做詩。」這些話，使場內不時發出歡快的笑聲、掌聲。

　　當然，幽默不一定都是你自己的原創話語，在演講中適當、適時地加入幽默故事，往往能夠取得很好的效果。下面報告中教授穿插的歇後語就是這樣一個典範。

　　有一次，一位教授在給學生做報告時，接到一張紙條，學生問：「有人認為心理工作者是五官科——擺官架子，口腔科——耍嘴皮子，小兒科——騙小孩子，您認為恰如其分嗎？」這個問題頗有鋒芒。教授妙語解答，說：「今天的心理工作者，我認為是理療科——以理服人，潛移默化，增進健康。」

　　在演講中插入風趣、幽默的談笑，還有一個語速問題，速度太匆忙和太緩慢都不能達到預期的效果。因而要掌握好速度，把時間控制得恰到好處。

　　如果是個生活中的有心人，演講者還可以就地取材活說幽默，在日常生活中那些富有特點的人或事裡注入幽默的因素，使之成為推進演講時得心應手的材料，以博得聽眾一笑。

　　邱吉爾某次登台時聲稱：「只有兩件事比餐後的演講更困難：一件是爬向一堵倒向你這一邊的牆；另一件是吻一個倒向另一邊的女孩。」

還有一個故事。

哈樂德‧杜懷特在宴會上發表了一場非常成功的演講。他依次談到圍坐餐桌的每個人。說起初開課時，他是如何講話的，現在進步了多少。他一一回憶同學們做過的講演，模仿其中一些同學，誇大他們的特點，逗得大家開懷大笑、皆大歡喜。

可見，適時地穿插幽默故事和笑話能夠讓你的演講增色不少，但是穿插故事時要注意：穿插的內容一定要同話題有關，產生說明、交代、補充的作用；穿插的內容務必要適度，不可過多氾濫，造成喧賓奪主、中心旁移；內容之間的銜接務必自然得當，切不可讓人覺得勉強或節外生枝。否則不但不能產生增色的效果，反而會使你的演講讓人感覺內容混亂、文不對題，這樣就會直接導致演講的失敗。

有人說，幽默是語言中的鹽。語言表達需要幽默，尤其是當眾發表的，帶有鼓動性、說服性、抒情性和表演性的演講，更需要演講者以幽默的心態進行表達。這樣的演講才能動人心弦，才能獲得成功。

## 謙遜的幽默，效果不錯

對成功的演講來說，幽默的效能是多向的。幽默，有助於引起聽眾的注意。一次兩三個小時的演講，要讓聽眾始終饒有興趣地聽下去，的確不易。幽默所引發的笑，對於昏倦、疲乏的聽眾來說，無異於醒腦提神的興奮劑，對消除困乏很有效果。

幽默能使聽眾對主講人產生好感。在現代社會，擅長幽默代表著高貴、文明、灑脫和富有風度，因而極易贏得好感，獲得聽眾的喜愛。而聽眾從感情上喜歡主講人，主講人所講述的內容也就容易灌入他們的腦海中。

幽默有時也是人類品格中謙遜的表現方式之一。所以，所謂

「展示謙遜的幽默」就是在日常生活與人際交往當中，由於謙虛的個性，使人能夠在對待自己的升遷、得失與交接上有一個比較彈性的空間，能夠敢於以幽默的態度對待自己、對待別人。這就是我們所說的展示謙遜的幽默。

謙遜的幽默與幽默的謙遜，二者在意思上有一定的相關性，但絕對不等同。「謙遜的幽默」是指由於在品格上的謙遜，而同時培養起的幽默感和幽默方式；幽默的謙遜只是說明謙遜的方式是經過幽默化處理的。

每個人都會在一段時間內走得比較順利，也都難免會有不同程度的自滿，這時必須要有清醒的頭腦，必須能夠提醒自己謙虛起來，並在表現出謙虛的時候，做到富有幽默的分寸感。當然，清醒地認識並提醒自己，正確地對待勝利與成功，正確認識每一個進展都只代表著自身某方面、某一段時間的走向，而不是一個人的全部，更不是時間的全部。

有一位頗富幽默感的作家在一次新聞發布會上，大膽地承認：「這50年所給我最大的人生體驗，就是對我自己的清醒認識——我自己沒有任何寫作的天分。但是，為時已晚。」他有些無可奈何，略加停頓，接著說下去：「但是我不能放棄寫作，因為寫作給我帶來了名氣，我太有名氣了！」

這位作家的謙虛表現分為兩個層次：第一層就是針對公眾對自己的寫作成就的評價，他說自己「沒有寫作天分」。如果細加追問下去，天分又是什麼？誰能夠說得清楚？第二層就是針對自己的名聲。所以說，謙遜的幽默既是一種較高層次的語言藝術方式，又是一種自我修養的過程。

不可否認，自謙是一種催人上進的美德，而幽默則可以增進雙方的情感。幽默與謙遜的結合則能使你成為受大家歡迎的人。在演講中，自我介紹如果能恰如其分地展示謙遜的幽默術，就能夠在很大程度上引起聽眾的好感。

在日常生活中，我們常聽見這樣的自我介紹：「今天有幸來給大家做報告，其實我沒有資格講這個題目，我是來向大家學習的，請大家多提批評意見。」類似上面這種開場白就顯得太俗套了。而且過分的謙虛會給聽眾一種做作的感覺，導致聽眾的反感。

演說家在表現謙虛的時候，應該向聽眾充分展現自己的自信。要知道，聽眾想聽的是演說家獨特的富有創造性的觀點，而不是含含糊糊、模稜兩可的東西。所以，演說家的觀點可以是咄咄逼人的，但表達務必要謙虛。如下面一位老師的講課就很幽默精彩。

新學期第一節課，這位老師昂首挺胸、滿懷自信地走進教室，然後說：「同學們，這學期由我來給你們上這門課。其實，你們也不要覺得老師太神祕，我只不過比你們多讀了三遍教科書。這學期開始，我要和大家一起讀第四遍。古人云，書讀百遍，其意自見，四遍與一百遍還是有很大差距的。」

這位老師把一個簡單的「四」字加上了幽默色彩，在透過表面上「吹牛」展現出自己謙遜的同時，又確實給自己的學生以信心。這種新奇的開場白完全是傳統開場白的改進。改進在哪裡？就在於增加了幽默技巧。

下面這個開場白與上面的故事有著異曲同工之妙。有一次，一位青年教師在舉辦企業管理學講座時這樣開場：「在座各位都是著名的企業管理者，年紀也都比我大，在企業管理上都有自己的獨到經驗。在這一點上，我當諸位的學生還怕不夠格，那麼，我有什麼可講給大家聽的呢？我只不過是將世界上最先進的企業管理學者們的理論和思想傳達給大家，所以，大家以後只要把我看成世界級企業管理大師們的佈道者就行了。」

藉由這段幽默的開場白，演講者既謙虛地表達了自己在管理經驗上的不足，取得了在座企業家的認可，又透過含蓄幽默的話說明了自己在企業管理理論上還是有一定成就的。在博得一陣笑聲的同時，也改變了企業家學員們對青年教師的不信任態度。

謙遜是種品質，能讓你顯得平易近人，以更平常的心態來對待自己所取得的成就和別人所給予的讚揚。幽默同樣是一種品質，這種品質能夠讓你在社交中如魚得水、左右逢源，而這兩種品質的結合則是你的人生立於不敗之地的有利保證。

## 用幽默與聽眾製造互動

　　演講者在開場白中透過幽默抓住了聽眾的注意力和興趣點，這僅是演講取得成功的第一步。隨著演講的推進，聽眾的注意力很可能會下降。所以，一個成功的演講者，還必須能在演講步步深入的過程中，透過幽默的講演來維持聽眾的注意力，避免聽眾很快陷入一種疲勞狀態。

　　對於演講者來說，要在演講中主動與聽眾進行溝通，使聽眾意識到你是演講的控制者。在演講中與聽眾溝通的方式多種多樣，演講者不應拘泥於某一種形式，而應充分利用自我優勢與聽眾進行有效的溝通。此外，還可以利用各種視覺輔助工具。

　　首先，在演講中，要保持敏銳的觀察力，關注聽眾的表情、心理及場上的氣氛變化，及時調整演講的內容、方式和節奏。最後，與聽眾進行有效的互動，適時地牽動聽眾的情緒，這樣才能讓你的演講深入人心，取得最好的效果。

　　演講的氛圍很重要。從演講者走上演講台的那一刻起，整個演講場合就已經充滿了由演講者的風度所帶來的演說氣氛。

　　對於演講者來說，自身的風度可以把自己的幽默感充分地顯示給聽眾。

　　演講過程中的每時每刻都會有一種氣氛瀰漫聽眾的心中。而幽默是演講者構築良好的演講氛圍的手段，從而實現與聽眾的互動，讓演講取得最好的效果。

　　一位演講者在演講中加入這樣一段話：「朋友們，經營貴有

道，投機貴有方啊，有一首《訣竅銘》這樣說：位不在高，頭尖則靈；官不在大，手長則行。斯是訣竅，唯吾鑽營；對上捧粗腿，對下用私人；吹牛剋鴻運，拍馬不碰釘。可以開後門，講交情。無正義之細胞，無原則之準繩。菸酒來開道，金錢能通神。孔子曰：何鄙之有？」

演講者幽默嫁接，仿照劉禹錫〈陋室銘〉中的詞，給人一種明快犀利、生動活潑之感，自然而然就營造了一種輕鬆愉快的演講氛圍。

有時候，當演講中有些話題過於嚴肅時，也需要運用幽默的力量來緩和，活絡演講的氣氛。

1860年，林肯競選總統的時候發表了一段風趣的演講：「有人打電話問我有多少財產，我告訴他我是一個窮人。我有妻子和兒子，他們才是我的無價財產。我租了一間房子，房子裡有一張桌子和三把椅子，牆角有一個櫃子，櫃子裡的書值得我讀一輩子。我的臉又瘦又長，長滿了鬍子，我不會因發福而挺著大肚子……」

林肯的這段演講通俗易懂、淺顯生動，在引來聽眾陣陣笑聲的同時，給本應很嚴肅的政治演說添加了輕鬆幽默的色彩。很容易就拉近了演講者與聽眾的心理距離，非常有利於林肯在競選中獲得眾人的支持。

要想嫻熟地營造幽默的演講氛圍，充分調動聽眾的情緒，從而實現與聽眾的互動，你還要學會或改變話題，或改變講話的方式，透過講些小笑話或來一兩句妙語，由它們本身所具有的幽默力量來吸引聽眾。比如說到人生問題，你可以說：「朋友們，不論人生有多麼艱難與痛苦，我們總是可以在一個地方找到『慰藉』的，那就是辭典。」上面的演講者透過前半句話吊起聽眾的胃口，又藉著後半句話給人出人意料的結果，成功地為他的演講營造出幽默的氛圍。

不過，有些時候演講者所用的幽默也難免達不到預期的效果，

這時候就可以這樣說：「這個幽默的奧妙之處，得要出動聯邦調查局來發現。」或者說：「在我沒講更多的笑話之前，我有個主意，如果你聽了這個笑話就笑，我便免費奉送五個笑話。」這樣，聽眾便會會心一笑。如果你只顧自己說些自認為幽默的話語，那麼你的幽默可能很少成功，因為你忽略了你的聽眾。

　　一個真正的演講高手在營造幽默的演講氛圍時，一定不會忘記與他的聽眾互動，他可以透過與聽眾開玩笑的方式讓聽眾參與到他的幽默中來。這種在聽說雙方之間互動、交流的基礎上營造起來的幽默氣氛才是和諧的、有效的。比如你可以對你的聽眾說：「我知道你就在那裡，因為我聽得到你的呼吸聲。」或者當你看見聽眾中某人正對鄰座耳語時，你說：「為什麼你不回家後再解釋給他聽？」

　　上面這些都不是堪稱偉大的幽默範例，也不算是什麼一語驚人的語句。它們之所以在營造幽默的演講氛圍時發揮了很好的作用，只是因為它們是演講者主動與聽眾互動的產物，是溝通演講者和聽眾內心世界的橋樑，所以深得聽眾的喜愛。因此，演講者要掌握這種方法，讓自己成為真正的幽默大師。

## 用幽默消除緊張的情緒

　　在演講中，要讓每位聽眾都滿意，這是很不容易做到的，因為每位聽眾都不同，每種演講的實際情況也各不相同。有時候，遇到無法控制的情況可能造成被聽眾糾纏，甚至被敵視的態度。為了避免這種狀況，演講者必須以和善、有禮、愉快的姿態去面對，不論發生什麼情況，都要記得幽默能幫助我們消除聽眾的緊張情緒。

　　貝特在這方面就做得很好，如果中途有人打斷他，貝特總是會根據當時的情況進行解圍。他會問打斷他的人：「先生，請問貴姓？」如果他回答的是一個罕見的姓氏，貝特就說：「那是您的真

實姓名，還是您捏造的？」

轉移話題後，使打斷講話的人得到了演講者的重視，滿足了聽眾需要被重視的心理，也就自然打消了他對演講的不滿。

如果你在演講中的某句話或者某個觀點引起了聽眾的不滿情緒，就要想辦法用輕鬆幽默的語言來消除這種不滿，否則，這會給你的演講帶來不好的影響。例如：

一位演講者在演講時說：「男人像大拇指」，他高高豎起大拇指，「女人像小拇指」，他又伸出小拇指。這一比喻，令全場譁然，女聽眾強烈反對。演講者立刻補充道：「女士們，你們的大拇指粗壯有力，而小拇指卻纖細苗條、靈巧可愛。不知諸位女士中，哪一位願意倒過來？」

一句話令聽眾相視而笑，演講在歡快的氣氛中繼續進行。

在演講中駕馭聽眾的情緒，不僅指在聽眾產生負面情緒時主動地化解，還展現在演講者要細心體察、感受聽眾情緒的變化情況，做到未雨綢繆，即在聽眾負面情緒產生之前就主動加以避免。在這種情況下，可以用幽默的力量造成一種較為輕鬆的氛圍，使聽眾置身其中，舒緩他們的情緒。

小湯姆的數學、國語兩門考試考得比較差，回到家中對他的爸爸說：「爸爸，是不是當人家心裡難受的時候，就不應該再給他精神或肉體上的刺激？」

爸爸回答：「那當然。」

小湯姆乘機說：「那就好，這次考試我有兩門功課不及格，我現在心裡很難受。」

爸爸無可奈何地笑了。

小湯姆用自己的聰明和幽默，避免了爸爸可能產生的憤怒情緒。對演講者來說，要用幽默很好地駕馭聽眾的情緒，就要在密切注意他們情緒變化的基礎上，果斷採取措施加以應對。

艾森豪在任哥倫比亞大學校長時，遇上了一次窘境。在輪到他

最後演講時，時間已經不早了。這時，艾森豪決定投聽眾所好，放棄原來的演講計畫，早早收場。他站起來對聽眾慢慢說：「每篇演說不論其形式如何，都應該有標點符號。今天，我就是這標點符號的句號。」說完，他出人意料地坐下來。當聽眾明白過來是怎麼一回事時，大廳裡響起了雷鳴般的掌聲。

這次演說的成功，關鍵就在於艾森豪及時看到聽眾在接受了長時間演講的疲勞轟炸後，情緒變得急躁起來，於是，他果斷地、出乎聽眾意料地結束了演講，而這種出乎意料恰恰產生了一種幽默效果。艾森豪當時也感到十分得意。他後來評價此次演講是他最著名的演說之一。

在公眾面前演講，難免會出一些紕漏和失誤，而一旦出現失誤，場面是極其尷尬的，如何用語言來化解尷尬呢？

幽默具有一種神奇的力量。在生活中，能不能運用幽默處理好這種交往中的窘境，是對人們的一種挑戰和考驗。因為它能從某方面折射出一個人的應急處理能力，從而表現一個人的內在修養和氣質。

有一次，作為第二次世界大戰歐洲戰場盟軍總司令的艾森豪到亞琛附近視察正陷入困境的部隊。

艾森豪是一個天才的鼓動家。他一番熱情洋溢的演講博得了官兵們的熱烈掌聲。可是，當他走下講台時，卻不慎摔倒在泥漿裡，大家哄然大笑起來。

艾森豪沒有惱怒。他趕緊從泥漿裡爬起來，風趣地說：「泥漿告訴我，我的巡視極其成功。」艾森豪的輕鬆幽默感染了陷入困境的美軍官兵，使部隊官兵士氣大振。

總之，如果能夠成功地運用幽默的話語來緩解緊張或尷尬情緒，那麼對於自己和聽者來說都是值得鼓勵的。

## 用視覺幽默吸引聽眾注意

　　有一種理論，主張幽默的最高形式是視覺，而不是語言。這有一定的道理，因為人笑的往往不是話語本身，而是自己的行為。有時候，演講者可以運用一點視覺效果，讓聽眾知道——現在正是你應該笑的時候。

　　當勞倫斯的小說《查泰萊夫人的情人》出版後，貝特在一次演說中把它打開，裡面有兩頁紙立刻燃燒起來。這是貝特從魔術師那兒學來的方法。然後他又把書合攏，說：「大家已經看到，大家對這本書的熱情太高了，差點引起火災。」視覺幽默能將景象和聲音融合在一個幽默中，因此往往需要使用一些出人意料並富於機智的道具。可是，美國加州大學就有一位老師，他不需要道具也能造成視覺幽默，這位老師叫奈德。

　　一次，奈德去參加州大學的一個會議。他原先不打算在會議上講話，更沒有想到坐在講台上。當時正在鬧學生運動，學生們把他推到台上，要他就此問題發表一下自己的觀點。這件事非同一般，因此需要十分謹慎。在一片騷動聲中，奈德小心翼翼地走上講台。正好牆角有一架鋼琴，他逕自走向鋼琴，在鋼琴旁坐下來，按出一個顫悠悠的低音。然後，他回頭看了看，說：「對不起，我有點緊張，不過馬上就好。」他劈里啪啦地彈出幾個音符，之後走到台前，在麥克風前坐下。這時他緩緩地、小心地假裝扣好身上的安全帶，然後說：「我在這次飛行中別失事就好了。」

　　大多數的視覺幽默需要靠動作來表現。不過動作也不要太誇張，因為除了極少數情況之外，太誇張的動作會引得聽眾只注意看你的動作，而忽略了演講的內容。下面這位牧師的動作就太誇張了，以致聽眾不知道他想要講什麼。

　　這位牧師走上講台，一屁股坐在椅子裡，接著馬上站起來，說

了聲「對不起」，隨後再小心謹慎地坐下去，只把半個屁股放在椅子上。然後他說：「坐著講話效果不好，請大家原諒。」

在運用視覺幽默的時候，演講者的動作要輕鬆自然，這樣才能消除由聽眾的冷峻感建造成的「心理牆」。但動作幅度又不可過大，應當保持在紳士風度的動作範圍之內，因為演講不是表演。

一個學生在學校練習演講，他讓同學們注意他的動作和講話，以便給予批評指正。

他講完之後，一個同學說：「我倒是喜歡聽你講的話，但不喜歡你的動作。」

「為什麼？」

「因為你的動作就像是一個得了蕁麻疹、全身發癢的病人。」

所以說，不恰當的身體動作可能會影響演講的效果。

視覺上的幽默，絕大多數聽眾都看得見。演講者們擺姿勢的身體動作，就是最好的無聲的幽默。演講中的視覺幽默除了動作，還有表情。演講中「冷面滑稽」的表情就對產生幽默效果很有用。演講者一本正經地說出令人啼笑皆非的話語，表情卻是嚴肅的，這樣，語言與表情就能在碰撞中達成強烈的幽默效果。如果說演講中的動作要有一個限度的話，那麼，演講中的表情也要有個限度，擠眉弄眼、故作怪相，就不是演講而是滑稽表演了。另外，演講中的表情絕不能猥瑣，因為只有輕鬆而不失端莊、生動而不落俗套的表情，才能有助於演講中幽默的達成。

演講是個完整的過程，俗話說：「好的開頭就是演講成功的一半。」其實，不僅是開頭很重要，一個演講能否有個妙趣的結尾同樣是影響演講成功與否的關鍵。演講的幽默式結尾方法是不勝枚舉的，其中很重要的一種方式就是運用視覺幽默來結束演講，使結束語收到「餘音繞梁，三日不絕」的轟動效應。

「餘音繞梁，三日不絕」是演講結尾追求的最佳效果。在多種多樣的演講結束語中，幽默式算其中極有情趣的一種，而透過動作

等視覺幽默來結束更是高招。

美國哈佛大學的哲學教授喬治就要退休了，他選定某天做最後一次演講以結束大學的教學生涯。那一天正是冬末春初時節，當他差不多講完已經準備好的內容就要收場的時候，一隻小鳥停在禮堂窗台上歡快地叫了幾聲。此時，聽眾的注意力一下子被這隻小鳥的叫聲吸引過去了，場面氣氛陡然發生了變化。喬治並沒有驚慌和不悅，相反地，他抓住時機順勢做出反應。當聽眾扭過頭來看他時，他仍作凝視小鳥狀，然後像突然想起什麼似的急忙收拾桌上的東西，以告別的語氣說道：「對不起，諸位失陪了，我與春天有個約會。」說完，他就一邊向聽眾揮揮手，一邊急匆匆地離開了禮堂。

聯想到這是他最後一次大學演講，聽眾們覺得這種節外生枝、順勢而行的方式特別有趣。

幽默並不是只有透過語言才能創造出來的，動作、表情等同樣是幽默很好的表達方式。學會打趣的結尾，用幽默雋永的表現讓人體會到溫暖而靈性十足的美感，就能讓演講達到超然的效果，給聽眾留下深刻的印象。

## 刁鑽問題用幽默來回答

赫伯‧特魯把演講後的提問時間歸為三種：幽默失效、環境物理情況的干擾、聽眾故意搗亂。對於這些，我們都應當用幽默術來應對，以便贏得「趣結」的效果。

聽眾的故意搗蛋有時會以「合法」的形式進行，他們常常希望透過向演講者問一些刁鑽古怪的問題來達到搗亂的目的。在演講中的問答階段，運用幽默技巧既可以巧妙地避免陷入刁鑽問題之中，也能給聽眾留下較深刻的印象。

一位學者在大學裡開辦性心理學講座，這個講座吸引了很多人。演講結束後，幾個比較搗蛋的學生提了一連串怪問題，其中之

一是請演講者談談對性解放的看法。學者說：「這個問題還用回答嗎？現在街上超短裙流行，三點式泳裝也出現了。《紅樓夢》裡的林妹妹有這麼大膽嗎？」這個幽默的回答有曲徑通幽之妙，巧妙地說明現在與過去相比，「性解放」的確為更多人所接受，而這也是時代發展的表現之一。

有時候，聽眾不是故意為難演講者，而是真心請教一些比較難的問題，這時候演講者也可以幽默作答。

魯迅二十年代初在北京講授中國小說史。一次講完《紅樓夢》時，他出其不意地問學生：「你們愛不愛林黛玉？」許多學生被問得莫名其妙，無從答起。一位機敏的學生反問道：「周先生，你愛不愛？」魯迅若有所思地答道：「我不愛。」那學生又問：「為什麼不愛？」魯迅非常幽默地回答說：「我嫌她哭哭啼啼。」頓時，課堂上歡聲四起，顯得非常輕鬆活躍。

學生機智的反問有些出其不意，魯迅用幽默的回答巧妙應對，啟動了課堂氣氛。

幽默是人類相互溝通的橋樑，幽默高手會把笑話說得又好聽又幽默，從而讓人受益匪淺。我們已經熟知的一句俗話就是：「會說話的讓人笑，不會說話的讓人跳！」能讓人笑的語言，我們習慣稱之為「幽默」。而幽默高手真正的本事還遠不止於此，他們最厲害的還是利用幽默應對各種各樣刁鑽的問題，讓別人拜倒在他的伶牙俐齒之下。

幽默是一個人必須具備的素質，一個會利用幽默應對各種各樣刁鑽問題的人，無論其處境如何，都會成為人們歡迎和喜愛的人。即使他只是獨處於某一片荒地，他也會發現幽默的樂趣。

一位叫詹森的病人問醫生：「我能活到100歲嗎？」醫生檢查了詹森的身體後，問道：「你今年多大？」病人說：「50歲。」「你有什麼嗜好嗎？比如說，喜歡美女、嗜酒、吸菸、賭錢，或者其他的嗜好？」醫生又問。詹森很不高興地回答：「我最恨吸菸、喝

酒，更討厭女人。」「天哪，那你還要活到100歲幹什麼？」

本來病人的期待是謝絕菸酒，能得到肯定的回答，可結果則不但相反，而且把這一切當成了生命意義。否定了這一切，就否定了活到100歲的價值，也就是這一切的價值高出長命的價值之上，實在是令人忍俊不禁。

對於每個人來說，在生活中都有必要學會利用幽默應對各種各樣刁鑽的問題，因為幽默是我們成功的必備素質。我們應該積極行動，在自己的周圍，如工作、生活、朋友以及家人身上尋找幽默、發現幽默，然後將這些幽默化成自身獨特的幽默成分，相信這會讓我們的生活更快樂！

## 結尾要幽默，不能太唐突

「餘音繞梁，三日不絕」無疑是演講結尾追求的最佳效果。在各種各樣的演講結束語中，幽默式結尾可算其中極有情趣的一種。一個演講者能在演講結束時贏得笑聲，不僅是自己的演講技巧十分成熟的表現，更能給聽眾留下愉快美好的回憶，也是演講圓滿結束的證明。

著名作家老舍先生是喜好幽默的。他在某次演講中，開頭就說：「我今天給大家談六個問題」，接著，他第一、第二、第三、第四、第五井井有條地談下去。談完第五個問題，他發現快到散會的時間，於是他提高嗓門，一本正經地說：「第六，散會。」聽眾起初一愣，不久就歡快地鼓起掌來。

老舍在這裡運用的就是一種「平地起波瀾」的造勢藝術，打亂了正常的演講內容，從而出乎聽眾的意料，收到幽默的效果。

在演講的結尾，如果能夠恰到好處地省略一些話語，同樣能夠收到很好的幽默效果。

下面還有一則透過概括來產生幽默效果的故事。

在某大學中文系舉行的一次畢業生茶會上，首先是系主任講話，三分鐘的即興講話主要是向畢業生表示祝賀；然後是彭教授講話，主題是希望同學們繼續努力學習；第三個講話的潘教授朗誦了高爾基的《海燕》片段，以此勉勵畢業生們學習海燕的精神；第四個講話的系副主任希望同學們永遠記住母校和老師。

緊接著，畢業生們歡迎王教授講話。在毫無準備而又難以推辭的情況下，王教授站起來，先簡單地回顧了數年來與同學們交往的難忘片斷，最後一字一頓地說：「前面幾位給大家提出了殷切的希望，但我還是喜歡說他們說過的話。第一，我要祝同學們順利畢業；第二，我希望同學們『學習、學習、再學習』；第三，我希望同學們像海燕一樣勇敢地搏擊生活的風浪；第四，我希望同學們不要忘記母校，不要忘記辛勤培育你們的老師。」

在這裡，王教授透過對前面四個人的演講主題的簡練概括，舊瓶裝新酒，不落窠臼，結束了一次機智、風趣且具有個性的講話。

除了語言上的別出心裁，還可以借助道具來達到演講的幽默效果。我們在上一節中提到了視覺幽默，在演講即將結束時，這種做法也很有效果。

魯迅先生在結束一次演講時說：「以上是我近年來對於美術界觀察所得的幾點意見。今天我帶來一幅中國五千年文化的結晶，請大家欣賞。」

說著，他一手伸進長袍，把一卷紙慢慢地從衣襟上方伸出，打開一看，原來是一幅醜陋的舊月曆，頓時全場大笑。

魯迅先生借助恰到好處的道具表演，與結束語形成鮮明的對比，極具幽默效果。不僅使演講在歡快的氣氛中結束，而且使聽眾在笑聲中進一步品味了他演講的深意。

還有一個故事也是巧妙借助道具達到幽默效果的例子。

在一次演講會上，演講快結束時王教授掏出一盒香菸，用手指在裡面慢慢地摸，但掏了半天也不見掏出一根菸來，顯然是抽

光了。他的助理人員十分著急，有人立即動身去取菸。王教授一邊講，一邊繼續摸著菸盒，好一會兒，他笑嘻嘻地掏出僅有的一根菸，夾在手指上舉起來，對著大家說：「最後一個！」

這個「最後一個」，既是指最後一個問題，又是指最後一根菸。一語雙關，妙趣橫生，全場大笑，聽眾的疲勞和倦意也在笑聲中一掃而光。

有時候，在演講的結尾加上一點滑稽的動作也能取得意想不到的幽默效果。

美國詩人、文藝評論家詹姆斯·羅威爾曾經擔任駐英大使，他在倫敦舉行的一次晚宴上發表了一篇名為《餐後演講》的即席演說。他說：「我在小時候聽人講過一個故事，講的是美國衛理公會的牧師。他在一個野營的佈道會上講到約書亞的故事。他是這樣開頭的：『信徒們，太陽的運行方式有三種，第一種是向前或者前進的運動；第二種是後退或者向後的運動；第三種即在我們的經文中提到的——靜止不動。』」

「先生們，不知你們是否明白這個故事的寓意。我希望你們明白，今晚的餐後演講者首先是向前走（起身離座，做示範）——即太陽向前的運動；然後他又返回，開始重複自己——即太陽向後的運動；最後，憑著良好的方向感他將自己帶到終點。這就是我們剛才說過的太陽靜止不動。」

在歡笑聲中，羅威爾重新入座。

這種緊扣話題的傳神動作表演，唯妙唯肖、天衣無縫，怎能不贏得現場聽眾的熱烈掌聲和歡笑聲？

演講的幽默式結尾方法是不勝枚舉的。關鍵是演講者要具有幽默感，並能在演講中恰如其分地把握住演講的氣氛和聽眾的心態，這樣才能達到最佳的轟動效果。

**190**

# 第八章

## 談判幽默，
## 讓對手無法說不

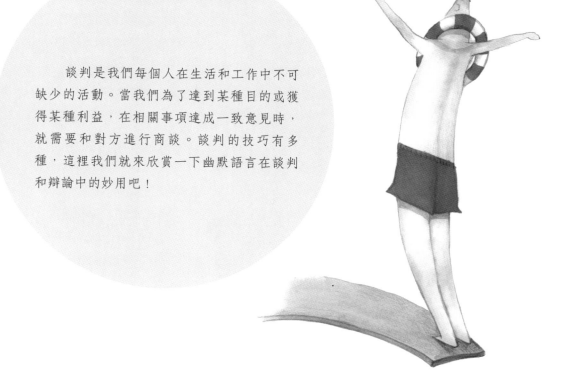

談判是我們每個人在生活和工作中不可缺少的活動。當我們為了達到某種目的或獲得某種利益，在相關事項達成一致意見時，就需要和對方進行商談。談判的技巧有多種，這裡我們就來欣賞一下幽默語言在談判和辯論中的妙用吧！

## 以守為攻的幽默語言

鑼鼓聽音，說話聽聲，談判中也應如此。悉心聆聽對方吐露的每個字，注意他的措辭，注意他選擇的表述方式、語氣，乃至聲調，這是獲悉對方無意間透露消息的一個重要途徑。在認真傾聽後，我們已經可以掌握對方的一些情況，這時候就可以反守為攻，用幽默的語言回擊對方了。

古羅馬雄辯家西塞羅對幽默辯論有著獨到的研究。他說，把對手否定的結論拿來加以肯定，再回敬對方，這便是以守為攻的技巧。這種辯論技巧能夠產生一定的幽默效果，也帶有一些詭辯色彩。

西塞羅的《演說家》中有這樣一個故事。

一位眾所周知出生於卑劣家庭的人向勒利尤斯喊道：「你背叛了自己的祖先！」勒利尤斯反唇相譏道：「你呢？你絲毫沒有背叛自己的祖先！」這句話引起哄堂大笑。勒利尤斯一句話便贏得了大眾的支持。

勒利尤斯以守為攻，以靜制動，以不變應萬變，出其不意地運用言語回擊了對方。所謂「以靜制動的幽默」就是在對話或者辯論中，對話的一方滔滔不絕，妙語連珠，似乎已經把對方難倒或者弄到十分窘迫的境地中，還不斷地變換詰難對方的方式，自以為得意，而正等待對方「坐以待斃」時，不料卻已經將要害曝露給了對方，結果對方反擊，置自己於猝不及防、啞然失色的地步。

俄羅斯有一位著名的丑角演員尼古拉，一次演出後在幕間休息時，恰巧一位很傲慢的觀眾走到他的身邊，譏諷地問道：「丑角先生，觀眾對你非常歡迎吧？」

「還好。」

「要想在馬戲班中受到歡迎，丑角是不是就必須具有一張看起

來愚蠢而又醜陋的臉蛋呢？」

「確實如此，」尼古拉回答說，「如果我能有一張像先生您那樣的臉蛋的話，我一定能拿到雙倍的薪水。」

傲慢的觀眾本想藉此為難一下尼古拉，卻反而受到尼古拉巧妙而機智的還擊。

反守為攻的談判術以其人之道，還治其人之身，這其實就是把「返還幽默」的技巧用在談判中。「返還幽默術」很是巧妙，它使用的思維系統是對方的，而後由此及彼，物歸原主，目的在於讓對方搬起石頭砸自己的腳。

一位顧客因為飯館的菜做得不好吃而與飯館老闆展開了談判。餐館裡一個顧客叫住老闆：「老闆，這盤牛肉簡直沒法吃！」老闆說：「這關我什麼事？你應該到公牛那裡去抱怨。」顧客回應道：「是呀，所以我才叫住了你。」

顧客按照老闆的荒謬邏輯，推論出老闆應是「公牛」，弄得對方哭笑不得。這種方法在談判中用處極大，它抓住對方的話柄，順著說下去，讓事態向著有利於自己的方向發展，從而產生強烈的幽默效果。這種談判方法的特色是不做正面抗衡，而是在迂迴的交談中，順著對方的話說下去，借力勝敵，從而達到自己的目的。

當自己在談判中處於不利地位時，也可用這種「善傾聽，巧反駁」的談判方法使自己擺脫困境。

隋朝時，有個人很聰明，但說話結巴。官高氣盛的楊素常常在閒暇無聊的時候，把那人叫來取樂一下。一天兩人面對面地坐著，楊素開玩笑地說道：「有個大坑，深一丈，方圓也是一丈，倘若你跳進去，你有什麼辦法出來嗎？」這個人低著頭，想了想，問道：「有、有、有、有梯子嗎？」楊素說道：「當然沒有梯子，若有梯子，還用問你嗎？」那人又低著頭想了想，問道：「是白、白、白、白天，還是黑、黑、黑夜？」楊素說道：「不要管是白天還是黑夜，你能夠出來嗎？」那人說道：「若不是黑夜，眼、眼、眼又

不瞎，為什麼掉、掉、掉、掉到裡面？」

楊素不禁大笑，又問道：「忽然命你當將軍。你有一座小城，兵不滿一千，只有幾天的口糧，城外有幾萬人圍困。若派你到城中，不知你有什麼退兵之策？」那人低著頭想了想，問道：「有救、救、救兵嗎？」楊素說道：「就因為沒有救兵，才問你。」那人又沉吟了一會兒，抬頭對楊素說：「我審、審、審慎地分析了形勢，如、如、如、如您說的，不免要、要吃敗、敗、敗仗。」

楊素大笑了一陣，又問道：「你是很有才能的人，沒有事情不懂得。今天我家裡有人被蛇咬了腳，你能醫治嗎？」這個人應聲答道：「用五月端午南牆下的雪塗、塗、塗、塗就好了。」楊素道：「五月哪裡能有雪？」那人說：「五月既然沒、沒、沒有雪，那麼臘月哪裡有、有、有蛇咬？」楊素笑著打發了他。

故事中的人儘管是個結巴，但回答問題卻很能運用「善傾聽，巧反駁」的幽默技法。他不但沒有被楊素難倒，還在談話中處處顯出他的幽默和智慧。

清朝時，有一天乾隆皇帝問紀曉嵐：「紀卿，『忠孝』之意何解？」

紀曉嵐答道：「君要臣死，臣不得不死，為『忠』；父要子亡，子不得不亡，為『孝』。」

乾隆皇帝立刻說：「那好，朕現在就要你去盡忠，行嗎？」

「臣領旨！」

「那你打算怎麼個死法？」乾隆皇帝問。

「跳河。」

乾隆皇帝當然知道紀曉嵐不會去死，於是就靜觀其變。不一會兒，紀曉嵐回來了，乾隆笑道：「紀卿何以未死？」

紀曉嵐答道：「我走到河邊，正要往下跳時，屈原從水中向我走來，他說：『紀曉嵐，你此舉大錯矣，想當年楚王昏庸，我才不得不死。你在跳河之前應該先回去問問皇上是不是昏君，如果不是

昏君，你就不該投河而死；如果說是，你再來不遲啊！』」

這種幽默的技法目的當然是進攻，但前提卻是防守。只有你守好了，沒有讓別人抓住你話語的漏洞和話柄，而同時你又能夠抓住對方話中的漏洞，這樣才能達到反守為攻的效果。可見，善於傾聽是幽默反駁的前提，幽默反駁是傾聽的結果，兩者缺一不可，相輔相成，而兩者的應用都是為了最終取得談話的成功。

## 幽默善辯，弦外有音

「弦外有音」往往是「醉翁之意不在酒」，是言在此而意在彼，看似在嘲笑自己，其實是在反擊別人。

許多情況下，不論是面對談判的對手還是平常的交談，許多話往往不能夠用直接的方式去說，這就需要以迂迴的婉轉方式，表達自己的意圖。

何謂幽默善辯？首先，機智巧辯不等於或者不完全等同於善辯，字面的意思就是充滿機智的辯解，或者說辯解是充滿機智的。善辯，就是相對於說話者來說，他有善於辯論的專長。一般來說，機辯者不一定善辯，善辯者一定能夠機辯。因為，一個人能夠「機辯」往往證明他有敏捷的思維，但不一定能夠像「善辯」者那樣做得面面俱到。

克諾克先生來到一個陌生的城市，走進一家小旅館，他想在那裡過夜。「一個單間加供應一份早餐，一天需要多少錢？」他問旅館老闆。

「各種不同的房間有不同的價格：二樓的房間是15馬克一天，三樓的是12馬克，四樓10個馬克，五樓的房間則只要7個馬克，先生。」

旅館老闆詳細地給他介紹。克諾克先生考慮了幾分鐘，然後拿起箱子要走。

**195**

「您是覺得我這兒價錢太高了嗎，先生？」老闆問道。

「不，那倒不是。」克諾克先生回答道，「我只是嫌您的旅館太低而已。」

既能夠統一機辯與善辯，又把這種統一與幽默交互滲透貫通起來，用幽默的語言展開自己的機智之「辯」，這種口才藝術，我們就給它命名為「機辯善辯」的幽默。

話中有幽默，生活才更有味道。王蒙說：「幽默是一種酸、甜、苦、鹹、辣混合的味道。它的味道似乎沒有痛苦和狂歡強烈，但應該比痛苦和狂歡耐咀嚼。」

回家的路上，傑瑞看見兩個年輕的神父同騎一輛自行車在小路上飛馳，便將他們攔住。傑瑞說：「你們不覺得這樣的速度很危險嗎？」神父們說：「沒關係，天主和我們同在。」傑瑞說：「很好，這麼說我應該罰你們80美元，因為三個人是不能同騎一輛自行車的。」

自嘲也是辯論的一種。當幽默成為一種自嘲的時候，就增添了當下談話的調侃氣氛。

一個膚色很黑的人說，有一次他在井台邊洗臉，一隻烏鴉飛來把他的香皂叼走。他悟道：原來烏鴉也要用香皂洗自己。「啊，牠也和我一樣黑，一樣得用香皂洗臉。」

這種自嘲還可放到另一種場合，即說話者面對的人總是陰沉著臉，當說話者講這個笑話的時候，就有意無意間對「黑臉」的人有所敲打，使對方意識到自己不該總黑著臉。

當你面對別人的攻擊和嘲笑的時候，運用幽默語言往往是你反擊他人最鋒利的武器。

吳太太產後日漸發福，先生見了就當面取笑她：「太太！妳真是越來越『突出』了。」

太太聽了順勢回答：「這麼突出的女人，也只有像你這樣『中厚』的男人才配得上啊！」

這就叫以其矛攻其盾，以其人之道，還治其人之身，這是幽默的精髓所在。

著名詩人馬雅可夫斯基有一次演講時，有個人竟然跑到講台上指責他「狂妄」，這個人挑釁地說：「我跟你說，馬雅可夫斯基，你可不要太得意，拿破崙有句名言：『從偉大到可笑，只有一步之差』。」

這個人引用了拿破崙的名言來挖苦馬雅可夫斯基，顯然是希望羞辱他、貶低他。然而，馬雅可夫斯基只是「借題發揮」地說了一句話，整個情勢馬上逆轉。

他目測了一下自己與那個人的距離，然後用手指指向自己和對方，說：「不錯，偉大到可笑，的確只有一步之差。」頓時，全場聽眾恍然大悟、哄堂大笑，那個人則瞠目結舌、狼狽不堪。

英國詩人喬治‧莫瑞是一位木匠的兒子，但很受當時英國上層社會的尊重。喬治從不隱諱自己的出身，這在當時的英國社會是極為少見的。

一天，一個紈袴子弟與喬治在一處沙龍相遇，他異常嫉妒喬治，欲中傷詩人，便高聲問道：「對不起，請問閣下的父親是不是一位木匠？」

詩人回答：「是的。」

紈袴子弟又說：「那你父親為什麼沒有把你培養成木匠呢？」

詩人微笑著回答：「對不起，閣下的父親想必是紳士？」

紈袴子弟傲氣十足地回答：「是的！」

詩人又說：「那你父親怎麼沒把你培養成一位紳士呢？」

面對紈袴子弟的惡意提問，詩人沒有正面回答，而是根據對方的方式進行反問，使紈袴子弟丟臉獻醜，偷雞不成反蝕一把米。

巧妙導引，靈活轉接，抓住契機，後發制人，這也是日常交際中非常有效的幽默手法。

其實，在歷史上和現實生活中，我們看到或聽到過許多「機

辯」與「善辯」的幽默。當年諸葛亮隻身過江東，遊說孫權抗曹，舌戰群儒，這已成為家喻戶曉的歷史趣聞了。

在我們的日常生活中，也不難發現這樣的幽默。比如在酒席上，有的人就特別善於辭令，特別善於借助自己機辯的辭令勸人喝酒；在一些會議上，面對某項一籌莫展的計畫，有的人就能夠巧妙地拉攏支持的掌聲。正如前人所說的：「不是生活中沒有美，而是缺乏發現美的眼睛。」只要我們擦亮眼睛，靈活機智地應對，笑聲和幽默便無處不在。

## 用幽默使自己佔據主動

談判要爭取掌握主動權，要做到制人而不制於人。在談判中，主動權往往掌握在實力最強的一方手裡。對於穩操勝券的主動方來說，「一步主動則步步主動」。所以我們認為，不僅同其他人合作要佔主動，競爭中要佔主動，就是在談判中同樣要佔主動。

在談判中佔據主動的方法有很多，利用幽默的技巧向對方進行步步引導，可不動聲色地在談判中佔據主動地位。

下面就是一則在日常生活的談判中佔據主動的幽默故事。

父親下班回到家裡。他那正讀大學的兒子問他說：「爸爸，你可知道人類學家說過，人本來不該是直立行走的？」父親回答：「這又怎麼樣？」他說：「所以把汽車鑰匙借給我吧！」

兒子先發制人，主動向父親發問，一步步把父親誘入自己設的語言陷阱，再提出自己「借車」的要求，使父親沒有理由拒絕，從而取得這次向父親「借車」的談判的成功。

要想最快地達到談判的目的，就需要做多方面的準備，比較好的方法是根據實際情況，提出多樣選擇方案，從中確定一個最佳方案作為達成協議的標準。有了多種應付方案，就會使你有很多的迴旋餘地。

小男孩問媽媽：「媽媽，我要養一隻小狗。」

媽媽不同意說：「狗多髒啊，寶寶聽話，我們不養狗。媽媽明天給你買個漂亮的玩具狗。」

小男孩不高興地說：「媽媽，我不要玩具狗，沒有小狗，我要一個小弟弟陪我玩也行啊。」

結果，第二天，媽媽就給小男孩買來了一隻小狗。

小男孩主動提出要求，給媽媽兩個選擇，或者要一隻狗或者要一個小弟弟。這樣，媽媽自然會同意買隻狗給他。

而且，你可以提出兩種或多種選擇，這些選擇都可以是對方不願意接受的。但是比較起來，其中總會有一種是令對方比較能接受的。這時候，你改變談判結果的可能性就更大了。因為你充分佔據談判的主動權，也就掌握了維護自己利益的方法，迫使對方在你希望的基礎上談判。即使對方不同意其中某項提議，他也會在你提議的基礎上提出新的解決辦法。

著名義大利女記者奧里亞娜·法拉奇成功地採訪了一系列世界風雲人物，留下了許多動人的紀錄和插曲，也是她幽默智慧的展現。下面就是她與著名政治家亨利·季辛吉的一段對話：「季辛吉博士，如果我把手槍對準您的太陽穴，命令您在阮文紹和黎德壽之間選擇一人共進晚餐，那您會選擇誰？」

季辛吉說：「我不能回答這個問題。」

奧里亞娜問：「如果我替您回答，我想您會更樂意與黎德壽共進晚餐，是嗎？」

季辛吉回答道：「不能……我不願意回答這個問題。」

奧里亞娜可謂咄咄逼人，這種「逼」不在於死死糾纏，而在於幽默地「進犯」。問題是嚴肅的，但方式卻是玩笑似的。透過幽默的主動出擊，提出讓對方兩難的選擇，最終使對方繳械投降。

有時，面對一些對己方很不利的談判場合的時候，幽默不失為一個改善情形的好辦法。

在一次董事會議上，眾人們對卡普爾的領導方式提出許多責問與批評，會議頓時充滿著緊張的氣氛，似乎大家都已無法控制住自己的情緒。一位女董事質問道：「公司在過去的一年中，用於福利方面的資金有多少？」

「幾百萬美元。」

「噢，我真要昏倒了！」

聽到如此尖刻的話語，卡普爾輕鬆地回答了一句：「我看那樣倒好。」會場上意外地爆發出一陣難得的歡笑聲，那位女董事也笑了，緊張的氣氛隨之緩和下來。

卡普爾用恰當的口吻把近似對立的諷刺轉化為幽默的力量，和大家一起度過了緊張的時刻，緩解了眾人激動的情緒，讓一切都恢復到心平氣和的狀態中，共同致力於問題的解決。

一次重要談判，雙方從未有過任何接觸，氣氛自然顯得十分沉悶。就在這個時候甲方代表開口了：「經理，聽說你是屬虎的，你的公司在你的領導下真是虎虎有生氣呀！」

「謝謝，借你吉言。唉，可惜我一回家，就難有虎威可現了！」

「噢，為什麼呢？」

「我和我的夫人生肖相剋啊，我被降住了！」

「那麼你妻子……」

「她屬武松！」

這一幽默雖有刻意營造之痕跡，但這並不妨礙它在緩和氣氛中的作用。雙方你來我往，不經意的幾句幽默話語，就使原來的沉悶一掃而光，彼此間建立起一種親近隨和的關係。

尤其在初次談判中，雙方都要寒暄一番以營造良好的談判氣氛。如果能像上面例子中的談判者那樣恰當地運用一些幽默語言，就可以將雙方本來陌生的關係塗上一些「潤滑劑」。

在談判中採用幽默姿態，可以緩和緊張形勢，製造友好和諧的

氣氛，從而縮短雙方的距離，淡化對立情緒，也能讓受到壓迫的一方化不利為有利，掌握主動權。

一次，一家企業的負責人和外商進行談判。在我方的義正詞嚴面前，對方不但不接受，反而說和我方談判是「對牛彈琴」！我方的負責人靈機一動，利用對方拋來的話語將計就計，巧妙地回敬了對方：「對！牛彈琴！」在這裡，負責人把對方拋來的「對牛彈琴」這個成語巧妙地進行了結構上的調整，變成了一個內涵豐富的「對！牛彈琴！」，從而既擺脫了困難，又迫使對方陷入無地自容的窘境。

幽默是一種人生態度，可以毫不誇張地說，一個懂得幽默的人比一個古板的人更適合於游刃社會中。在談判這樣一個富有挑戰性的活動中，幽默能夠達到使其致勝的目的。

## 「移花接木」的幽默技巧

所謂「移花接木」的幽默，就是指說話的兩個人中，一個人利用對方話語中的句子或辭彙加以改造，把自己的意思塞進對方的句子或辭彙框架中，達到鈍化攻擊、緩和氣氛的效果。在通常情況下，移花接木的幽默往往與偷換概念的幽默是一致的，所產生的幽默效果也是相近的，這種技巧往往被用在談判中。

讓我們來看看東方朔是怎樣運用這種幽默進行談判的。

漢武帝晚年沉迷於神仙之說，為了長生不老，特別相信方士的話。當方士把所謂的不死之酒敬奉給他之後，他就特別看重這些酒。而作為幸臣的東方朔又是滑稽之臣，以伶俐的口才著稱，經常能夠逗得皇帝解頤而笑。

一天，東方朔乘機偷喝了皇帝的「御用」之酒。皇帝很生氣，聲言要處死他。東方朔說：「陛下，臣喝的是不死之酒。所以，臣是不會被殺死的。如果陛下下令臣被處斬，臣死去了，那麼，所謂

的不死之酒也就不是不死之酒了。不死之酒，不能救臣於不死，難道能於陛下尊體有效嗎？」漢武帝聽了，也覺得有道理。

從上面這個幽默故事中，我們可以看出，要成功地運用這種幽默技巧，就要首先抓住對方的開場闡述，認真耐心地傾聽對方的開場闡述，歸納弄懂對方開場闡述的內容，思考和理解對方的關鍵問題。如果對方開場闡述的內容與你意見差距較大，容易與對方發生爭執，就應當先讓對方說完，從側面進行談判。不要打斷對方的闡述，更不要立即認同對方之後再巧妙地轉開話題。

從另一角度來看，「移花接木」的幽默是一種迂迴的談判技巧，迂迴談判也是國人經常運用的談判方式，它與我們傳統的涵蘊深沉的文化心理相符。因此，在談判中，迂迴戰術更適用於中國人之間的談判。對於中國人來講，一場針鋒相對、火藥味極濃的商業談判不見得是一場成功的談判，國人更樂意在彬彬有禮、談笑風生的氛圍中合作。

巧妙地運用「移花接木」的幽默技巧還可以適時偷換角色。所謂「偷換角色」，就是指故意將所指對象由自己換成他人，或者在明確理解對方的所指對象之後，另外虛構一個不同於對方原本所指對象的新對象。不過這個虛構出來的新對象，要求用對方的話也能解釋得通，然後把這個虛構的對象假想為真實對象，對他說出你幽默的話語，這樣就會具有很強的幽默效果。

這種情況在日常生活中經常出現。在一個小山村裡，人們都來為一位99歲高齡的老人慶祝生日，村長也來為這位老壽星捧場。他很自豪，因為在他的村裡出了一位遠近聞名的壽星。村長高興地向老人道喜：「老伯，我給您拜壽了，希望明年還能給您慶賀百歲大壽！」老人故作嚴肅地打量了村長一番，然後說：「為什麼不能呢？你的身體好像還挺結實的嘛！」

這位老壽星巧妙地運用了偷換角色的幽默，本來村長是讚美老壽星的身體好，老壽星卻把所指對象由他自己換成村長，從而造成

一種幽默效果。

　　我們除了能將所指對象由自己換成他人，還可以透過聯想或想像把角色偷換到第三者身上，請看下面這個故事。

　　兩位老人在一家位於海邊的療養院休養，他們的身體都很虛弱。一天早晨，一位服務員陪他們在海灘散步。這時，一隻海鷗從高空飛過，拉出的一團鳥糞正好落在其中一位老人光禿禿的頭頂上。服務員見了，趕忙關切地對老人說：「請待在這兒別動，我回去取面紙。」就在服務員匆匆奔向他們的住所時，這位老人指著他的背影對另一位老人說：「這個笨蛋！等他取來面紙，那隻海鷗至少已經飛出一公里了。」

　　這位老人確實夠幽默的。明明服務員是要拿面紙給他擦頭上的鳥糞，他卻說成是給海鷗擦屁股，把角色從自己轉換到「第三者」海鷗身上，這是一個典型的偷換角色的幽默故事。

　　偷換角色，把自己表現得好像理解力很差，而實際上是大智若愚。在大多數情況下，以溫和友善的話語來代替抱怨和指責，就可以使你得到比較周到的服務。不過在特殊情況下，比如你去住旅館，而旅館客滿了，你怎樣才能讓自己得到滿意的服務呢？相信下面一段對話會對你有所啟發。

　　有一次，安德魯到一家旅館投宿，旅館職員說：「對不起，我們的房間全部客滿了。」

　　安德魯問：「假如總統來了，你們可有房間給他？」

　　「當然有！」職員說。

　　「好。現在總統沒來，那麼您是否可以把他的房間給我？」

　　結果，安德魯得到了房間。

　　上面故事中，安德魯虛構了總統這個角色，然後巧妙地把總統這個角色偷換成自己，讓旅館職員完全沒有理由拒絕他人入住。

　　可見，「移花接木」的幽默技巧不僅能產生營造幽默氣氛的作用，它對我們為人處世也有著相當大的實用價值。利用這種技巧，

我們可以對他人進行有力的說服，使別人的態度由否定變為肯定，可以說，這是一劑非常有效的處世良方。

## 用幽默化解對方的疑惑

　　談判中，當對方突然提出擔心時，你應該用幽默的方式化解對方的疑慮。談判中，除了正面交鋒外，周邊戰也相當重要。先周邊後內裡，先幕後再公開，在談判桌外找到雙方的共同點，可以為場內談判創造良好的氛圍。談判中的周邊戰，是聯絡感情、溝通資訊、影響對手的手段，也是對正式談判的一種補充。

　　要化解對方的疑慮，首先要了解對方的疑慮所在以及造成對方疑慮的主要原因，並做出清楚的分析和清楚的整理，然後才能針對對方的疑慮用輕鬆幽默的語言進行充分的交流。這樣，雙方的關係發展才可能相對穩定，歧見也較易化解。讓我們看看下面這個故事中船長是怎樣做的。

　　一條船在海中航行，突然狂風吹來，海浪滔天，看樣子船馬上就要翻了。船長急忙命令大副去通知乘客棄船逃命，結果大副去了半天，悻悻而回，說：「他們都不願意跳下去，對不起，我實在沒有辦法了。」

　　船長無奈，只好親自到甲板上，不一會兒，便微笑著回來了。他說：「都跳下去了，我們也跳吧！」

　　大副很驚異地看著他，問道：「你是怎麼勸說他們的？」

　　船長說：「我首先對那個英國人說——作為紳士，應該做出表率——於是他跳下去了；接著，我又板著臉對那個德國人說——這是命令——於是他也跳下去了；我又對那個法國人說——那種樣子是很浪漫而且瀟灑的——他也跳下去了；我對伊拉克人說——這是將軍和真主的旨意——他馬上起身，穿上救生衣就跳了下去。」大副一聽，簡直佩服得五體投地：「太妙了，長官，那麼您是怎麼對

美國人說的呢？」船長說：「我說——您是被保了險的，先生。那傢伙趕緊夾著皮包跳下水去了！」

上面故事中，船長針對不同的人總結歸納出他們各自的民族特點，並針對這些特點採用了不同的勸說方法。在我們看來，這些說法都很幽默，可是在聽者耳中，它代表了屬於民族和職責的另一種內涵。其實，在無奈的情況下，大家必須做出跳海的選擇。每個人都明白船長所要表達的意思，就這樣，對於大副沒有完成的任務，船長輕鬆地就解決了。

這告訴了我們一個道理：當我們想在談判過程中說服他人時，除了要使自己的語言信號準確無誤地傳達給對方，還需分析對方的性格，因人而異採用有針對性的語言進行說服。最重要的還是先營造良好的形勢，使對方在沒有其他選擇的情況下不得不接受我們的提議，這樣，幽默的說服才會收到預期的效果。否則，就很可能因基本條件不充分而導致談判失敗。

談判時，雙方是作為對手的身分出現的，因此難免有種對立情緒，如何才能消除對方的對立情緒，讓對方對你有充分的信任和認可，這就需要高超的談判技巧。談判中，也可以透過運用「裝傻」的技巧來消除對方的敵意，從而達到較好的效果。

1959年，美國總統尼克森訪問前蘇聯。在此之前，美國國會通過了一項關於被奴役國家的決議。赫魯雪夫在與尼克森的會談中激烈地抨擊了這個決議，並且怒容滿面地嚷道：「這項決議很臭，臭得像馬剛拉的糞，沒有什麼東西比這玩意兒更臭的！」

尼克森曾認真地分析過赫魯雪夫的人生背景，得知他年輕時曾以養豬為業，於是他盯著赫魯雪夫說：「恐怕主席說錯了。還有一樣東西比馬糞更臭，那就是豬糞。」

在比較正式的談判場合，作為國家元首，赫魯雪夫肆無忌憚，出言不遜，有失體面，他的目的是想讓尼克森置身於窘迫局面。好在尼克森幽默詼諧，暗藏機鋒，裝作沒弄懂對方的意思，實際上卻

進行了巧妙地還擊，打擊了對方的氣焰，化被動為主動。

儘管假裝糊塗法有很多妙處，但有時也很難在複雜的場合中取勝，這就要求說話者在這些場合對自己的「糊塗」來一個聰明的注腳。

裝傻實際上是大智若愚。談判中，裝傻可以使人自找台階，化解尷尬局面；可以故作不知達成幽默，反唇相譏；可以假癡不癲，混淆對手。而要達到這些，你必須有好演技，才能「傻」得可愛，「瘋」得恰到好處。

俗話說：「商場如戰場」，其實談判同樣是戰場。因此，如何裝癡作傻，怎樣排除對方的擔憂，讓對方以一種放鬆的心態來與你談判，這時，幽默的運用就要根據形勢，根據具體的情況來進行了。如果你能夠恰當地利用好幽默的力量，相信一定可以成為談判桌上的常勝將軍。

## 在忍耐中用幽默化解僵局

在談判中，幽默可以被運用到「先發制人、得寸進尺」的策略中，但是，即使加入了幽默的手法，這種先發制人的策略還是很容易招致對方的反抗情緒，影響雙方良好人際關係的建立和維護，使談判陷於僵局。因此，有經驗的談判者往往採取以退為進的忍耐策略。

在談判中如果發生意見分歧，一時難以達成一致時，不要急於要求達成協定，要善於忍耐。談判者可以在忍耐中獲取輕鬆，在輕鬆中產生幽默。美國前總統卡特就是一位具有忍耐力和幽默感的人物。

有一次，他為了促成和談，把雙方領導人都請到了大衛營。大衛營的生活十分單調，兩位領導人都感到十分厭煩，但又不得不應付每天長達10小時的談判。每天早晨，領導人都會先後聽到敲門

聲。

　　卡特總是這樣幽默地說：「嗨！我是吉米・卡特，請你們準備開始煩悶的、長達10小時的會晤吧！」

　　到了第13天，雙方終於簽署了和平協定。

　　卡特能促成和談，這中間的原因很多，但卡特總統的忍耐和幽默則是其中一個重要的因素。

　　我們知道，以退為進不是消極地退讓，其目的仍然是最終實現自己的目標。運用以退為進的談判策略，再輔以幽默智慧的行動和語言，往往比一味採取進攻策略更有效。

　　推銷其實也是一次很有挑戰的談判，你要說服對方買你的產品，那麼就要有一定的談判技巧。其中，幽默可以說是每個成功的推銷員所必備的素質。

　　日本人壽保險業中大名鼎鼎的推銷員原一平，身高只有145公分。他也曾為自己矮小的身材而感到苦惱，但後來他想通了。他認識到克服矮小的最佳辦法就是坦然接受，然後設法將此缺點轉化為優點。

　　一次，原一平的上司對他說：「體格魁梧的人，看起來相貌堂堂，在訪問時較易獲得別人的好感。身材矮小的人，在這方面要吃大虧。你我均屬身材矮小的人，我認為必須以表情取勝。」原一平從這番話中獲得很大啟發。從那時起，他就以獨特的矮身材，配上經過苦練出來的各種表情和語言，在向客戶介紹情況時，經常逗得人家哈哈大笑。

　　比如他登門推銷人壽保險業務時，經常有以下對話：

　　「您好！我是明治保險的原一平。」

　　「啊！明治保險公司，你們公司的推銷員昨天才來過，我最討厭保險了，所以他昨天被我拒絕了！」

　　「是嗎？不過，我比昨天那位同事英俊瀟灑吧！」原一平一本正經地說。

「什麼？昨天那個仁兄長得瘦瘦高高的，哈哈，比你好看多了。」

「矮個子沒壞人，再說辣椒可是愈小愈辣喲！俗話不也說『人愈矮，俏小姐愈愛』嗎？這話可不是我發明的啊！」

「哈哈！你這個人真有意思。」

就這樣，原一平與客戶交談後，雙方的隔閡大多就消失了，生意也很快做成了。他以出色的幽默推銷術連年獲得全國最佳推銷業績，被尊為「推銷之神」。

很多時候，要讓對方接受你的推銷，購買你的產品，你往往需要有很強的忍耐力，能夠忍受各種刁難和語言的嘲諷。特別是上面故事中提到的上門推銷是最容易招致顧客反感的，這時候就需要你既能夠忍耐對方不太客氣的言語，同時又要在忍耐中展示出自己的幽默和風趣，這樣才能最終打動他人，從而獲得談判的成功。

在推銷遭到拒絕時，有經驗的推銷員總能夠以幽默應對，巧妙地打消顧客的疑慮，引起他們對商品的興趣，直至生意的最後成交。

某家帽廠的推銷員上門向顧客推銷。他對顧客說：「先生，這樣的帽子非常適合你戴，買一頂吧。」這位顧客中年謝頂，根本就不想買。於是他謝絕道：「我看就不必了。你看我腦袋上的這幾根頭髮，數都能數得過來。」推銷員馬上說：「但你一戴上帽子，別人就不會關注你的頭髮，而且還能夠遮風擋雨！」於是，顧客買了一頂帽子。

幽默是推銷活動的催化器，它能夠化解尷尬的氣氛，改善與顧客的關係。

某雨衣廠的推銷員在一次展銷會上向各地來賓介紹：「本廠生產的雨衣，經久耐用，式樣新穎。」但是大家都不願在他這兒駐足。他著急了，急忙拿起一件雨衣往身上披，模仿模特兒的步子走起來，人們紛紛駐足觀看。這件雨衣由於一直作為展品被試穿多

次，肩上已出現了兩個破洞。推銷員也注意到了，他微微一笑，向人們解釋道：「大家看見沒有？像這種品質不好的雨衣，我們可以包退包換。」結果在這次展銷會上，這位推銷員簽訂了很多銷售訂單。

這都是非常成功的推銷例子，這些成功案例的共同之處便是推銷者都能在面對拒絕和不利的情況下，忍住自己的情緒，用幽默巧妙應對，從而化解僵局，使買賣雙方在和諧的氣氛中達成協定。推銷中，我們也許會遇到許多難題，顧客的拒絕就是其中一種，而利用幽默可以改變顧客的心理，順利地將產品推銷出去。這也正是忍耐中的幽默所具有的獨特效果。

## 知己知彼，後發制人

幽默而智慧的談判者，一般不主動先開價，而總是笑著請對方先開價。因為，「後發制人」才有迴旋的餘地。如果對方開價合乎自己的意願，不要喜形於色，要先略為沉吟思考一番，再落落大方地表示可以考慮。

如果對方堅持非要你先開價或對方先開出的價不合你意時，切記不要隨便出價，而要盡可能幽默而又隱蔽地進行鋪墊和引申，一旦他的思維進入你的「範圍」，你再提出自己的想法，他會覺得你開的價有一定的可比性，至少做到了「知己知彼」。

下面是生活中一個幽默的談判故事。

小王是鄉下來的大學生，室友小鄭則是城裡人，因此小鄭常譏笑小王不如自己聰明，並說自己無論哪一方面都比小王強，同學們都故意說不信。

「不信，我敢和他打賭！我們相互提問，要是有一方不知答案，就付他50塊錢。」小鄭有些急了，沉不住氣地大叫道。

小王則說：「既然你們城裡人比我們鄉下人聰明，這樣賭我要

吃虧。要是我問你不知道，你輸給我50塊錢。你問了我不知道，我輸給你25塊錢。你看怎麼樣？」

「就這樣吧！」小鄭自恃見識廣，爽快地答應了。

小王問道：「什麼東西有三條腿在天上飛？」

小鄭答不上來，輸了50塊錢。隨後，他也向小王提出了這個問題。

「我也不知道。」小王老實承認，「這25塊錢給你。」

小王讓對方先開價，然後巧妙地把對方引入圈套，再按照小鄭的所謂城裡人比鄉下人聰明的言論進行推論，反過來證明了小鄭的愚蠢。這之中還隱藏著一種以退為進的戰術。同樣一個問題，大家都答不上來，而結果則不一樣。小鄭聰明反被聰明誤，被小王的「也不知道」砸了自己的腳，輸了錢而又不得推辭，雖叫苦不迭，卻又無可奈何。

在談判中，當你對對手的情況不太了解或者當你不能預測對手會採取什麼談判策略時，最好「請對方先開價」，即先讓對方闡述利益要求，然後大體了解對方的策略和意圖，再於此基礎上審慎、幽默地表達己方的意見，提出己方的要求。這種後發制人的方式，常常能收到奇效。

高明的幽默在於即使到了針鋒相對時，也不會怒火中燒，而是仍然保持冷靜，以幽默的言語反駁對方，從而獲得以靜制動、後發制人的效果。

一個和尚被人騙進考場，考官見和尚也來考試，心中不滿，便用略帶挑釁的口氣說：「孔聖人三千弟子下場去。」和尚忙答道：「如來佛五百羅漢上西天。」考官又說：「子曰：克己復禮。」和尚又答道：「佛道：回頭是岸。」考官一聽，很著急，忙喝道：「旗鼓。」和尚也快速地高聲答道：「木魚。」考官再也忍耐不住了，生氣地說：「豈有此理，豈有此理。」和尚以為考完試了，忙答道：「阿彌陀佛，阿彌陀佛。」考官大聲喊道：「快走，快

走。」和尚連忙謝道：「善哉，善哉。」

在這則故事中，和尚用自己熟悉的詞語對儒家經典，見招拆招，雖然看起來是考官主動出招，其實發現招招被人所制。談判中有時候如果氣氛太僵，可能會發生一些言語的衝突，這時，在面對他人的挑釁時，就可以巧妙地運用幽默予以回擊。

## 顧左右而言他的幽默技巧

「顧左右而言他」為大家所熟悉，也是一種幽默的談判技巧。一般人在談判剛開始時都懂得運用這種「環顧左右、迂迴入題」的幽默談判策略，大家不會一碰面就急急忙忙地進入實質性的談話，雙方人員也都表現得彬彬有禮，言語輕鬆。因此，雙方有足夠的時間協調一致。

隨著談判的深入，雙方內心都會越來越忐忑不安，尤其是當談判陷入僵局時。這時，可以運用「顧左右而言他」的談判技巧消除雙方的尷尬狀況，穩定自己的情緒，使談判氣氛變得輕鬆活潑，就能打破僵局，掌握主動權，為談判的成功奠定一個良好的基礎。如果能夠靈活地運用「顧左右而言他」的幽默技巧，那麼它將是你獲得成功的重要策略手段。

女大使柯倫泰曾被任命為前蘇聯駐挪威全權貿易代表。一次，她和挪威商人談判購買挪威鯡魚。挪威商人的出價高得驚人，她的出價也低得讓人意外。雙方開始討價還價，在激烈的爭辯中，雙方都試圖削弱對方的信心，互不讓步，談判陷入僵局，最後柯倫泰笑著說：「好吧，我同意你們的價格。如果我們政府不批准的話，我願意用自己的薪資來支付這個差額。但是，這自然要分期付款，可能要支付一輩子了。」

挪威商人在這個談判對手面前無計可施，只好同意將價格降到柯倫泰認可的範圍內。柯倫泰運用幽默，巧妙化解了談判的僵局，

最終使對方接受了己方的條件。

婉轉提問也是「顧左右而言他」幽默技巧的一種。這種提問是用婉轉的方法和語氣，在適宜的場合向對方發問。這種提問是在沒有摸清對方虛實的情況下，先虛設一問，探出對方的虛實，進而採取相應的對策。出色的談判大師總是工於心計，巧於言辭，在談判桌上運用自己的口才和幽默與談判對手展開智慧謀略的較量。

在談判中，透過旁敲側擊的方法，利用幽默的語言來回擊或反駁對手的一些觀點，也是一種「顧左右而言他」的技巧。由於運用旁敲側擊法，謎底被深深地埋藏在幽默的話語裡。所以要在談判中運用這種幽默技巧並取得幽默效果，就要在己方發言之後，留給對方短暫的回味時間，使對手體會到幽默的話語和謎底之間的微妙聯繫。因此，在談判中我們不但要自己善於運用，而且還要善於領悟對手的這種幽默。

在談判中，當需要批評或提醒對方而又不便直接向對方提出時，便可考慮使用這種幽默風趣的旁敲側擊法。從側面提出一些看似與談判主題無關的話題，以此來達到啟示、提醒、警告等目的。

季辛吉曾就越南戰爭問題與大使多勃雷寧舉行會談。談判正在進行時，尼克森總統給季辛吉打來電話，接完電話之後，季辛吉對多勃雷寧說：「總統剛才在電話裡對我說，關於越南問題，列車剛剛開出車站，現在正在軌道上行駛。」老練的多勃雷寧試圖緩和氣氛，機智地接過話頭說：「我希望是開飛機而不是開火車，因為飛機中途還能改變航向。」季辛吉立即回答道：「總統是非常注意選擇辭彙的，我相信他說一不二，他說的是開火車。」

在這次談判中，季辛吉巧用火車與飛機的比喻，幽默地對對手進行旁敲側擊，既鮮明、堅定地表明了自己的立場，而語氣和態度又顯得十分強硬，令對方容易接受。可見在談判中，語言的幽默往往能有效地活躍談判氣氛，使談判輕鬆、愉快，並逐步向有利的方向發展。

下面再舉一個現代生活中談判的例子。

一位顧客坐在一家高級餐廳的餐桌旁，把餐巾繫在脖子上。餐廳經理很尷尬，叫來服務生說：「請你讓這位『紳士』懂得，在我們的餐館裡，這樣做是不允許的，但話要說得盡量委婉些。」

服務生來到這位顧客身旁，很有禮貌地問：「先生，您是刮鬍子，還是理髮？」話音一落，那位顧客立即意識到自己的失禮，趕快取下餐巾。

服務生沒有直接指出客人的失禮之處，卻幽默地問兩件與餐廳服務項目毫不相干的事——刮鬍子和理髮。表面上看來，似乎是服務生問錯了，但實際上他是透過這種風馬牛不相及的幽默來提醒這位顧客，既使顧客意識到自己的失禮之處，又做到了禮貌待客、不傷及客人的面子。服務生用的正是旁敲側擊的幽默技巧。

當然，服務生不能把顧客當做對手看待，不過，服務生確實是與顧客進行了一次一般意義上的談判。試想，如果服務生直接指出顧客的不對，顧客必定會很尷尬，可能頭也不回地走了，餐廳也就失去了一位顧客。

在談判中運用這種迂迴的方法時，還要注意說話之前先動動腦子，從正面、反面、側面多角度地想一想，尋找出可以使對手得到啟示的各種表達方式，選擇其中最好的一種。

在談判中，還必須密切觀察對方態度的變化。身體動作、手勢、眼神、臉部表情甚至咳嗽等，都能成為可用的素材。有時，談判者有意識地用這些形體動作代替有聲語言，特別是在不允許或不宜用語言表達的時候，如咳嗽有時表示緊張不安，有時用來掩飾謊話，有時表示懷疑或驚訝。但是，在某一時刻，一個舉動又不僅僅表達一個意思。這就要求談判者善於聯繫對方的態度和言談舉止加以辨別。

## 用幽默打破僵局

在談判過程中，雙方常在關鍵性問題上互不讓步，爭執不下，使談判陷入僵局，從而面臨談判破裂的危險。如果談判的某一方認為談判破裂將給自己一方造成重大損失，就可以運用幽默的語言說服對方，做一些小小的讓步來保住主要利益，從而打破僵局，使談判繼續進行。

日本前首相中曾根曾同戈巴契夫舉行會談。戈巴契夫說：「據說，日本人宣稱今後只要日本持續不斷地增強經濟力量，我們便將乖乖地屈服於日本的經濟合作。殊不知，這是大錯特錯的，我們絕不屈服。」

中曾根首相反駁道：「儘管如此，兩國加深交流也是必需的，阻撓兩國關係發展的，正是北方領土問題。……我畢業於東大法律系，你是莫斯科大學法律系的高材生。我們倆同屬法律系的畢業生，理應了解國際法、條約和聯合國聲明為何物。國際上都承認日本的主張是正確的。」戈巴契夫笑容可掬地答道：「我當法律家就吃虧了，所以變成了政治家。」

戈巴契夫的一句俏皮話，使雙方的緊張氣氛得到了緩解，談判得以繼續進行。

幽默能減少人們之間的緊張和對立。因為代表著各自的利益，很難輕易地讓步、求和，其間必有一番唇槍舌劍的苦鬥，有時甚至到了劍拔弩張的地步。這時，如果某一方代表說句幽默的話或講個小笑話，大家一笑後，緊張的氣氛就可能容易化解，雙方會繼續談下去，直至達成共識。

談判桌上，劍拔弩張，這種場合更需要幽默來調節。中國有句古話：「和氣生財」。談判桌上同樣需要互相的妥協，只有這樣才能達成一致，使雙方共贏。而這時，幽默則是讓彼此都能退讓以接

受他人意見的最好潤滑劑。

## 「聲東擊西」的幽默技巧

　　「聲東擊西」從字面意思來理解，就是為了混淆敵人的判斷力，表面上宣揚要攻打這一邊，其實是攻打另一邊。把這一策略運用到幽默中，常能達到出奇致勝的效果，讓聽眾在180°的急轉彎中捧腹大笑。

　　清朝褚人獲的《堅瓠集》裡記載著這樣一個有趣的故事。

　　有一天，黃堂太守慶祝自己六十歲大壽，他的朋友特意從很遠的地方趕來。一進門，他的朋友就高聲朗誦道：「黃堂太守不是人！」

　　滿座賓客聽了，都大驚失色。有一個賓客認為他是來故意搗亂的，就站起來，大聲質問道：「不是人，是什麼？」

　　「是天上老壽星！」他響亮地回答道。

　　賓客們頓時哄堂大笑，之後便是一陣熱烈的掌聲。

　　這是一個典型的聲東擊西的幽默故事，朋友明罵「黃堂太守不是人」，讓聽眾故意有一個歪曲的理解，然後卻突然來了個180°的大轉彎，表明自己是在讚揚黃堂太守的高壽。

　　欲褒先貶、先抑後揚的極大反差，產生了極強烈的效果，讓人在哄堂大笑的同時，對這種幽默技巧裡所包含的智慧由衷地產生敬佩。

　　下面就是幾種常用的聲東擊西的幽默技巧。

## 順應原意，巧妙折回

　　在日常交際中，你如果對對方的觀點持有不同的看法，又擔心直接駁斥會傷及對方的自尊，那麼你就可以先順應對方的原意和觀

點，等對方誤認為自己贊同他的觀點而完全放鬆警惕時，再利用對方的問話，巧妙地折回自己的觀點。

一個公司職員向經理提出請求：「經理，我要求調到另一個部門去工作。」

經理忙問：「你對這裡的工作不滿意嗎？」

「不，經理，我不抱怨這個。」

經理又問：「你在這裡工作，不幸福嗎？」

「不，經理，我不抱怨這個。」

經理再問：「你對你的薪資待遇感到不滿意嗎？」

「不，經理，我不抱怨這個。」

經理更奇怪了：「那你為什麼要走呢？」

職員答道：「因為在那個部門，我可以抱怨你上面提到的三個問題。」

經理聽了，不禁笑起來，很快他就給這個職員調換了工作，增加了薪資。

職員對自己的工作本來是十分不滿意的，但當經理問他時，他卻故意順應經理的意思，一再聲明「我不抱怨這個」。當經理確信不是以上原因時，職員卻利用經理的問話，巧妙地折回自己的觀點，道出自己要求調動的真正原因。自己不露聲色，卻讓經理接受了自己的觀點。這就是聲東擊西的幽默所帶來的力量。

## 自引荒謬，巧妙反擊

在與別人交談的過程中，如果發現對方的話語存在一定的荒謬之處，可以先自引荒謬，以便讓對方產生歧義，然後在向對方反問的過程中巧妙地回擊，使對方的荒謬之處曝露得更為突出。這一來一回，形成了鮮明的對比，從而產生了不錯的幽默效果。

從前一個農民無緣無故地被一個財主誣陷。升堂審判時，縣官

明顯向著財主，農民對此十分不滿，就對縣官說：「大人，你不能判我有罪啊！」

「你明明有罪，為什麼不能判你有罪？」縣官大聲問道。

「回大人，因為我是一個瞎子啊！」農民說道。

縣官一聽，不禁大笑起來：「看你兩眼銳利，清澈如水，這不是明明睜眼說瞎話嗎？真是荒謬至極！」

農民接過縣官的話說：「大人，如果我的眼睛不瞎，那麼就是大人的眼睛瞎了。」

「為什麼？」縣官屬聲喝道。

「明擺著的事實和道理，大人卻視而不見，難道說你的眼睛沒瞎嗎？」

在這個故事裡，農民就是採用了自引荒謬、巧妙反擊的幽默方法，從而讓縣官認識到自己的荒謬之處。

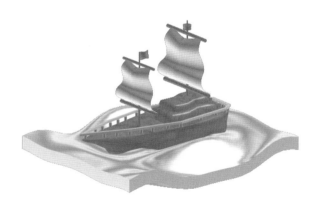

# 第九章

## 處世幽默，把智慧融入幽默

由於社會的進步與發展速度之快，更需要人們進行廣泛的交流與交際，而交流與交際最直接的方式就是語言。如果你掌握好了語言這把利刃，就能在社交活動中如魚得水。你想開拓事業也好，想融洽關係也罷，擁有了最廣泛的同盟與朋友，你的成功就只是今天與明朝之分。

## 學會用幽默博得同情

在雙方交談尚未開宗明義之前，來一個巧妙的輕鬆幽默，使對方處於歡樂之中，達成情緒上的「暈輪」，就像劉姥姥一進大觀園那樣，首先給被請求方以輕鬆感，然後再側面談及農家之苦，把被請求方的驕傲情緒和同情心調動起來，自然容易引起大家的共鳴。

利用自我解嘲和幽默，可生動地暗示自己的處境，喚起被請求方的同情。一個人向他的朋友抱怨：「我愈來愈老了。」當然，朋友告訴他，他看起來仍和從前一樣年輕。「不，我不年輕了。」他堅持說，「過去總有人問我：『為什麼你還不結婚？』而現在他們問：「你當年怎麼會不結婚呢？」朋友在被他的幽默逗笑的同時，也不免為他年華逝去卻還沒有成家而同情他。

美國作家傑克・倫敦許諾為紐約的一家出版社寫一本小說，卻遲遲沒有交稿。出版社編輯一再催促均無結果後，便往傑克・倫敦住的旅館打了個最後通牒式的電話：

「親愛的傑克・倫敦：如果24小時內我還拿不到小說的話，我會跑到你屋裡來，一拳揍到你鼻梁上，然後一腳把你踢到樓下去。我可從來是履行諾言的。」

傑克・倫敦回答說：「親愛的迪克：如果我寫書也能手腳並用的話，我也一定能履行自己的諾言，按時將稿子交到你的手裡。」

要獲得他人的同情，首先我們要脫掉虛偽的外衣，真誠地表露自己，而趣味的幽默能幫助我們移除障礙和欺騙。有時候在大庭廣眾之下，我們會犯一些小錯誤，鬧一些小笑話，這時候，就可以用幽默來幫助我們表達真誠，解除大家的嘲弄。

雷莉・布絲是美國20世紀50年代著名的女演員。在一次重大的頒獎活動中，她急步登台，沒想到在台階上絆了一下，險些跌倒在地，全場觀眾都為她吃了一驚，有些人甚至笑了起來。只見她不慌

不忙地穩住身體，站在舞台中央，平靜地說：「女士們，先生們，你們剛才看到了，我是經歷了什麼樣的坎坷才站到今天這個台上的。」全場觀眾頓時掌聲如潮。

這就是令人讚歎的機智和幽默。這位女演員所要講的內容可能事先排練過數十遍，駕輕就熟，而最後的這句台詞卻是從來沒有想過的。這就是臨場發揮幽默的困難之處，也是它的精彩迷人之處。幽默地面對生活，借助笑聲的分享，你就可以把瑣碎的問題擺在適當的位置，這有助於你輕鬆地獲得他人的同情，也能使你重振精神。

有時候，我們也難免會撒謊或者欺騙他人。而當我們偶爾犯了錯誤、受到譴責的時候，我們總是希望得到他人的諒解。在這個過程中，最好採取幽默的方式。

一個婦人打電話給電工：「喂，昨天請你來修門鈴，為什麼到今天還沒有來？」電工答道：「我昨天去了兩次，每次按門鈴都沒有人出來開門，我只好走了。」

人們聽後肯定會輕鬆地一笑，其意絕不在諷刺電工的服務態度，電工的愚笨反而使我們覺得可愛，進而諒解他的工作失誤。

有時候，做錯事情又被別人撞見，往往會使自己陷入尷尬的境地。面對這種無奈，我們只有採用幽默的方式來爭取他人的諒解，用幽默營造一種「山重水複疑無路，柳暗花明又一村」的境界。

守林人在林中抓到了狩獵者，責備他說：「你在幹什麼？」守林人聲色俱厲地問道，「春天這裡是嚴禁狩獵的，你難道不知道嗎？」

「這我知道，」狩獵者說，「但我實在是因為遇到了一件不幸的事，想來這裡自殺的。只是因為開槍時手抖得很厲害，不知怎麼，子彈竟誤落到野鴨身上。」

狩獵者在偷偷狩獵的時候，恰好被守林人撞見。狩獵者明白自己做的事情不對，為爭取守林人的諒解，他採用了溫和、幽默的方

式。心理學有一條規律：我們對別人表現出來的態度和行為，對方往往會做出同樣方式的反應和回答。西方有句諺語說得好：「把對方想像成天使，就不會遇到魔鬼。」當我們因做錯事情而損害他人的利益時，更應該以知錯就改的態度來和對方交流，以爭取對方的諒解。

有時候，誇大一下自己的缺點，就能夠消除自己的自卑感，以幽默獲得別人的理解和同情，還能收到有趣的效果。比如，英國有位很胖的作家常常這樣回應朋友們對他體重的擔憂：「我比任何男人都多三倍的仁慈，因為只要我在公共汽車上站起來讓座，就能同時令三位女士受惠。」

用幽默的方式表現原原本本的你，同樣也能獲得他人的同情和尊重。我們能夠消除疑慮，強化自我觀念，穩紮人生的根基。我們也無須擔心過於坦誠開放，因為我們深信自己的缺點、背景以及過去和現在的環境，透過幽默的方式能為大家理解並得到同情和尊重，這會比我們過去試圖掩飾逃避來得好。

也許你覺得自己生錯了時代或生錯了地點；或者你為過去的經濟環境感到困窘，生怕有人提起。在這種情況下，我們要提出一些方法，以幽默的力量來解決這些小困境。

「我們從來不窮，也沒挨過餓，只是有時會把吃飯的時間向後延展罷了。」

「我出生於窮苦的家庭，但在我小時候，別的小孩做模型飛機，而我是做模型漢堡麵包。」

當幽默幫助我們在情緒上坦誠開放時，我們和周圍的人都會感到舒服。每個人都有自己的難言之隱，許多卓有成就的偉人都向我們顯示過如何應對自己的過去和成就，我們也可以從中有所收穫。

## 學會用幽默請君入甕

「請君入甕」是個成語，講的是關於唐代酷吏來俊臣的一個典故，其中「甕」是指大罈子。當年武則天女皇掌管朝政的時候，有人告發了大臣周興，武則天命來俊臣審問周興。來俊臣假意請周興喝酒，席間他問周興：「犯人不肯認罪怎麼辦？」周興說：「拿個大甕，周圍用炭火烤，把犯人裝進去，什麼罪他會不招認呢？」來俊臣就命人搬來一個大甕，四面加火，對周興說：「奉皇命審問老兄，請君入甕。」周興嚇得連忙磕頭認罪。

後人就沿用「請君入甕」這個典故，指設好圈套等別人來鑽。把這種計謀用在幽默上，它就發展成為一種富有意味的幽默技巧或者說是語言技巧。它的最大特點是：用故弄玄虛的連續問或答，使對方一步步進入自己的話語迷宮，營造出一種幽默的氛圍，同時使他人開竅。

如運用在日常生活中，這種幽默藝術更加顯露出它固有的機智與思辨色彩。由於這個原因，在生活中的口舌戰中，這種巧設圈套的幽默技巧也被廣泛地應用。

有一次，老張到菜市場買魚。他走到一家鮮魚攤前，看到擺的魚雖然不少，但都不是很新鮮。老張提起一條放在鼻子前聞了一下，果然有一股臭味。攤主看到他這麼一聞，便非常不高興地問道：「哎，你這是幹什麼？我的魚兒是剛剛打上來的。」老張並沒有和攤主爭辯，也沒有指責他的謊話，順口說了句：「我剛剛是和這條魚說話呢！」

「嗯？」攤主覺得老張這話很有意思，不禁來了興致，想刁難老張一番，於是就說：「那你和魚兒說些什麼？」

老張說：「其實也沒有什麼，我想到河裡游泳，所以向那條魚兒打聽一下現在的水究竟涼不涼。」

「那魚兒怎麼說呢？」攤主已經笑得上氣不接下氣了，周圍也聚集了一些圍觀的人。

「魚兒對我說，很抱歉，我不能告訴你。因為我離開河已經十多天了。」

老張淡淡地說。圍觀的人哄然大笑，攤主臉上的笑容卻早就不見了。

幽默的老張表面上裝作沒有發現魚不新鮮，透過和魚兒的對話這件非常荒謬的事情來化解攤主的戒備情緒，並一步步誘使攤主進入自己的圈套，正是運用了「請君入甕」的幽默技巧。攤主在整個過程中都被老張牽著鼻子走，完全陷入一種被動的狀態。

這種幽默技巧必須突破常規思維，出奇致勝地將對方引入你的圈套中。對方則是按照正常的思維去推理，根據你的設計，對方最後必然會進入你的圈套之中。

法國寓言家拉封·丹習慣每天早上吃一個馬鈴薯。有一天，他把馬鈴薯放在餐廳的壁爐裡想熱一下再吃，等他回頭去拿的時候，馬鈴薯卻不翼而飛了。於是他大喊：「我的上帝，誰把我的馬鈴薯吃了？」

他的傭人「此地無銀三百兩」地說：「不是我。」

「那就太好了！」

「為什麼？」

「因為我在馬鈴薯裡放了砒霜，想用它毒死老鼠。」

傭人頓時面如土色，承認自己吃了馬鈴薯。拉封·丹對她解釋：「放心吧，我不過是想讓你說真話罷了！」

如果拉封·丹果真在馬鈴薯裡放了砒霜，那這個故事就不好笑了。這個故事的幽默之處就在於拉封·丹運用了故弄玄虛「請君入甕」的方法，誘使傭人說出真話，承認錯誤。

有一位很吝嗇刻薄的大富翁，和五隻狼狗住在一棟別墅裡。一天，富翁請一位畫家到家裡為狗狗畫一幅生活照。他要求畫家在他

家美麗的花園裡，描繪出狗狗們活蹦亂跳的各種姿態。

於是畫家花了三天時間，在他家的花園裡捕捉這五隻狗玩耍的動作。畫好了之後，畫家將畫得很生動的圖畫拿給富翁看，可是富翁卻藉故挑東揀西，因為吝嗇的富翁認為如果多挑剔一點兒，付帳時就可以以不滿意為藉口少付錢。

畫家早就聽說這個富翁吝嗇成性，心裡很明白這是富翁的老毛病又犯了，所以不動聲色地照著富翁所說的不滿意之處一次又一次地修改。最後，他將一幅已經修改了四五次的畫帶給富翁，只見富翁拿著畫左看右瞧之後，竟然說：「哎呀！你怎麼沒有把狗屋畫上去呢？」

「狗屋？」畫家一愣。

「是啊！我的狗最怕讓別人盯著看，每一次只要有人朝牠們看，牠們就會馬上躲進狗屋去，所以沒有狗屋是不行的。」

畫家不動聲色地想了想，說：「好吧！我將畫改過後，明天給你。」

第二天，畫家將修改好的畫送給富翁。

「咦！怎麼只有狗屋，我的狗呢？」

「因為我們現在正盯著牠們，所以牠們躲進狗屋裡不出來了。你先掛在牆上，過些時候沒人注意，牠們就會出來了。」畫家泰然自若地回答。「現在，請您付錢，謝謝。」

「請君入甕」的幽默技巧能夠展現出一個人的高超智慧。這種幽默還有一個很明顯的特點，那就是施用此術的人總是能在與對手的較量中佔據主動，先發制人。從一開始，就穩固地佔據主動地位，吸引對方的注意力，讓對方總是跟著他走，這樣，最後的一擊才會顯得幽默有力和富有戲劇性。

有這樣一則幽默故事。

一位大師經過多次的人生選擇，終於在菩提樹下頓悟，達到超我的境界。與他得道的艱苦經歷一樣，他的傳道也非一帆風順。

有一次，有個男子用骯髒的話謾罵大師，打斷了他的講道。大師等他罵完後問他：「如果一個人送禮物給另一個人，另一個人拒絕接受，那麼這個禮物該歸誰呢？」

「當然應該歸送禮的人了。」那男子摸不著頭腦地回答。

「好吧，」大師說，「我拒絕接受你的骯髒話，現在把它歸還給你。」

大師是得道的高人，既不能與之對罵，也不能裝聾作啞，於是巧妙地提出一個禮物歸誰的問題，來徵詢對方的回答。對方所說的「當然應該歸送禮的人」正是大師所希望得到的話，藉此可以做出柔中有剛的反擊。

圈套埋伏的幽默還可以利用對方爭強好勝，不會自動認輸的心理，主動提出與對方打賭，在賭局中安排對方意料不到的內容，讓對方上當。如《啟顏錄》中記載：崔思海口吃，表弟杜延業經常與他開玩笑。一天，杜延業說：「我能讓你學雞叫。只是我問什麼話，你都要回答。」

崔思海答應了，認為他沒有辦法迫使自己學雞叫。別人也都不信。過了一會兒，杜延業拿一把穀子走到崔思海面前。

「你看這是什麼？」

崔思海不知是計，隨口答道：「穀、穀、穀子。」

旁觀者大笑，因為崔思海的回答正與雞叫相似。杜延業先提出挑戰，激起對方應戰，然後利用崔思海口吃的毛病，讓他說穀子，結果聲音與母雞的叫聲相似，這是讓崔思海意想不到的。

常言道：「重賞之下，必有勇夫」。利用人貪財好利的本性來進行引誘，往往能令一些人受騙上當。

英國小說家毛姆未成名前，生活甚困，為求著作有價，有次他寫完書後，在各大報紙刊登徵婚啟事。該啟事稱：「本人喜歡音樂和運動，是個年輕而又有教養的百萬富翁，希望能和毛姆小說中主角完全一樣的女性結婚。」

**226**

幾天之後，在全倫敦的所有書店，他的書都被搶購一空。

毛姆在徵婚廣告中詭稱自己是個「百萬富翁」，將擇偶標準與書中的女主人翁聯繫起來，從而利用了女性擇偶時嫌貧愛富的心理，巧妙地推銷了自己的著作。

## 學會用幽默借題發揮

借題發揮，往往是借由別人的某句話或者某個觀點，透過聯想同類的或者是具有相似性的事物，也可以透過推理或者類比的方法把「小題」進行「大做」，從而產生幽默的效果。

實際上，借題發揮的幽默技巧是各種技巧中比較容易掌握、又行之有效的一種。其關鍵點就是能不能把「小題」透過離奇的推理和類比加以「大做」，從而引出幽默效果，以笑聲折服他人。

一位老人看不慣現在許多年輕人的一些作風，但又不想直接將這點表現出來。有一天他去公園散步，迎面走來一位流裡流氣的年輕人。「喂，老頭兒，借個火！」那傢伙叼著一根菸，不禮貌地衝著他說道。

老人掉頭就走，有人覺得奇怪，便趕上去問他為什麼怒形於色。老頭掩飾道：「哦！那小子想跟我借火，我才不幹！」

老人解釋道：「因為那樣我就一定會跟他說話，一說話他就會問我家住在哪兒，我當然不能不告訴他；那麼他就會到我家去聊天，那樣就糟啦！因為我女兒一定會愛上他，這麼一來他就有權繼承我的家業了。你想想看，我能把自己的家業白送給一個我並不了解的人嗎？」

這位老人由於討厭年輕人的作風，所以不願跟對方接觸。但是當別人追問原因的時候，他又不想表白自己的真實意圖，於是他就以借火為中心點，小題大做，透過推理步步延伸，反而說成是出於防止引狼入室。看來，在某些特殊場合小題大做一把，往往能夠收

到奇效，幽默和化解困境兩不誤。

借題發揮的關鍵在「借」上，要找對借的「題」，才能給後面的發揮打下良好的基礎，發揮才能有理有據。借得好，才能發揮得好；借得妙，就會發揮得生動有趣。

美國五星上將馬歇爾在他駐地舉辦了一次酒會。酒會後他送一位小姐回家。這位小姐的家就在附近不遠，可是馬歇爾開了一個多小時的車才把她送到家門口。

「你來這裡不是很久吧？」她問，「你好像不太認識路。」

「我不敢那樣說，如果我對這個地方不熟悉，我怎麼能夠開一個多小時的車，而一次也沒有經過妳家的門口呢？」馬歇爾微笑著說。

這位小姐被馬歇爾的幽默打動，馬歇爾也因此贏得了佳人的芳心。

馬歇爾借的是那位小姐所說的「你好像不太認識路」這個話題，按正常邏輯來判斷，不認識路自然就找不到要去的地方，但是馬歇爾巧妙地借這個題，向這位小姐表達了愛慕之心。尤其是他的發揮更妙趣橫生，「如果我對這個地方不熟悉，我怎麼能夠開一個多小時的車，而一次也沒有經過妳家的門口呢？」不認識路不是找不到小姐的家，而是要怎麼不斷地避開小姐的家，巧妙的心思展現出了他睿智的幽默。

不僅是在生活小事中可以借題發揮，幽默一下，在一些很正式的國際談判中同樣可以。

1945年，美、英，蘇三國在德黑蘭舉行首腦會議。會議完全由史達林控制，通過的決議全是由史達林提出來的。美國總統羅斯福和英國首相邱吉爾總感到不舒服，他們商量好要戲弄史達林一番。

某天會議開始前，邱吉爾點燃一枝雪茄菸，說：「我昨晚做了一個夢，夢見我成了全球主宰！」羅斯福接著說：「我也做了一個夢，夢見我成了宇宙主宰！史達林元帥，你夢見了什麼？」史達林

看了他們一眼，慢條斯理地說：「我夢見，我既沒有批准對邱吉爾先生的任命，也沒有批准對羅斯福先生的任命。」邱吉爾和羅斯福被這意想不到的回答驚呆了，彼此自嘲地笑了笑。

史達林的回答妙在轉換思維角度，從人對人的控制入手，把握思維方向，從而倒過來嘲弄了二巨頭一番。

練兵場上，連長正領著新兵們操練。連長喊「立正」，新兵們整齊地站在連長的對面。連長繼續下命令：「向右看齊！」新兵們把頭側向了右邊。

但是，連長看到有一個新兵卻把頭側向左邊。於是連長又喊了一遍：「向右看齊！」但那個新兵還是把頭側向左邊。連長有點惱火地問那個新兵：「你為什麼向左看？」

那個新兵膽怯地說：「都向右看，我怕敵人會從左邊上來。」

借題發揮首先要找對要「借」的「題」，這是發揮的基礎。而借題發揮的關鍵點就是能不能把「小題」透過離奇的推理和類比加以「大做」，從而引出幽默的效果。這就需要你不斷地培養自己的幽默感，在不經意間產生機智的幽默話語來。

## 學會用幽默迂迴取勝

在各種場合中，運用迂迴取勝的幽默技巧，可以產生強烈的幽默效果，爭取談話的成功。

《史記》記載，楚莊王有一匹愛馬，給牠穿上帶有刺繡的衣服，飼養在裝飾華麗的屋子裡，餵牠吃棗脯，最後馬因肥胖過度而死。楚莊王讓群臣為馬發喪，要以大夫規格埋葬。大夫提出異議，楚莊王下令道：「有敢於對葬馬之事再講者，處以死罪。」優孟聽說後跑進大殿，一進殿門，便仰天大哭，楚莊王十分吃驚，忙問何故，優孟說：「死掉的馬是大王的心愛之物，我們堂堂楚國，要什麼東西沒有？而今卻要以大夫之禮葬之，太薄了，我請求大王以人

君之禮葬之。」楚莊王聽後，一時無言以對，只好打消以大夫之禮葬馬的打算。

本來楚莊王要厚葬寵物，而且不容大臣提出異議，但優孟的反話正說使之改變了初衷。以上的故事中，優孟達到勸諫的目的，取得和君王談判的成功，正是運用了反話正說迂迴取勝的幽默技巧。使用與原來意思相反的語句來表達本意，表面贊同，實際反對。在談判中，運用這種表達方式往往能收到直接表達所產生不了的效用。

但是，要想運用迂迴取勝的幽默技巧取得好的效果，就需要對方的靜心默思，反覆品味。因為這種幽默技巧的特點是：你想表達的意見不是直接表達出來，而是以迂為直，被埋藏在所說出來的話後面。對方在聽完話之後，必須有個回味思考的時間，才能體會出箇中的奧祕，產生幽默風趣的情緒，也才能對談判的結果產生影響。因此，一個真正有幽默感的談判者，不但要自己善於說，而且還要善於領悟對方的幽默。善於領會對方的幽默，也是一種智慧的表現。

迂迴取勝的幽默技巧是真假並用，是曲折的、間接的，而且帶有很大的假定性。把你的意見稍作歪曲，使之變成耐人尋味的樣子，透過歪曲形式來使對方領悟你的真正意思。許多人之所以缺乏幽默感，就是因為太習慣於直截了當、簡潔明瞭的表達方式，而幽默則與直截了當不相同。所以，培養幽默感，就要學會迂迴曲折的表達方式。比如，明明看出抄襲卻不能說出來，你得把它當成寫得很棒。等他以為蒙混過去了，你再從某個側面毫不含糊地點他一下，讓他自己心裡明白。你明明是聰明人，但你得裝傻，只有你裝傻才可能在下一步顯得更聰明。就像下面這段對話：

編輯問作者：「這首詩是你自己寫的嗎？」

作者說：「是的，每一句都是我寫的。」

編輯說：「拜倫先生，我十分高興地看到你，我以為您離世已

經有一百多年了。」

　　裝傻要裝到底，把傻話當真話說，把真話當傻話說，兩手並用，這時你才能不動聲色地讓對方的馬腳一一露出來。編輯把對方當做拜倫已經是一個很大的馬腳了，還可能分量不足，再代他點出拜倫是一百多年前的人，讓他感到無可逃遁。

　　再比如，一位青年拿著樂曲手稿去見名作曲家羅西尼，並當場演奏。羅西尼邊聽邊脫帽。青年問：「是不是屋內太熱了？」

　　羅西尼說：「不，我有一個見到熟人就脫帽的習慣。在你的曲子裡，我碰到的熟人太多了，不得不頻頻脫帽啊！」青年的臉紅了，因為羅西尼用幽默的方式委婉地道出他抄襲別人作品的事實。

　　在人際交往中，這種迂迴取勝的幽默技巧自然並不限於對付抄襲的作者，在需要使用這種技巧的時候，要學會傻話真說、真話傻說，正話反說、反話正說。切忌真話真說、假話假說，正話正說、反話反說。要明白，幽默之妙就在於真則假之、假則真之，正則反之、反則正之，真真假假、正正反反，相映成趣。

　　著名的法國幽默家特林斯坦·貝爾納有一天去飯館吃飯，他對廚師很不滿意。付過帳後，貝爾納請侍者把經理叫來。經理來了，貝爾納對他說：「請你擁抱我。」經理奇怪地問他為什麼。「永別啦，您以後再也見不到我啦！」

　　試想，如果貝爾納付帳後，立刻就說：「我再也不來了。」那還有什麼趣味呢？他的幽默才華恰恰在於明明要貶低廚師的手藝，卻要裝出一種高度讚揚的樣子，把對手迷惑以後，才給他迎頭痛擊。

　　迂迴取勝法的幽默技巧，關鍵在於先迷惑對手，然後給對方一個完全相反的解釋。而這個解釋要事先埋伏在迷惑對方的語言中，這種埋伏必須是有可能做正面和反面兩種解釋的。而且，這個埋伏要麼本身就顯得荒謬和誇張，是一般情況下所不會出現的言語、動作或者要求；要麼就是一般情況下大家只會做正面的或者反面的理

解，而不會兩面都想到。這個時候，你再一語道破天機，超出常人的理解和想像，就能取得很好的幽默效果。

迂迴取勝的前提在於迂迴要迂得巧，最後才能達到曲折取勝的效果。

## 學會用幽默巧妙裝傻

假癡假呆幽默術是用癡呆的外表表達機智的內涵，是一種把過人的智慧隱藏於癡呆的假象之中的幽默技巧。它表裡不一，表面上既癡又傻，內心裡卻高度機智，能夠讓對方透過虛假的表象品味到實實在在的幽默之趣。

這種幽默術展現的是人的表演才能和超群智力，它要求人既要不動聲色，還要煞有介事，假戲真做。同時又要在做假之後，令對方大吃一驚，產生問號，還會在吃驚之餘，加以思考，隨之突然領悟，發出會心的微笑。

女士俱樂部每星期五下午舉行聚會，請人來就一些重要的問題做報告，做完報告，接著是茶會、問答會。一個星期五的下午，一位先生來給聽眾講食物問題。他在報告中說：「現在世界上的食物不能滿足人類的需要，有一半以上的人在忍饑挨餓。食物生產得多，孩子也生得多，人們還是要挨餓。世界上不論白天黑夜，每分鐘都有一個婦女生孩子。對此我們應該怎麼辦呢？」他停頓了一下，正要繼續往下講時，一位夫人問道：「我們為什麼不找到那個婦女，制止她生產呢？」

大家都知道，「一個婦女」是泛指每個生孩子的婦女。這位夫人也清楚這一點，但她偏偏把「一個婦女」說成特指的某一個婦女，並「傻乎乎」地要求把那個婦女找出來，制止她生產，這種看似「癡呆」的發問使人一聽就明白，並隨之因為這種俏皮的「愚蠢」而發出會心的微笑。

**232**

在日常生活中，故作「癡呆」所表現出的幽默是高度機智的產物。因為它往往對一些人所共知的或簡單易懂的現象做出荒誕的解釋或發揮，將人引向另一個不易想到的荒唐的思維。例如，你朋友臉紅，你建議人家少吃點番茄；你朋友臉黑，你建議他少吃點黑芝麻糊。明明是不相關的事情，但你硬把它們湊到一塊，便顯出了你的假癡假呆的可笑性。有時儘管對方和自己都知道其中的「癡」和「呆」，但客觀上會因其「癡言呆語」中所含的俏皮而會心一笑。

　　人們通常都十分注意自己的外在形象，力求給人留下聰明絕倫的印象，稍稍做了一點「傻」事，總要想方設法地掩飾過去，很少有人願意將自己的「愚蠢」曝露給大家看，這幾乎成了一個思維定式。然而，正是這個定式給我們提供了施展幽默才華的空間，偶爾故意裝瘋賣傻，煞有介事地曝露一下自己的缺陷，人們初看會吃上一驚，不免對你產生疑問，繼而加以思考，隨即完全領悟，發出會心的微笑，進而佩服你的機智和幽默。

　　下面這個故事就是一個巧裝癡傻的典範。

　　一個流浪漢闖進一個果園，他見到什麼摘什麼，摘了好多水果，一邊摘一邊塞進自己的懷裡和口袋裡。這時園主走過來，一把抓住他的衣襟，問道：「你怎麼跑進我的果園裡來了？」

　　流浪漢吃了一驚，只好答道：「對不起，老兄！這幾天颳大風，是風把我吹到這裡來的。」

　　園主問：「那你為什麼要摘我的蘋果和梨？」

　　流浪漢說：「風太大了，把我吹得東倒西歪，所以我碰到什麼就抓什麼，要不風就把我颳跑啦！」

　　園主問：「那你為什麼要把果子裝到你的口袋裡呢？」

　　流浪漢回答：「真對不起，你來的時候，我也正在想這個問題呢！」

　　流浪漢偷摘園主的蘋果和梨而被當場抓獲，當然十分難堪，卻又不得不找些理由為自己辯護。他厚著臉皮，東拉西扯，卻不能自

圓其說，被園主抓住要害，逼得無路可走。忽然間，他急中生智，來一個故意裝傻，把過人的機敏隱藏於癡呆木訥的表象之中。園主聽了他最後一句話不免一怔，隨即自然哈哈大笑，佩服流浪漢的幽默，當然也會寬容他。

我們都知道幽默大師阿凡提，他的故事總是能給我們帶來笑聲，同時也能對培養我們的幽默感有所啟發。

阿凡提當理髮師時，大阿訇來剃頭，總是不給錢，阿凡提想找機會整治他一下。有一天，大阿訇又來理髮。阿凡提先給他剃光了頭，在刮臉的時候，問道：「阿訇，您要修眉毛嗎？」

「要，當然要！」

「好，您要我就給您。」阿凡提說著，「嚓嚓嚓」幾刀，就把阿訇的兩條眉毛刮了下來，遞到他手裡，阿訇氣得說不出話來。

「阿訇，鬍子要吧？」阿凡提又問。

阿訇連忙改口說：「不要！不要！」阿凡提連聲說好，又是幾刀，把阿訇的鬍子全部剃了下來。

阿凡提利用「要」的多義施展計謀，故意誤用，逗得阿訇左右為難，連連上當。

裝癡裝傻，故作愚蠢的幽默術要求你不動聲色地把自己的「愚蠢」唯妙唯肖地嶄露出來，這樣人們才會因為意料不到而驚詫莫名：「這個人怎麼啦？他真的這麼傻嗎？」疑惑頓生。隨著疑問的逐一冰釋，你的真實意圖的曝露，會給人們帶來一種說不出的快意。

肯特到一家酒店就餐，他嚐著剛剛端上來的魚和肉，頗有感慨地說：「早知道是這樣的飯菜，我提前幾天來就好了。」

酒店經理聽到了，很高興地說：「先生真是一個美食家啊！我們酒店的飯菜確實是一流的。」

肯特接著說：「謝謝誇獎！我的意思是如果早幾天來，魚和肉就該是新鮮的了。」

在人際交往中，故作愚蠢有著很強的戲謔性。人們不會為了一個人的聰明而大笑，也不會留意那些刻意耍弄的小聰明。而愚蠢卻是人們的聚焦點，不管是真的還是假的，人們都樂於為之開懷。故作愚蠢本是高度機智的產物，對方和自己都明白其中「呆傻」的成分，雙方心照不宣，又抵制不住其俏皮味的誘惑，自然笑得更加暢快和自然。

## 學會用幽默扭轉局面

「問」有藝術，「答」也有技巧。問得不當，不利於談話；答得不好，同樣也會使己方陷入被動。

我們都知道，在談判中，回答問題不是一件容易的事。因為，談判者不但要根據對方的提問來回答，還要把問題盡可能地講清楚。而且，談判者對自己回答的每句話都負有責任，因為對方可能把回答理所當然地認為是一種承諾。這就給回答問題的人帶來一定的壓力。因此可以說，一個談判者水準的高低取決於他回答問題的技巧。

在談判中，談判者可以運用「答非所問」的幽默技巧巧妙地扭轉不利於己的局勢。答非所問是指答話者故意偏離邏輯規則，不直接回答對方的提問，而是在形式上回應對方的問話，透過有意的錯位造成幽默效果。答非所問並不是邏輯上的混亂，而是用假裝錯誤的形式，幽默地表達潛在的意思。

來看下面這個故事。

有個愛纏人的先生盯著小仲馬問：「您最近在做些什麼？」小仲馬平靜地答道：「難道您沒看見？我正在蓄絡腮鬍子。」

那位先生問的是小仲馬近來做了哪些重要的事情。小仲馬自然是懂得對方問話的意思，但他偏偏答非所問，用幽默暗示那位先生：不要再糾纏了。

　　小仲馬故意把蓄鬍子當作極重要的事情，顯然與問話目的不相符合。他表面上好像是在回答那位先生，其實並沒給他什麼有用的訊息。

　　在談判中，利用這種幽默技巧也能產生讓對方摸不清己方虛實的作用，從而贏得談判的主動權。答非所問很講究技巧，抓住表面上某種形式上的關聯，不留痕跡地閃避實質層面，有意識地中斷對話的連續性，求得出其不意的表達，旨在另起新灶，跳出被動局面的困擾。

　　在一次聯合國會議休息時，一位開發中國家外交官問一位非洲國家大使：「貴國的死亡率一定不低吧？」非洲大使答道：「跟貴國一樣，每人死一次。」外交官的問話是對整個國家而言，是透過對非洲落後面貌的諷刺來進行挑釁。大使沒有理會外交官問話的要害點，而故意將死亡率針對於每個人。頗具匠心的回答營造出不同凡響的幽默效果，成功地回敬了外交官的傲慢，維護了本國尊嚴。

　　談判中，由於雙方在表達與理解上的不一致，錯誤理解對方講話意思的事情是經常發生的。當談判對手對你的答覆做了錯誤的理解，而這種理解又有利於你時，你不必去更正和解釋，而應該幽默地將錯就錯，因勢利導。總之，談判中的應答技巧不在於問題回答得「對」或「錯」，而在於應該說什麼和如何說，怎麼更好地處理突發情況。

　　其實，幽默不僅在談判中能夠幫你扭轉局面，在日常的交際和生活中，幽默同樣有著這樣的力量。

　　其中一個重要的方法就是諧音法。所謂諧音法，就是巧妙地把不祥的話語或情況改變成吉利的祝福用語，以迅速扭轉尷尬的局面。含義迥然不同的幾個詞往往發音相同，即使同一個詞也可能有著完全相反地意思。利用諧音，隨機應變地進行聯想和轉義，巧妙地把人們忌諱的事物用吉祥歡慶的語言描述出來，把令人尷尬的話語改成人們歡迎的祝福，這樣就能重新調動快樂的氣氛，沖散人們

心中的陰霾。

　　有位青年教師去看望一位剛剛病癒的朋友。朋友的妻子端來一個盤子，裡面是一套酒杯和一把筷子，不巧男主人在給客人點菸時一轉身把盤子碰翻，酒杯全碎了，筷子撒了一地。男主人很尷尬，幾個客人也不知所措。這位青年教師一邊幫助拾筷子，一邊笑嘻嘻地說：「看看，主人家要交好運了。酒杯打碎，筷子全落了地，這叫悲（杯）去喜來，快樂（筷落）無比！」「對！」眾人也跟著幫腔，兩位主人立即舒眉而笑。

　　故事中的客人就是很好地利用了諧音，將原本很尷尬的場面化解於大家的笑聲和喜慶之中，可謂巧妙至極。

　　下面還有這麼一個故事。

　　岳父過60歲生日時，有個親戚送來一盒大蛋糕。可是，當岳父打開盒子時，非常不高興。原來這盒蛋糕在車上顛簸擠壓，中間裂開了一條縫，岳母嘟嘟嘴，說不吉利。這時女婿在旁邊看見了，忙上來打圓場：「這是老壽星的好兆頭、這叫60歲以後『開心』過，往後的日子一定很開心。」聽女婿這麼一說，岳父岳母才開心地笑起來。

　　生活中難免因不小心或不經意聽到不祥的話語，這時你不妨試試利用諧音的方法，把它改成吉利的祝福語，相信一定會收到意想不到的效果。

## 第十章

# 幽默心態，
# 絕不為小事計較

幽默是一種心態，是一種領悟和體驗
生活的方式。它是一種眼光，一種特殊的觀
點。它能使你贏得起，輸得起。能夠超脫於
世間的各種煩惱和憂愁，讓你的人生每天都
充滿陽光和快樂。

## 幽默讓人活得瀟灑自如

有幽默感的人往往思路敏捷、反應迅速，在複雜的環境中從容不迫，妙語連珠，常常能夠憑藉幽默的力量化險為夷。

「能否麻煩您，」說話輕率的貴婦人說，「告訴我政治界有什麼動向，什麼新聞？」

「真是抱歉，夫人。」邁克頓回答：「我今天還沒看報紙呢！」

這樣的幽默是不是讓你覺得很瀟灑，很有風采呢？運用幽默，可以讓你口吐蓮花，展現出與眾不同的瀟灑風度。

幾個朋友交談，急性子的甲總是打斷乙的話，使乙無法完整地表達出他的意思。這時乙站起來說：「對不起，說話要排隊，請不要中間插隊好嗎？」

這句話把大家的注意力都吸引到乙身上來了，甲發現乙搶了他的鋒頭，急中生智也來了一句：「請不要岔開話題！我現在重播一遍自己的觀點。」

甲也運用幽默的力量表現了自己，扳回了一局。可是乙又接著說：「那好，我也把自己加了重點符號的意見再說一下。」

在這樣的層層幽默的推進下，不僅在場的每一個人都受到了感染，甲乙二人也在互動的幽默中展現了自我的非凡魅力。

在現代家庭中，一方的事業常需要另一方出面幫襯，以求事半功倍之效。

有一位妻子是個女強人，常在晚上把客戶帶到家裡來，讓充當賢內助的丈夫準備飯菜，邊吃邊談生意，不到夜深人靜不收場。時間一久，丈夫吃不消了。因為又要上班，還要操持家務、帶孩子，男主人被疲勞壓得透不過氣來。

後來，他想出了一個好辦法，就近找了家雅緻的餐館，妻子

把客人帶到餐館，丈夫也出面接待。入席坐定後，他一邊為每個客人夾菜，一邊笑著說：「希望筷子的雙軌，能給各位鋪出一條財路！」然後說明自己要回家照顧孩子，轉身告退。

這位「賢內助」得體的舉止，贏得了客人的歡迎，也博得了妻子的滿意，因為他很好地表現了自己的風度。

要想運用幽默手段表現自我，重要的是懂得臨場發揮，抓住每一個機會為自己所用。像上面的例子就是如此。只要你有足夠的機智和智慧，懂得如何隨著情境的變化而進行幽默，那麼，生活中的每一個瞬間都是你表現自我的舞台。

在一個美國大飯店裡，侍者為一位顧客端上一份芥末馬鈴薯泥，順便問道：「您是做什麼的？」

「我是葡萄牙國王。」

「噢，這個工作倒不錯！」

這位侍者的幽默，將當國王看作是一份工作，把自己上升到了和國王平起平坐的地位，很好地表現了自己。

幽默是展現風度的極佳方式，而有風度的人在社交場合中處處能贏得他人的青睞和喜愛。

言談明顯具有雅俗之別、優劣之分，言談優雅者也往往是言談幽默者。談吐雋永會使人心中一亮，恍如流星劃過暗夜的太空，光華在瞬間閃耀，美麗卻在心中存留。

鐵血首相俾斯麥有一次和一名法官相約去打獵，兩人在尋覓獵物時，突然從草叢中跑出一隻白兔。

「那隻白兔已被宣判死刑了。」

法官很自信地這麼說了，便舉起獵槍，可是並沒有打中，白兔跳著逃走了。看到這種情形的俾斯麥，當即大笑著對法官說：「牠對你的判決好像不太服氣，已經跑到最高法院去上訴了。」

幽默能創造友善，避免尖銳對立。辦事時如果借助於言語幽默，你成功的可能性便大大增加了。俗話說：「笑了，事情就好

辦！」就是這個道理。

老李在餐廳坐了很久，看到別的客人吃得津津有味，只有他仍無侍者來招呼，便起身問老闆：「對不起，請問我是不是坐到觀眾席了？」

老李沒有大聲地譴責服務生服務不周，而是用幽默的語言提醒對方，表現出了良好的個人修養，使一個小小的幽默變得格調高雅，這就是個人品質對言語幽默的提升作用。

生活中某些人舉止瀟灑、言談風趣，往往能一語解頤，消除緊張或尷尬的氣氛，我們就說這種人具有「幽默感」。大作家雨果就是一個「具有幽默感」的人。

雨果收到一位初學寫作的青年人的來信。寫信人對這樣一個問題頗感興趣：「聽說魚骨裡含有大量的磷質，而磷質有助於補腦。那麼要成為一個舉世聞名的大作家，就必須吃掉很多的魚才行吧？不知這種說法是否符合實際？」

他又問道：「您是否也吃了很多的魚，吃的是哪種魚呢？」

雨果回信說：「看來，你得吃一隻鯨魚才行。」

雨果的回信點出了對方話語的荒誕和淺薄，卻又不尖酸刻薄。

人生如演戲，生活如戲台，如能看破人生的嚴肅面，自然能以較輕鬆的態度應對人生。幽默感正是從這種輕鬆的生活態度中自然流露出來的。而這種輕鬆自如，談話如閒庭信步的幽默風采自然會讓你活得無比的瀟灑自如，人生的各種羈絆、煩惱和痛苦也必將離你遠去。

## 幽默能讓你坦然面對挫折與失意

瑪麗做好的髮型突然被大風吹得亂七八糟的，她並沒有因此而大罵這鬼天氣，而是這樣對問及此事的人說：「我想一定是我拿吹風機時，錯抓了電動攪拌器。」

人生在世，難免有困難和挫折，失意時不妨幽默一把，瞬間便可以使你的痛苦減輕許多，煩惱也會隨之煙消雲散。以新的人生觀來面對窮困、失意或煩惱的處境，你也會變得更加自信，這一切都會有利於你獲得成功。

　　一位老人在一家飯店裡點好菜，可是等了很長時間也不見有人把飯菜端上來。老人還是沒有著急，心想：「我再等一會兒。」就這樣，又過了大約半個小時，老人終於忍不住了，他對服務生說道：「請給我拿一張紙和一枝筆來。」服務生遲疑了一下，問道：「您要紙筆幹什麼？」老人非常嚴肅地答道：「今天我是無法吃到我點的晚餐了，既然如此，我想立下遺囑，把它給我的繼承人享用。」服務生連忙說：「對不起，我馬上再去催催。」

　　老人非常幽默地提醒了服務生，這樣既能產生提醒服務生的作用，又會讓服務生感到非常內疚。相反地，如果老人大吵大鬧，不僅會使自己非常生氣，而且也會讓服務生很尷尬。與其大吵大鬧破壞自己的好心情，倒不如和和氣氣地達到自己的目的。

　　工作是我們賴以生存和發展的手段。工作中，我們有成功的歡樂，也有失敗的苦楚；有晉職的喜悅，也有加薪的愉快。但有時也難免出現人際關係的不協調，上下左右的不相容。如果運用幽默，就有助於使我們的工作一帆風順，卓有成效。

　　某公司的職員被外調至分公司服務。決定人事變動的經理以安慰的口吻對他說：「喂！你也用不著太氣餒，不久後，我們還是會把你調回總公司來的！」那位被調的職員以第三者旁觀的口氣毫不在乎地說道：「哪裡？我才不會氣餒呢！我只不過覺得像董事長退休時的心情而已。」

　　這才是一個能做精神上深呼吸的人。面對外調，他不氣餒，他懂得靠幽默來調整自己，從而能夠使自己以良好的心態投入到新的工作中去。面對工作中的挫折和困難，我們除了要調整好自己的心態外，還要透過運用幽默與人分享歡笑，尋找一個共同的目標方

式，來幫助我們在工作中取得他人的支持，從而擺脫工作困境。

不論你從事的是什麼行業，不論你是個生手還是熟手，也不論你是老闆還是屬下，幽默都能幫助你與他人進行溝通和交往，幫助你解決工作中的問題。

工作中，面對失意需要用幽默、樂觀的心態來面對。面對自己的成就同樣不能驕傲自誇，這時不妨運用幽默，調侃一下自己的光榮和優點。

亨利在26歲時擔任福特汽車公司的總裁，以前公司虧損嚴重，他上台後，大膽變革、轉虧為盈，雖然工作中也有許多小失誤，但最終還是取得了很大的成績。

有人問他，如果從頭做起的話，會是什麼樣子。他回答說：「我看不會有什麼非同尋常的作為，人都是在錯誤和失敗中成功的，因此，我要從頭來過的話，我只能犯一些不同的錯誤。」

亨利迴避問話者的語言重點，故意避開自己的成績不談，反而拿自己在工作中的失誤做談論的話題，給人以謙虛和平易近人的感覺。

同樣，1950年，當布勞先生被任命為美國鋼鐵公司董事長時，有人問他對這個新職位的感想。他不願表示興奮，也不準備慶祝。「畢竟，」布勞先生說，「這不像匹茲堡海盜隊贏了一場棒球。」布勞先生的幽默顯示出他為人不驕傲、不自誇，既能以新的眼光看待自己的榮耀，又強化了自我形象，贏得了別人的尊敬。

我們認為「謙虛是美德」，並不是說凡事都要過於謙讓，不與人爭。在靠著自己的才能取得工作成績時，我們一方面要強調那只是「幸運」或「大家的幫忙」，另一方面也要用委婉的方式表明自己的努力也是取得成功的關鍵。必要時，甚至不妨幽默地吹噓一番。

一位外語能力很強，兼通各國語言的人，很幽默地自誇說：「我可以用英語、法語、德語、西班牙語來保持沉默，可是一旦有

話要說，則只說英語。」

乍聽之後，好像他說的僅僅是很謙遜的話，事實上他幽默的話語中卻充滿著自信的自我宣傳。有時候，對於工作成績非常明顯的人來說，即便是幽默的自我誇耀也大可不必。因為，他所做的一切都早已經在別人的眼裡和心裡。這時候，他可以透過批評自己工作中的小失誤來表現自己的謙虛，贏得大家的好感。

可見，在生活和工作中，幽默都是正視困難和挫折的有力武器。在失意的時候不妨幽默一下，你可能會發現失意在慢慢轉變成得意。

## 幽默的人不為小事計較

計較，是一種偏激的生活態度。工作要計較，但對待生活，就該讓它按本來的面目存在，何必要強加上自己的意願呢？再者，你認為最好的，也不一定是最合適的，所以有時候，真是難得糊塗。生活中，有些事情不必計較，睜一隻眼閉一隻眼，給彼此一些自由，會讓彼此更真實，況且，有缺陷的存在並沒有什麼不好，沒必要一定要做到最好。也許，追求完美是某些人的性格，但世上本沒有完美卻要追求完美，會給自己、給他人平添許多煩惱。事事計較，結果很可能不盡如人意，倒不如放輕鬆些來得自在。

喜歡計較的人，往往以為自己是出於公心，沒什麼不對，甚至理直氣壯地堅持，但事情並非如此，最後很可能落得個一廂情願。生活中，有些事情其實是無法計較的。凡事想得開的人，他們不是沒有苦惱，更不是沒有眼淚，而是他們大腦中有一種篩檢程序，可以去蕪存菁，把一些不開心的東西分離出來，用獨特的方法發洩出來。沒有睿智的大腦和寬廣的胸懷是很難做到的，所以他們對待事物的方式往往出人意料。

有這麼一個故事。話說師徒二人東遊，來到一個地方，感覺腹

中饑餓，師父就對徒弟說：「前面有一家飯館，你去討點飯來。」徒弟領命到了飯館，說明來意。店主說：「給飯吃可以啊，不過我有個要求。」

徒弟忙問道：「什麼要求？」

店主說：「我寫一字，你若認識，我就請你們師徒吃飯；若不認識，我要將你亂棍打出。」

徒弟微微一笑：「主人家，恕我不才，但我也跟隨師父多年，別說一字，就是一篇文章又有何難？」

店主也微微一笑：「先別誇口，認完再說。」說罷拿筆寫了一個「真」字。

徒弟哈哈大笑：「主人家，你也太欺我無能了，我以為是什麼難認之字，此字我五歲就認識。」

店主微笑問：「此為何字？」

徒弟回答說：「不就是認真的『真』字嘛！」

店主冷笑一聲：「哼，無知之徒竟敢冒充大師門生，來人，亂棍打出。」

徒弟就這樣回來見師父，說了經過。大師微微一笑：「看來他是要為師前去不可。」說罷來到店前，說明來意。那店主一樣寫下「真」字。大師答曰：「此字念『直八』。」那店主笑道：「果真是大師來到，請！」結果師徒二人就這樣吃飽喝足，且不掏一分錢走了。徒弟不解，問道：「師父，你不是教我們那字念『真』嗎？什麼時候變『直八』了？」大師微微一笑：「有時候，事情是認不得『真』啊。」

這是一個很富有哲理的故事，道理就是：人生在世不能處處計較，而應該更加豁達，更加樂觀地享受生活。人不可能事事如意，在面對不如意的時候，如果你能夠以幽默的心態來對待，生活一定會變得更加美好。

有一對剛結婚的夫婦因為一件小事吵了起來。他們年輕氣盛，

大家又都在氣頭上，所以誰也不肯讓步。氣急之下，妻子打算回娘家，她拿出皮箱來收拾自己的東西。丈夫在一旁生悶氣，也沒有理睬她。

妻子收拾了很長時間，丈夫還是一句話也沒說。妻子氣鼓鼓地跑到丈夫身邊要路費，丈夫還是什麼也沒有說，從錢包裡直接掏出200元遞給妻子。妻子拿著錢呆呆地看著丈夫，沒有要走的意思。過了很長時間，妻子終於忍無可忍地大聲說：「就給我這麼一點錢，我回來的路費你不給呀？」

丈夫看了看妻子，慢悠悠地說：「妳把我這個大錢包帶回娘家就是了，還怕沒有路費？」妻子一聽，立刻破涕為笑。如果不這麼幽默一下，可能更激烈的一場戰爭就爆發了。

和諧輕鬆的人際交往環境、生活環境，不可能永遠保持不變，常常會出現一些意見分歧和衝突。鍋碗瓢勺即使配合得再默契，也免不了產生衝突，生出一些事端來。如果彼此都為小事斤斤計較，那後果自然是硝煙四起，生活也將失去樂趣，因此，明智的選擇就是退讓。

但是，在氣頭上要做到忍讓是很難的。有時候，人們即使知道自己做錯了，也要將錯就錯下去。在這種情況下，不妨用幽默的方式給對方一個台階，這是一種再明智不過的辦法。因為這樣一個台階會使對方體面地讓步，從而減少尷尬，加速雙方的情感交流。

生活中多一點寬容，少一點挑剔，就可能擁有更多的快樂。平平淡淡、從從容容才是真，或許這才是最完美的人生。

## 幽默能緩解壓力、改變心境

美國史丹福大學的精神病專家威廉·弗賴恩博士說：「生活中如果沒有笑聲，人就會生病，並且會日趨嚴重。而幽默則能激起內分泌系統的積極活動，從而有效地解除病痛。」幽默不僅能夠治療

生理上的病痛，更是緩解精神緊張、減輕壓力的靈丹妙藥。

有位心理學家也曾經說過：「幽默是我們身體中最理智的一部分，是治療劑。幽默使我們驅逐恐懼，使我們發洩對權威的不滿，使我們補償自己的不足，使我們為自己的失敗復仇。心理分析家總是這樣告誡我們：如果我們不在厄運面前大笑，我們就會從窗口跳樓自殺，或跑去扼殺同樓的鄰居。幸好，我們中間的多數人會笑，所以死亡率大大減少。」

在當今競爭異常激烈的社會，工作壓力已經成為上班族的主要壓力，如果能處理好這方面的壓力，那麼壓力就有可能轉化為動力。但如果處理得不好，就會使人心煩意亂，失去工作的積極性，壓力就會成為阻力。因此，為了提高工作效率，使自己工作輕鬆一些，可以採取自我調整的方法來緩解一下工作壓力。

幽默作為一種重要的自我調整方法，能幫助我們消除因工作而帶來的緊張感。很多時候，用幽默的語言來緩解工作壓力，會比一些抽象的理論更奏效，能顯示出語言的最佳效能。

有兩個人爭相誇耀自己的保險公司付款有多快。第一位說，他的保險公司十次有九次是在意外發生的當天，就把支票送到保險人手裡。

「那算什麼！」第二位取笑說，「我們公司在李氏大廈的23樓。這棟大廈有40層高。有一天，我們的一個投保人從頂樓跳下來，當他經過23樓時，我們就把支票交給他了。」

向同事開玩笑，與同事在同樂的過程中，既緩解了自己的工作壓力，也用幽默幫助同事擁有更輕鬆的態度工作。

有時候，一個職員要負責的工作種類很多，頭緒紛雜，很容易因工作壓力過大而產生煩躁情緒。這時候他們尤其需要幽默的幫助。

幽默可以在幫助人們緩解工作壓力方面產生一定的作用，但幽默不是萬能的，造成工作壓力的原因也是多種多樣的。因此，在

緩解工作壓力時，除了運用幽默技巧外，還要注意運用其他一些科學、正確的手段，如飲食規律，在進行體育鍛鍊時盡量選擇一些不激烈同時又愉悅身心的活動，如散步、跳舞等，從而達到平衡心態的效果。

現代人的生活壓力很大，生活經常會出現數不清的煩惱和苦悶，使人不堪承受。而幽默卻給我們送來了笑聲，使我們有了緩解壓力、改變心境的可能。

深夜，有人敲醫生的大門，請醫生趕快出診。醫生想緩解一下來人的緊張情緒，就問：「他得了什麼病？」來人說：「他吞下了一隻大老鼠，現在痛不欲生。」醫生這時語帶輕鬆地說：「那好辦，去叫他再吞一隻貓就是了。」

幽默有許多奇妙的優點，但是也有一個不可克服的缺點，那就是它只能緩解心理上的緊張。

一個先生拖著疲憊的身子回到家，發現太太不在，門上了鎖進不去，極為憤怒、懊惱，但也只能坐在樓梯的台階上，苦等太太回來。可是，太太不知去了哪裡，一個半小時過去了，竟不見太太人影，真是火大！鄰居見此狀況，就邀請這位先生到他們家小坐或一起吃飯。但這先生硬是不肯去，很生氣地說：「不行！我如果到你們家吃飯，我的氣一定會消下去！我一定要坐在樓梯上等，死死地等，要等到她回來，我才可以狠狠地把她臭罵一頓！」

有些人的脾氣就是這樣，連自己有機會消氣都不願意，硬是要把自己弄得火冒三丈，然後再大發雷霆，使雙方的關係與氣氛更加緊張。殊不知，許多劍拔弩張、一觸即發的場面，都可以因一念之間的退讓而冰釋化解。

幽默不僅能以含蓄、婉轉的力道達到最佳目的，甚至在諷刺、攻擊、挑釁時也帶有善意的忠厚、風趣，讓人感到尖銳而又不至於鮮血淋漓，讓人覺得熱辣而又不至於灼傷。所以，我們有必要培養自己的幽默細胞，快樂地工作、生活。

## 幽默是一種陽光的心態

著名演說家羅伯特說：「我發現幽默具有一種把年齡變為心理狀態的力量，而不是生理狀態的。」他還有另外一句著名的妙語，就是：「青春永駐的祕訣是謊報年齡。」他在70歲生日時，有很多朋友來看望他，其中有人勸他戴上帽子，因為他的頭頂禿了。羅伯特回答說：「你不知道禿著頭有多好，我是第一個知道下雨的人！」

幽默能讓世人笑口常開，從而能從一種樂觀向上的生活態度中獲得幸福的感覺。

有這樣一則故事：

在一個小山村裡有一對殘疾夫婦，女人雙腿癱瘓，男人雙目失明。春夏秋冬，他們播種、管理、收穫……一年四季，女人用眼睛觀察世界，男人用雙腿丈量生活。時光如流水，卻始終沒有沖刷掉洋溢在他們臉上的幸福。

有人問他們為什麼如此幸福，他們異口同聲地反問：「我們為什麼不幸福呢？」男人笑著說：「我雙目失明，才能完全擁有我妻子的眼睛！」女人也微笑著說：「我雙腿癱瘓，我才完全擁有他的雙腿啊！」

這就是幸福，一種樂觀豁達的胸懷，一種幽默的人生境界。

擁有了這種胸懷和境界，心靈就猶如有了源頭的活水，我們就能用心靈的眼睛去發現幸福、發現美。在我們眼中，姹紫嫣紅、草長鶯飛是美的；大漠孤煙、長河落日也是美的；我們甚至可以用心領會到「留得殘荷聽雨聲」、「菊殘猶有傲霜枝」的優美意境。

如果我們像那對夫婦一樣，抱著這種樂觀的生活態度，去發現幽默、發現幸福，我們必然能生活在歡聲笑語中。下面是一個相關的名人幽默故事。

有一次美國第26任總統希歐多爾‧羅斯福的許多東西被偷了。他的朋友寫信安慰他，他在給朋友的回信中說：「謝謝你來信安慰我，我現在很平靜。這要感謝上帝，因為：第一，賊偷去的是我的東西，而沒有偷去我的生命；第二，賊只是偷去了我一部分東西，而不是全部；第三，最值得慶幸的是，做賊的是他，而不是我。」

歡樂和笑聲是人們生活中必備的良藥，它使人們總能保持一種樂觀的生活態度。只要幽默存在，就能使人放鬆心情，而唯有賢者才能在任何情況下都保持寬容的心境。擁有樂觀的人生態度是幸福的支柱。而幸福是樂觀要抵達的目的地，要想使自己幸福，就要首先具備樂觀的精神，幽默的心態。

或許有人會問：「到哪裡去尋找幽默呢？」其實，在我們的生活中，幽默無處不在。

湯姆在外地迷失了方向，一位熱心的過路人走過來問：「你是不是走丟了？」

湯姆笑道：「不，我還在這兒，可是火車站卻的確被我丟了！」於是，過路人被他的詼諧所感染，笑著給他指明了方向。

生活是多姿多彩的，關鍵在於你用什麼樣的眼光來看待它。擁有一個樂觀的視角，你會發現生活原來如此美好。

某天夜裡，一位猶太商人的店舖發生了火災，人們在店舖主人的指揮下終於撲滅了大火，但店裡的許多貨物和房子都被燒壞了。店主卻開口說：「我們實在是太幸運了，一定是得到了上帝的保佑！」

眾人大惑不解，問：「這是為什麼呢？」

店主道：「如果沒有這麼亮的火光，在這樣漆黑的夜裡，我們怎麼能進行滅火工作呢？」

樂觀的人，能使平凡的日子富有情趣，能把沉重的生活變得輕鬆活潑，能把苦難的歲月變成值得回憶的珍貴經歷。

生病在常人看來或許應該算是比較痛苦的事情，但如果你能有

個樂觀的心態，就能夠用幽默來緩解病痛。據美國芝加哥《醫學生活週報》報導，美國一些醫院已經開始雇用「幽默護士」，陪同重病患者看幽默漫畫及談笑作為心理治療的方法之一，因為幽默與笑聲，往往可協助病人解除疼痛。

在實際生活中，當你患病或遭受意外傷害時，幽默的確能幫你減輕痛苦。即使在最簡單的情況下，幽默也能幫助你改變生病時的煩悶心情。這一點你可以向下面這位生病的老婦人學習。她在幽默的訴說中減輕了自己的痛苦，也寬慰了朋友。

老婦人在雪地裡滑倒，不但左臂骨折，更讓她痛苦的是肩關節脫臼。但她還是能夠笑著對朋友說：「如果你有機會滑倒，寧願跌斷手臂，也要護住你的肩膀。」

的確，疾病對人的打擊並不是一件小事，但一個持有超脫、瀟灑的生活態度的人卻不會因此而失去生活的希望和歡樂的。

不幸的基姆先生病了。醫生徹底檢查過之後，十分悲哀地告訴他：「您的健康狀況糟透了！您的腿裡有水，腎裡有石，動脈裡有石灰……」基姆回道：「現在您只要說我腦袋裡有沙子，那麼我明天就可以蓋房子了！」

幽默和「笑」是密不可分的。「笑」是幽默的產品，而關於「笑」的功能，外國人說：「快樂的微笑是保持生命健康的唯一藥方，它的價值是千百萬，但卻不要一分錢」；中國人說：「笑一笑，十年少」，「笑口常開，百病不來」。

有這樣一個故事：

傳說我國清朝有位八府巡按，長期患一種精神憂鬱症，看了許多醫生都沒有見效。一天，他因公坐船經過台兒莊，忽然發病，地方官員立即推薦一位當地有名的老醫生為他治病，醫生診脈後說：「你患了月經不調症。」巡按一聽，頓時大笑，認為他是老糊塗了。以後他每想起此事，就要大笑一陣，天長日久，他的病竟然好了。過了幾年，巡按又經過台兒莊，想起那次有病之事，特意來找

老醫生想取笑一番。老醫生說：「你患的是精神憂鬱症，沒什麼良藥可治，只有心情愉快才能恢復健康，我是故意說你患了『月經不調症』，為的就是讓你常大笑。」

正如故事中的巡按一樣，其實生活中很多的痛苦和疾病正是源於心態上的憂鬱和不開心，而治療憂鬱之症最好的良藥當然就是幽默與樂觀。只要能時刻保持一個樂觀的心態，時不時地幽默一下，那麼你的生活就會少了很多陰影，多了許多陽光。

## 幽默是一種生活的潤滑劑

在漫長的人生道路上，每個人都難免會與逆境狹路相逢。很多人畏懼逆境帶來的動盪和痛苦，但從長遠來看，時常有些小挫折，倒是更能使人保持頭腦清醒，既能經受得住考驗，也能磨礪人的意志。

幽默的人相信失敗是成功之母。失敗和成功在一定條件下是可以相互轉化的，正因為曾經有失敗，所以才能在不斷地總結失敗的教訓後獲得成功。如果一個人一直都被成功包圍，那麼，偶爾一次小小的失敗對他來說可能就是一次相當殘酷的考驗，失敗可能就會如影隨形。

幽默中滲透著一種堅強的意志。有幽默感的人往往是一個奮力進取的樂觀者。他們面對失敗的打擊，惡劣的環境，能夠以幽默的態度自強不息。

有人打網球打不過他的朋友，他就可以幽默地對朋友說：「我已經找出毛病在哪裡了，我的嗜好是網球，但我卻到乒乓球俱樂部裡去學習。」

他也可以說：「我們們打個平局，怎麼樣？我不想處處趕上你，你也別想超過我。」

這種幽默不是自欺欺人，也不是要我們和鴕鳥一樣在看到危險

的時候把頭埋進沙子裡。這種幽默可以有效地防止我們的意志力降低，還能在會心一笑中拉近我們同他人的心理距離。

病痛是人生的痛苦之一，很多人都是被病魔奪去了生命。然而，在與病魔的抗爭中，很多時候重要的並不是醫學的方法和技術，而是病人的生存意志是否強烈。其實病魔也跟彈簧一樣，遇強則弱。如果你能有一顆幽默的心，那就是一種樂觀心態和堅強意志的展現，在對抗疾病的過程中就能發揮良好的功效。

下面就是一個例子。

美國作家卡森斯曾擔任《星期六評論》雜誌的編輯。他長期日夜操勞，患了一種嚴重的病——結核體系併發症，身體虛弱，行動不便，痛苦萬狀。雖多方求醫，但收效甚微，不少名醫都診斷為不治之症。

後來，卡森斯聽了一位朋友的勸告，在除了必要的藥物治療外，決定採用一種奇特的幽默療法。他搬離了醫院，住進一家充滿歡樂氣氛的旅館，常常看一些幽默風趣的喜劇片，和朋友們進行幽默的交談，聽人講一些幽默故事，使自己整天處於一種輕鬆愉快、無憂無慮的狀態，每天都要出聲笑上好一陣子。

漸漸地，卡森斯發現，一部10分鐘的喜劇片可以帶給他兩小時無痛苦的睡眠。他還驚喜地發現，笑可以減輕發炎的症狀，而且這種「療效」可持續很久。與此同時，他還輔以適當的營養療法。幾個月後，奇蹟出現了，卡森斯居然恢復了健康。

卡森斯在總結自己戰勝病魔的經驗時，開出一張「幽默處方」，並風趣地取名為「卡森斯處方」。其中有這樣一些內容：「請認清每個人都有內在的康復功能。充實內在的康復能力。利用笑製造一種氣氛，激發自己和周圍其他人的積極情緒。發展感受愛、希望和信仰的信心，並培養強烈的生存意志。」

這一處方的核心就是以笑來激發生活的力量、生存的意志、康復的能力，進而增強毅力，戰勝疾病。

深具幽默感的人，對失敗總是一笑置之，這是一種堅強意志的表現。

　　某個開始學習馬術的男子，戰戰兢兢地騎在馬背上。那匹馬突然在場內狂奔，他死命地抓住韁繩不放，但最後還是被顛下來：「呵！這樣我就放心了。」

　　某人在雪地上行走，不小心滑了一跤，他站起來走了兩三步之後再度摔倒，他不禁自言自語地說：「早知道如此，當初我就不爬起來了！」

　　在生活中，經常數落別人失敗的往事不是聰明人的作風，同時也是毫無意義的。但是，如果是自己失敗或做錯事的話，也不失為培養幽默心理的大好時機。

　　想要選擇哪種態度去處理依個人的嗜好而定，但有幽默感的人卻能夠把自己的失敗當成昨日煙雲，當成一場噩夢。

　　美國有一位名叫佩邁爾的傳奇式籃球教練。他帶領的籃球隊曾獲得39次國內比賽冠軍。那一年，他的球隊在蟬聯29次冠軍後，遭到空前的慘敗。比賽一結束，記者們蜂擁而至，把他圍得水洩不通，問他這位敗軍之將有何感想。他微笑著說：「好極了，現在我們可以輕裝上陣，全力以赴地爭奪冠軍，背上再也沒有冠軍的包袱了。」

　　佩邁爾面對失敗的煩惱，沒有放棄，反而將煩惱化為力量，這是多麼令人欽佩的人生境界。

　　幽默的形式主要在於改變我們的情緒，而不在於改變我們的理智，幽默總是給生活注入瀟灑的活性劑。

　　古人說：「哀莫大於心死」。只要你有一顆樂觀的心，有堅強的意志，那麼你的人生就沒有失敗。

　　幽默家兼鋼琴家波奇有一次在密西根州的福林特城演奏，發現全場座位坐不到五成。他當然很失望。但是他走向舞台的腳燈，對聽眾說：「福林特這個城市的人一定很有錢。我看到你們每個人都

買了三個座位的票。」

於是，這半滿的場地裡充滿了笑聲。波奇是個有幽默感的人，但是從他的幽默中同樣能夠看到他的自信和無比堅強的意志，這也正是幽默賦予他的力量。

幽默是生活的潤滑劑和開心果，幽默能使人們平淡的生活充滿情趣。哪裡有幽默，哪裡就有活躍的氣氛；哪裡有幽默，哪裡就有笑聲和成功的喜悅。作為語言的調味劑，幽默的話語可讓人覺得醇香撲鼻。我們要用幽默武裝自己，讓自己更堅強。

## 幽默是一種豁達的品格

幽默展示了一種豁達的品格。豁達是對人性的一種肯定，亞里斯多德就曾經說過：「幽默能發現正面人物在個別缺點掩飾下的真正本質。我們正是這樣不斷地克服缺點，發展優點，這也就是幽默對人的肯定的力量之所在。」

在半夜時分有小偷光臨，是令人不愉快的事情，可是大作家巴爾札克卻與小偷開起了玩笑。

巴爾札克一生寫了無數作品，還是常常窮困潦倒，手頭拮据。有一天夜晚，他正在睡覺，有個小偷爬進他的房間，在他的書桌上亂翻。

巴爾札克被驚醒了，但他並沒有喊叫，而是悄悄地爬起來，點亮了燈，平靜地微笑著說：「親愛的朋友，別翻了，我白天都不能在書桌裡找到錢，現在天黑了，你就更找不到啦！」

幽默顯現了一種寬闊博大的胸懷。有幽默感的人大多寬厚仁慈，富有同情心。幽默不是超然物外地看破紅塵，而是一種積極豁達的人生觀念。

豁達不是偉人的專利，一般人也能分享這種修養。

有一位顧客正在一家小餐館進餐，吃到一半時，他突然高喊：

「服務生，快來呀！」

在場的人都大吃一驚，當服務生趕來時，他不慌不忙地朝飯碗裡指了指，說道：「請幫我把這塊石頭從飯碗裡抬出去好嗎？」

這種幽默得近乎藝術化的表達比起板起面孔的訓斥要好上何止百倍。

有一位教師，雖然只有40多歲，但頭髮大多掉光了，露出一片「不毛之地」。以前常有學生在背後叫他禿頂老師，後來他乾脆在課堂上向同學們講明了因病而禿頭的原因，最後，他還加上了這樣一句自嘲：「頭髮掉光了也有好處，至少我上課時教室裡的光線可以再明亮一些。」同學們發出了一片友善的笑聲，此後再也沒有人叫他禿頂老師了。

華盛頓總統曾經說過：「世界上有三件事是真實的──上帝的存在、人類的愚蠢和令人好笑的事情。前兩者是我們難以理喻的，所以我們必須利用第三者大做文章。」

來看看下面這個幽默故事。

有一天，羅伯特敲開鄰居的門：「請把您的收音機借給我用一晚上好嗎？」

「怎麼，您也喜歡晚間特別節目嗎？」

「不，我只是想在夜裡安安靜靜地睡上一覺。」

社交場合中，人與人之間難免會發生衝突，由於某種原因，你必須對朋友當場提出批評時，不妨採取上面這種曲折暗示的方法，這樣既能表達你的意見，又能避免激化矛盾，更能表現你豁達大度的良好修養。

豁達是一種偉大的品格，幽默能恰到好處地幫你展現這種偉大的品格。

幽默不是以居高臨下的超然態度來譏諷他人的愚蠢可笑，而是在嘲笑他人的同時，又傾注了對包括自己在內的人類可悲本性的哀憐，它是一種內涵複雜的表達。

　　幽默是以一種或悠然超脫或達觀的態度來待人處世的，這與那種以斤斤計較對待人生的態度是格格不入的。英國現代傑出的現實主義劇作家蕭伯納就是一位超脫豁達的人。

　　有一次，蕭伯納在街上行走，被一個冒失鬼騎車撞倒在地，幸好沒有受傷，只是虛驚一場。騎車人急忙扶起他，連連道歉，但蕭伯納卻做出惋惜的樣子，說：「你的運氣不好，先生，你如果把我撞死了，你就可以名揚四海了！」

　　沒有責難，也沒有「謾罵」，蕭伯納以幽默達觀的態度對待了冒犯者。

　　將世事看得超脫的人，觀覽萬象，總覺得人生太滑稽，不覺失聲而笑，在這樣的不覺失聲中，笑不是勉強的。他們眼中的幽默，不管是尖刻、寬宏、渾樸、機敏，有無裨益於世道人心，聽它就夠了。因為這尖刻、寬宏、渾樸、機敏無不是出於個人的真性情，無不是一種自然而然的超脫與達觀。

　　在不盡如人意的生活中，幽默能幫助你排解愁苦，減輕生活的重負。用幽默的態度對待生活，就不會總是憤世嫉俗，牢騷滿腹。也就能透過這種幽默的方式學會苦中作樂，將一切煩惱都置於一笑而過的豁達態度之中。

　　美國劇作家考夫曼在20多歲的時候就賺到了一萬多美元，這在當時對他來說是一筆鉅款。為了讓這一萬美元產生效益，他接受了自己的朋友——悲劇演員馬克兄弟的建議，把一萬美元全部投資在股票上，而這些股票在1929年的經濟大蕭條中全部變成了廢紙。但是，考夫曼卻看得很開，他開玩笑似的說：「馬克兄弟專演悲劇，任何人聽他的話把錢拿去投資，都活該泡湯！」

　　考夫曼股票投資的失敗是美國經濟危機的原因，而他卻充分發揮了他劇作家的想像力，把原因歸結到他股票投資的建議者馬克兄弟身上，荒謬地說是因為馬克兄弟專演悲劇才造成了他投資失敗的悲劇。面對那麼一大筆金錢的損失，考夫曼沒有怨天尤人，而是運

用了假託埋怨、苦中作樂的方法。

再看下面故事中的這位銷售員，他更是一位苦中作樂的高手。

有一位銷售員，他存錢好幾年，好不容易買了一輛新汽車。有一次，他教太太開車，開到下坡路時，煞車突然失靈了。

「我停不下來！」他太太大叫，「我該怎麼辦？」

「禱告吧！親愛的。」銷售員也大叫，「性命要緊，不過妳最好找便宜的東西去撞！」

車撞在路旁的一個鑄鐵垃圾箱上，車頭撞壞了。然而他們爬出車子時，並沒有為損失了一大筆財產而沮喪，反而為剛才的一段對話大笑起來。目睹的行人以為他們瘋了，有可能是百萬富翁在以離奇的方式尋找刺激。有人走過來問：「你們想把車子撞壞嗎？」銷售員說：「我太太看見了一隻老鼠，她想把牠壓死。」

笑，是一種簡單而又愉快的運動。幽默產生的時刻，也正是人的情緒處於坦然放開的時刻。一個豁達的人自然是一個懂得幽默的人，要想你的人生幸福，那麼就先從幽默開始吧。

## 幽默是一種對人生的頓悟

生活，能在一個人的胸中造成丘壑，也能造成幽默的回聲。不過，只有豁達、樂觀、真誠、善良的人才能掌握好這種幽默態度。同樣，幽默能給一個人的生活增添歡樂，也能讓人感悟到生活的真諦。感悟，是心領神會，是人生的一種境界。我們用幽默的方法來創造人生的這種境界，該是何等的美事。要知道，生活的真諦並不是玄得不可捉摸，相反，它是從生活裡生發出來的。

總而言之，任何高深莫測的感悟都得經過人世間的煙薰火燎才能得到。只不過，要步入這一境界必須得掌握一個方法，那就是幽默。

一位老母親，有一天和兒子、兒媳發生爭吵，她再也不願忍受

了，於是三更半夜離家出走。害得全家出動，四處尋找，直到第二天上午，才被一個熟人遇上送回家來。回到家門口的時候，左鄰右舍見她什麼衣物、行李也沒拿，毫無投靠親友的打算，使人大惑不解的是她從家裡帶走一把掃帚，回來時依然緊緊地夾在腋下。大家看了一時啼笑皆非，也有人見狀黯然神傷，落下淚來。「她一輩子愛清潔，一定是發現了骯髒地方，才會去打掃乾淨！」「別看她糊塗，心裡倒有一方淨土。」

以上議論，純屬一時觸景生情，完全出自鄰舍對這位老人的同情與敬愛。但是，誰說這些議論不是一種感悟？誰能說這種感悟不是一種幽默境界呢？在老人的心中，有一方神聖的淨土，這種善良的願望和祝福，一瞬間把人推向了一種美好的境界。有時候，人生的感悟透過一種幽默的方式表達出來，更加顯得深刻和令人深省。

1962年，著名雕塑家恩斯特與赫魯雪夫發生了一場衝突。赫魯雪夫痛恨一切現實主義藝術。有一次，他邀請大批作家、畫家、雕塑家和記者到列寧山的賓館聚會。賓主在愉快的氣氛中進行交談。酒足飯飽之後，主人開始談藝術，越談越激烈，開始罵人，他當眾極不客氣地指責恩斯特：「您的藝術像什麼？」他絞盡腦汁，尋找尖銳的比喻。「對！就像您鑽進了廁所的便桶，從那裡向上張望，恰好看見一個上廁所的人的軀體的某一部分。這就是您的立場，您的藝術。」

後來，赫魯雪夫死後，恩斯特接受赫氏家族的請求雕製了他的墓碑。在莫斯科新聖母公墓中，赫魯雪夫的墓碑獨樹一幟，十分醒目。半塊黑色大理石和半塊白色大理石鮮明的框架，正中是墓主人的頭像。恩斯特說：「死者曾當眾侮辱我，使我在幾年內心情鬱悶。但我還是決定為他立碑，因為他值得我這麼做。」

一塊黑白相間的墓碑鑲嵌著歷史的評價，也鑲嵌著一個藝術家的良心和忘我境界，也算是雕塑家將赫魯雪夫幽默了一把，反映出恩斯特的真誠達觀。這樣的人生境界，不是一朝一夕能練就的，而

要在風風雨雨中默默等候。由此可見，幽默是對人生的一種頓悟。只有成為對人生頓悟的幽默高手，才能夠使自己的心靈從欲望的桎梏中解脫，從而踏上瀟灑快樂的人生之旅。

　　一個體悟了人生至高境界的人自然是一個有智慧的人，而這種智慧就展現在他的幽默話語與樂觀心態之中。讓我們來看看偉大的科學家愛因斯坦的幽默吧。

　　愛因斯坦發現了《相對論》後，很多人都稱他為天才。但是，也有很多人對於愛因斯坦的理論持不贊同的態度，一心想要推翻它。20世紀30年代初，德國出版了一本名叫《100位教授出面證明愛因斯坦錯了》的書，公開批評了愛因斯坦的相對論。

　　當有人把這個消息告訴愛因斯坦後，他好像並不擔心，只是聳聳肩，說道：「100位？幹麼要這麼多人？只要能證明我真的錯了，一個人出面就足夠了。」

　　愛因斯坦到普林斯頓大學任教那天，在教務主任的引導下，來到了他的辦公室。教務主任問他需要什麼教學用具時，愛因斯坦說：「我看，一張書桌或台子，一把椅子和一些紙張、鉛筆就行了。哦，對了，還要一個大廢紙簍。」

　　「為什麼要大的？」教務主任不解。

　　「因為，我要扔的錯誤太多了。」

　　愛因斯坦的回答既幽默，又蘊含著一種樂觀、豁達的人生智慧。這裡面蘊含著他對真理的理解和認識，也包含著對自我的認識。真理是客觀的，不會因為眾口鑠金就能顛倒是非的。同時，自我的認識也是有限的，只有不斷地更新自己的知識，不斷地反省錯誤才能更加接近真理。而這種深刻的人生感悟，正是在愛因斯坦的幾句隨意的幽默話語中表露無遺。

國家圖書館出版品預行編目資料

用幽默化解沉默 / 李睿編著. -- 初版. -- 新北
市：華志文化，2012.01
面； 公分. --（心理勵志小百科；3）

ISBN 978-986-87431-6-8（平裝）

1. 幽默　2. 人際關係

185.8　　　　　　　　　　　　　　　　100024631

系列／心理勵志小百科００３

書名／用幽默化解沉默

華志文化事業有限公司

作　　者　李睿

執行編輯　林雅婷

美術編輯　黃美惠

文字校對　陳麗鳳

企劃執行　康敏才

總　編　輯　黃志中

社　　長　楊凱翔

出　版　者　華志文化事業有限公司

電子信箱　huachihbook@yahoo.com.tw

地　　址　116台北市興隆路四段九十六巷三弄六號四樓

電　　話　02-29105554

總經銷商　旭昇圖書有限公司

地　　址　235新北市中和區中山路二段三五二號二樓

電　　話　02-22451480

傳　　真　02-22451479

郵政劃撥　戶名：旭昇圖書有限公司（帳號：12935041）

電子信箱　s1686688@ms31.hinet.net

出版日期　西元二○一二年一月出版第一刷

售　　價　二八○元

版權所有　禁止翻印

Printed in Taiwan

華志文化

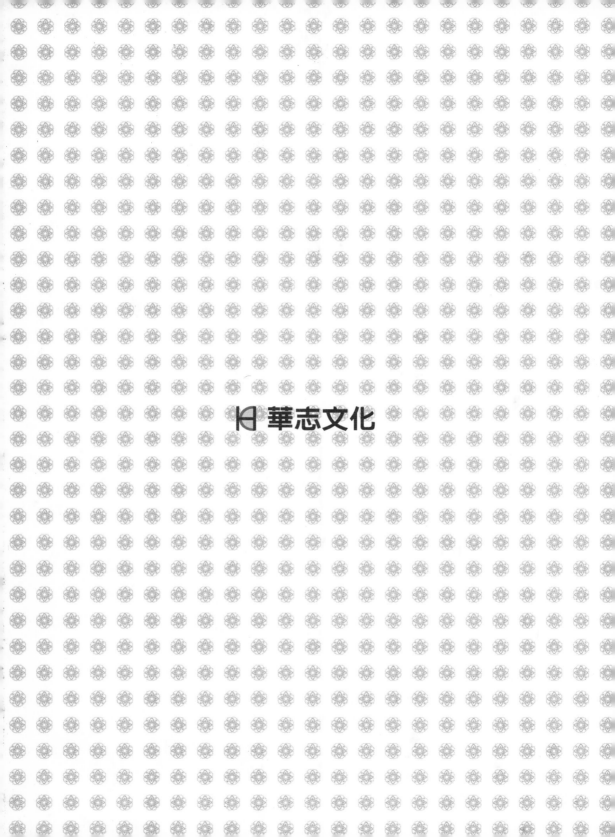

華志文化